関西学院大学研究叢書　第99編

フランス哲学と現実感覚

—そのボン・サンスの系譜をたどる—

紺　田　千登史　著

この書を日仏の二人の恩師、澤瀉久敬先生と
アンリ・グイエ先生の御霊前に捧げる

関西学院大学出版会

フランス哲学と現実感覚

―そのボン・サンスの系譜をたどる―

◇紺田　千登史

目次

はじめに

十六世紀以降のフランス哲学が取り上げられる場合、まずモンテーニュへの言及のあと、かれがじつにさまざまな思想家たちに及ぼしてきた影響について語られのが普通である。たとえばジャン・ヴァール[1)]は、健全な判断力、すなわちボン・サンスの公平な配分ということでモンテーニュはまず十七世紀のデカルトの合理主義の師であり、一方、敬虔なパスカルにとってはすぐれて反面教師としての役割をはたしたこと、また十八世紀ではルソーなどにおける自然讃美の思想に影響を与えていることや、そのいつ果てるともない検討という手法によってヴォルテールなどの懐疑論の師ともなっていること、さらには十九世紀末のベルクソンにおけるその流動するものとしての意識の捉え方においてさえこの十六世紀の思想家と共鳴しあうものがあることを指摘するのである。

ところで筆者がこの書において試みようとしているように、問題をフランス哲学におけるボン・サンスの伝統という形に絞り込んだうえで、あらてめてモンテーニュの影響という点について見直してみた場合、どのようなことが明らかになるであろうか。結論から先に言えば、モンテーニュ以降ボン・サンスの働きやその意義の理解に関してはそのつど大きな展開が認められ、モンテーニュにはなかった新しい側面があいついで付け加えられていく一方で、ジャン・ヴァールが指摘するようなモンテーニュの他の要素の多くは、そうしたボン・サンスの新しい理解のなかへと同時に織り込まれてもきているということである。たとえばルソーの自然讃美と『エミール』におけるボン・サンス、ないし理性は切り離して理解することは出来ないし、また、ベルクソンの流動する意識は、後で多少とも詳しく見るように、ベルクソンが理解するようなボン・サンスと決して無関係に成立するものではないことが分かるのである。以下この書が取り上げようとした諸点についてごく簡単に紹介しておきたい。

人間には生来だれにたいしても、ものごとをそのつど正しく判断していくための能力としてボン・サンスというものが等しく与えられている、ということをフランス哲学のなかで最初に論じたのはうえでも触れたようにモンテーニュであるが[2]、デカルトの『方法序説』の冒頭の有名な文章もほぼ同様のことを繰り返しているといえる。しかしながらデカルトにおいては、こうした類似点に引き続いて、モンテーニュにはなかった新たな点がただちに付け加えられていく。それはボン・サンスというものをたんに具えているというだけでは不十分で、さらにこれをいかに用いるべきか、その方法を明らかにすることのほうがむしろ重要である、とするかれの見解である。しかし周知のように、デカルトにおいて方法はじっさいには理論の領域、すなわちデカルトが新たに始めようとした数学をベースとする学問にもっともよく適合する、慎重をきわめた方法として示されることとなった。そしてこうした理論の領域においてもっぱらその本来の働きを発揮することのできる方法と、デカルトにおいてもモンテーニュと同様、本当は一番の関心事であったと考えられる実践とのあいだに明らかな距離が生じることとなった。なぜならデカルト自身も一方でみとめているように、しばしばわれわれの反応にたいして一刻の猶予も許さないのが実践というものであるからである。実践がそのつどつきつけてくる緊急性と、理論が要求する慎重さとのあいだでいったい、どのような均衡を見いだしていくことができるのか、これこそ実はデカルトのボン・サンスの哲学をその根底において実際に動かしつづけていた本当の動機ではなかったであろうか。

つぎに十八世紀のルソーであるが、かれはモンテーニュやデカルトにおいて共通に主張されたボン・サンスの自然による平等な配分という考え方をさらに人間の運命、すなわち生、老、病、死という仏教も主張するような人間の避けがたい基本的な条件の平等というところにまで拡大し、不平等な現実のなかにありながら、人間にもう一度、共通な運命の自覚を取り戻させ、かれらを謙虚にしていくところにボン・サンスのもう一つの機能をみとめようとした、と言えるであろう。すなわちルソーによれば、不平等とは人間が社会生活を続けるなかで、他者との暮らし向きの比較などを通して次第に助長されることとなった欲望の人為的な肥大化にもっぱらもとづくものであるが、そのような人為に甘んじている人間をふたたびかれらに本来のものとして具えられている平等な自然へと目を向けなおさせ、前者の行き過ぎをただしていくこと、ここにルソーがとくに『エミール』のような教育論のなかでボン・サンスにたいして期待をよせた積極的な役割があったのではないか、ということである。ルソーはこの『エミール』において、子どもが乳幼児の段階から少年期にかけて自身の身体を真にみずからのものにしていくために必要となる自愛を原則とした感覚の教育から、うえのような他者との共生を可能ならしめるような社会感覚の教育への、子どもの発達にあくまでも即した教育の必要性について克明に検討を加えたのであった。

また、ルソーにおいてもう一つ忘れてならないのは、かれが『エミール』のなかでカントのさきがけとなるような人間理性としてのボン・サンスの論理的・批判的な分析を行っている点であろう。すなわちこの著作にエピソードのようなかたちで挿入されている「サヴォアの助任司祭の信仰告白」では『第一批判』の理論理性の分析に始まり、『第二批判』の実践理性、さらには『理性の限界内における宗教』にまでおよぶカントの議論のいわば原型となるような思索がすでに展開されているということである。『エミール』の読書に夢中になり、カントの几帳面に繰り返されていた毎日の散歩時間が一時くるわせられたと伝えられているゆえんが納得させられるのは、まさにこの個所をおいてはない、と思えるほどである。

十九世紀も終わろうとする時点において、自然科学、なかでもとくに物理学の領域でようやく台頭しつつあった科学主義の過信と対決するとともに、成熟した市民社会においてすっかり形骸化してしまっているフランス革命の理想をあらためて見直そうとしたのはベルクソンであった。かれはデカルトにおいて強調された数学的自然科学的な知性と、ルソーにおいて強調された人間における同情心などとしてあらわれるいわば直感的、本能的とでもいうべき社会感覚とが、一見相互になんらの関わりをももたないように見えながら、じつはボン・サンスを構成する二つの相補的な機能にほかならないことを両者の詳細な分析をとおして明らかにする一方、これら二つのものはさらに普遍的な生命進化の過程における知性と本能の相補的な関係のアナロジーでも捉えることができるというところにまで視野を拡大している。

また一方、ルソーにおいて子どものボン・サンス発達の初期段階として示された感覚的、身体的な知性が成立するまでの過程を逆にたどりなおそうとしたのもベルクソンであった。すなわちいわゆる観念論が精神と名付けているものよりは多く、唯物論のような実在論が物質と名付けているものよりは少ない、いわば両者の中間地帯において成立しているもの、生後まもない乳児の意識を特徴づけていると考えられるあの主客未分の意識状態を彷彿させるのがまさにベルクソンのいわゆるイマージュとしての世界に他ならない。かれは知覚論においてまずそうした意識のレヴェルにまでわたしたちを立ち返らせようとするのである。すなわち、通常、わたしたちの身体的な行動が的確に果たされているとき、そこには身体において形成された各運動図式に対応した対象世界の種類分け—これはものの名称においては内包をなしている—と各種類ごとに分類された対象が示すそれぞれの個別性の知覚—これはものの名称においては外延をなしている—との総合としてそのつど一定の柔軟性をもった判断（ベルクソンではこれが狭義のボン・サンスである）が成立しているのであるが、いまはいったんそうした図式を消し去り、種類分けをされた対象への区別をやめてふたたび世界に元の連続性を回復させてやるとき、そこにふたたび出現するはずの色彩豊かに彩られた世界、これこそかれのイマージュとしての世界なのであった。そしてこのイマージュの考え方はやがてかれの生命の形而上学において随所に現れてくる実在の一元論、傾向の二元論の考え方の出発点を与えることとなったということにはほぼ疑いの余地はないであろう。

ところで二十世紀のメルロー＝ポンティがベルクソンを評価するのは、まさにベルクソンがこうした物心が直接触れあっている知覚に注目した点にあった。メルロー＝ポンティによれば伝統的な知覚論には経験論、合理論をとわず共通の間違った前提がある。すなわち両者はともに意識が到達すべきなんらかの普遍的な対象的世界をあらかじめ前提してしまっているというのである。しかしメルロー＝ポンティによれば、ベルクソンが知覚論において展開して見せたように、対象とはなによりもまずわたしたち各自の身体を中心とした主観的なパースペクティブのなかで形成されていくものなのだ。認識の普遍性は最初にではなく、かえって目標として求めていかなければならないものだというのである。

しかし知覚を人間の根源的な認識としてみとめていくためにはベルクソンにおけると同様、これと密接に関係する身体、とくに脳をはじめ、神経系統の働きについて新たな観点からの見直しが必要になる。ベルクソンにおいても脳については記憶をその一部分に局所づける考え方が批判される一方、すでにみたような身体に一定の自発性をみとめる「運動図式」の考え方などが示されているのであるが、メルロー－ポンティはこのやり方をさらに徹底させていく。すなわち身体は世界を環境として意味的にとらえると同時に、これにたいして同じく意味を担った行動を返していく主体として、すなわちかれのいわゆる「現象的身体」としてまずとらえられねばならないのである。

【註】

1）Cf. J. Wahl, *Tableau de la philosophie française*, Gallimard, p.8, ジャン・ヴァール著『フランス哲学小史』紺田訳、ミネルヴァ書房、4-5頁参照

2）「…わたしが何ものかであると認めるただ一つのよりどころは、誰もが持ち合わせないとは思っていない事柄である。つまりわたしの価値は、平凡な普通な、誰でもが一様に持っているものなのだ。だって、誰がいったい自ら分別を持たないと考えたか。自ら分別をもたないという考えは、それ自体の中にいくらか矛盾撞着を含んでいるようである。分別をもたないということは、それが自覚される時には決して存在しない病気である。それは根強い頑固な病気であるが、病人の眼識の第一閃はよくそれを貫き退散させる。ちょうど太陽の光線が濃霧をつき破るように。このことに関しては、自ら咎めることはすなわち自らゆるされることであろう。自らを処罰することはすなわち自らが赦免されることであろう。荷担ぎ人足だろうと、名もないただのおかみさんだろうと、それ相応に分別を持っていると考えないものはなかった。われわれは容易に他人の中に、勇気・体力・経験・身軽さ・美しさなどの優越が存在することを認めるが、判断の優越となると、我々はこれを誰にも譲らない。だから他人の中の、たんなる生まれつきの良識から発しているもろもろの理由は、彼が偶然この方向に目

をむけたからこそ見つかったのであって、我々だってその方に目をむけていたら見つかったにちがいないと思っている。学問・文章、その他我々が他人の著作の中に見出すもろもろの特質も、我々のそれを凌駕していれば我々はそれを容易に認めるけれども、分別の単純な所産となると、各人それぞれ自分の中にもまったく同様の物を見出しうると考え、それが重大で困難なことだとはなかなか認めない。そこによほどの、比べものにならないほどの距離がなければ、そうとは認めない。いや認めても、それはほんのちょっぴりしか認めないのだ。だからこれは、わたしが推奨と賞賛とをほとんど期待してはならない一種の働きなのである。ほとんど名声を期待するすることのできない一種の特質なのである」(Montaigne, *Essais II*, Chap. XVII, *De la présomption.* Reproduction en fac-similé de l'exemplaire de Bordeaux 1588, Slatkine, pp.281-282, Adaptation et traduction en français moderne par A. Lanly,1987, Slatkine, pp.310-311, モンテーニュ『随想録』第二巻　第十七章「自惚れについて」関根秀雄訳、白水社刊、全訳縮刷版、1187-1188頁)。

「人々はみな言う。「自然がその数々の恵みのうち最も正当に我々に分配したのは分別である」と。まったく世にこれを与えられたことに不満をもっている者はただの一人もいないのである」(Ibid., Reproduction., p.282, Adaptation., p.311, 前掲書、1190頁)。

「この真を選り分ける能力(それはわたしにおいてほんのわずかなものであろうが)、それから自分の所信を容易にはまげないというわがままな性分を、わたしは主としてわたし自らから得ている。まったくわたしのもつ最も堅固な思想、わたしの一般思想は、いわばわたしと一緒に生まれ出たのである。それらは生まれつきのもの・まったくわたしのものである。わたしは初め、それらを生地のまんま、手を加えずに、産み出した。その産み出し方は大胆で力強かったが、いささか不明瞭不完全だった。それで後にそれらを、他人の権威によって、古人の健全な論説によって、支持し補強した。わたしは判断において偶然彼らと一致したからである。かれらはわたしのためにそれらの把握を確実にし、それらの享受と所有とをいよいよ完全にしてくれた」(Ibid., Reproduction., p.282, Adaptation., p.312, 前掲書、1192頁)

第1部
ボン・サンスの働きを見直す

第1章 思索と行動における判断力

第1節 デカルトのボン・サンス

デカルトにおけるボン・サンスを論じようとする以上、何はおいても『方法序説』（以下『序説』と略す）第一部冒頭の、有名なデカルト自身による規定を取り上げないわけにはいかないであろう。「ボン・サンスはこの世でもっとも公平に配分されているものである。なぜなら、各人は十分にこれを備えているつもりであるから、他のことでは何であれ満足させることが並大抵でないような人でも、かれらがいま持ち合わせているより以上には、これを欲しいとは思わないものだからである。この点で皆が思いちがいをしているなどということはありそうにない。それどころかこのことはむしろ、ものごとを正しく判断し、正しいことを間違ったことから区別する能力、すなわちまさしく人びとのいわゆるボン・サンス、あるいは理性というもが生来、どの人においてもすべて等しいものであることを証拠だてているのである。そしてそれゆえにまた、わたしたちの考え方の多様性は、ある人たちがほかの人たちよりもより理性的であることにもとづくのではなく、たんにわたしたちがみずからの考えをさまざまな方法で導いたり、同じことがらを考えなかったりすることにもとづいているにすぎない、ということにもなるのである。なぜなら、良い精神（＝ボン・サンス）を備えているだけでは十分とはいえず、大切なのは、それを正しく用いることだからである。最も優れた精神の持ち主には最高の徳とともに最大の悪徳をもなす能力があるし、また、かなりゆっくりとしか歩まない人びとでもつねに正しい道に従いつづけるならば、駆け足で正しい道から遠ざかっていく人びとよりもはるかによく前進することができる、ということである」[1)]。ところで、この文章において、ものごとの真偽を判別する能力として万人平等に与えられているとされているデカルトのボン・サンスの考えが、その淵源になったとされるモンテーニュにおけると同じく[2]、何よりもまず実践的な場面における判断力として示されているということについてはほぼ異論の余地はないであろう。しかしそうだとすると、ここで逆に疑問となってくるのは、デカルトがみずからの固有の考えとしてそれに付け加えて強調している点、すなわちそうした実践的な判断力としてのボン・サンスをわたしたちが行使するさいに、それをあくまでも正しく導く方法によって支えてやらなければならない、としている点ではなかろうか。なぜなら、デカルトを多少読んだことのあるものならだれにでも、かれのいわゆる方法としてまず最初に思い浮んでくるのは、『序説』第二部のもっぱら純粋な理論構築のみにかかわり、一貫して慎重きわまりない姿勢で貫かれている例の四つの規則か、もしくはその準備段階をなしたとされる未完の著作、『精神指導の規則』（以下『規則』と略す）で展開されている諸規則以外にないからである。言い換えれば、デカルトにおいて方法は実践によりもむしろ理論的なことがらにまずもって最もよく適合すべきものとして考案されたのではなかったのか、ということだ。

しかしながら実を言えば、デカルトが純粋な理論探求のための方法として考えていたように見える規則のなかに、上とはちょうど正反対の事実が、すなわち本来なら純理論探求の手続きの議論に終始するはずの規則の中に、実践に直結するような議論を認めることができるのである。

取りあえずは『規則』の「規則１」ならびに、デカルトによるその説明をまず注意ぶかく読んでおこう。「規則１．研究の目標は、精神がみずからにたいして立ち現れてくるすべてのことがらについて堅固で、正しい判断を表明できるようになるまで精神を導くことでなければならない」[3]。こうした文章を読んで、わたしたちが一番最初に連想するのは、『序説』第二部の次の一節ではなかろうか。「書物の学問、少なくともその根拠が蓋然的でしかなく、また、何らの証明もなしに、大勢のさまざまな人たちの意見から組み立てられ、少しずつ大きくなってきたような学問は、ボン・サンスの人がみずからにたいして立ち現れてくることがらについておのずからなしうる単純な推論ほどには真理に迫るものでない」[4]。これは旧来のスコラの学問にたいしてデカルトが自身にとって記念すべき日となった1619

年11月10日を機に、新たな学問をうち立てていこうと決意したさいの思いを述べたものであり、ボン・サンスはここでも、もっぱら理論に関わる判断力として理解されているとみてよい。しかし『規則』では例えば上の「規則１.」の文章に解説を加えていくなかで、デカルトは学問研究のあり方に触れてまず、「真面目にものごとの真理を探究したいと考えている人は…何か特定の学問を選びとったりしてはならない。なぜなら学問はすべて相互依存の絆によってお互いに結びつけられているからである」、と述べたあと、「そうした人は学校におけるこれこれの難問を解くためにではなく、人生において機会があるごとに、かれの知性が意志に対してなさねばならない選択を示してやることができるように、みずからの理性の自然的な光を発展させてやることだけを考えていればよいのだ」5）などとする、ボン・サンスのたんなる理論的な使用をはるかに超えた、その実践的な使用にも積極的に言及するようなことばをつけ加えているのである。

実践について語っているように見えるさいに理論にもっともよく妥当するはずの方法に対する言及がなされ、そして純理論的なことがらを述べようとしていると思えるところにかえって実践に関わるようなことばが姿を現わす、というデカルトにおけるこのような事態をわたしたちはいったい、どのように受けとめればよいのであろうか。ベルクソンがデカルトの生涯をつらぬいた信条を「思索の人として行動し、行動の人として思索すること」6）、という標語に要約していることはよく知られているが、上の『序説』や『規則』におけるそれぞれの文章においておのずから現われているのもまさにこうした信条の現れと見なしてもよいのであろうか。

１．デカルトの青春の課題

しかしこの問いに答えるに先だってわたしたちはまず、幼少年期から青年期にかけてのデカルトのみずからの人生にたいする尋常とも思えない不安のことをここでもう一度思い起こしておかなければならないのではなかろうか。もっとも、デカルトのそうした不安の原因としては、かれの出身階層であるいわゆる「法服の貴族」が置かれていた社会的立場や、かれ自身の生後一年で母親と死別しているなどといった個人的な境遇が深く関係していると考えられるが、こうしたことがらについては、あらためて検討を試みるつもりでいるので、ここでは、さしあたり、そうした不安がデカルト自身のことばでどのように具体的に表現されていたのかという点だけを指摘するにとどめておきたい。

デカルトの青春の強い不安が読みとれるのはまず、第一に、デカルトが学校における勉学に対して寄せていた期待を表明する、次のことばではないであろうか。「わたしは子どものころから書物によって養われてきた。それらを介して、人生に役だつどんなことがらに関しても、明晰で確かな知識が得られる、と説き聞かされていたので、そうした書物の勉強をどうしてもしてみたかったのである」[7)]。学校の学問に対するデカルトのまさにしがみつかんばかりの思いを表す文章というべきではなかろうか。しかし実際には、周知の通り、こうしたデカルトの期待もむなしく、学校での主として書物を介して教えられる学問、すなわちかれのいわゆる「書物の学問」にはすっかり失望することになる。そしてやがて卒業とともに、デカルトはこれらとはきっぱりと訣別するのである。

「書物の学問」を離れたデカルトが次に目を転じた先は「世間という大きな書物」、具体的には、パリでのさまざまな人びととの交際をはじめ、ドイツやそして特にオランダにおけるあるときは雇われ兵士として、あるときは一私人としての旅や長期にわたる滞在などの実際の経験から直接に学ぶことであった。しかしこの「書物の学問」に引き続くきわめて多彩な体験のなかからも、結果的には、かれの不安を根底から払拭してくれるようないかなるものとも出会うことができなかったのだった。この当時のみずからの思いについては、デカルトは次のように綴らざるを得なかったのである。「行動にさいしてものごとが明晰に見えるように、この人生を安心して歩んでいくことができるように、正しいことを間違ったことから区別する仕方をなんとしても身に付けたい、という思いをわたしは相変わらず抱きつづけていた」[8)]と。

ところで、F. アルキエ氏のような[9)]、『序説』は分別盛りに到達したデカルトが、そこに至るまでのみずからのたどった歴史をあくまでも客観的に、批判と分析の対象として捉え返そうとしたものであって、みずからの青春をそのときどきの心情とともにセンチメンタルに思い返そうとする意図などもとより存在しなかった、とする解釈からすると、第一部において認められるような上の二つの文章にかぎっては、この解釈にあてはまらないきわめて例外的な、数少ない告白的な内容をなしている、とせざるをえないことになるかもしれない。しかし実を言えば、このようにどこに出口があるのかもまったく分からない不安にすっぽりと包み込まれたデカルトの青春を浮き彫りにする文章のなかにあっても、そこにはこうした不安から何としてでも脱却したい、とする強い焦燥感と同時に、それを何らかの人間的な知識によって実現していこうとする後のデカルトにも引き継がれていく考え方は、十分に読みとることはできるであろう。つぎにアルキエ氏の師匠格の人とでもいうべき、もう一人の著名なデカルト研究者、H. グイエ氏は、こうした点をさらに別な角度から取りあげているのでそれを見ておきたい。

グイエ氏の『序説』に対する基本的な見方はアルキエ氏とほぼ同じであるといえる。あるいはこの点に関するかぎりは、むしろ、アルキエ氏のほうがグイエ氏に従った、と考えるほうがより自然な読み方なのかもしれないが、グイエ氏はまず、『序説』が取り上げる若きデカルトは、哲学者となったデカルトによって見られ、理解されたデカルトであることを指摘して次のように述べている。「『序説』の筆者はみずからの生ではなく、むしろ、みずからの生にひとつの方向性と関心を付与することになった道筋を描きだそうとしているのだ。したがって自身の到達点を一方で見ながら、その出発点を想起することになってしまっている結果、かれの証言があまりにも方法的なものになりすぎてしまっていて、純粋な思い出の反映などとはとても言いがたいものとなっている」10) と。しかしそうだとすると、デカルトの事実としての過去は、そうした過去についてデカルトが後に持つようになった見解といちおう切り離して考えてもよい、ということになるのであろうか。必ずしもそうとも言い切れない、とするのがグイエ氏の立場だ。上の文章につづいて氏は次のように付け加える。「かれの青春時代への言及は…たんなる芝居の上演目録にとどまるものではない。現在の心配の種となっていることがらをひとたび払いのけてしまっても、そこには遠い昔から存在しているように思われるひとつの自我の一定の意識がいぜんとして残るものである。一人の青年がみずからの勉学を終えるにさいしてある対照的な事実に驚嘆させられたのだった。すなわち数学の明証性は、この学問を一人の利口で好奇心にあふれた青年が学校や世間で学んだ一切のことがらとあい対立させるものであるということ、言い換えれば、真理（la vérité）と真実らしさ（la vraisemblance）のあいだにはいかなる共通の尺度も存在しない、ということがそれである」[11]と。また、デカルトが『序説』第一部で、かれが思いつくがままの順序で書き連ねているように見える学問批判のなかでも、グイエ氏は特に次の個所に注目する。「わたしはとりわけ数学を楽しんでいた。その論拠の確かさと明証性とのゆえに。しかしわたしはまだ数学の正しい使い方には気がついていなかったし、また、数学が機械的な技術にしか役立っていない点を考えて、その基礎がひじょうにしっかりとしていて堅固なものであるのに、その上により高いものがなにひとつ構築されていないことに驚いていたのである。そしてそれとは反対に、道徳をあつかった古代の異教徒たちの書物をたいへん立派で豪華ではあるが、実際には砂や泥の上に建てられているにすぎない宮殿と比較するのであった。かれらは徳をひじょうに高いところにまで持ち上げ、この世に存在しているすべてのものよりも高く評価しうるもの、として示すのであるが、それがどのようにすれば認識できるかについては十分満足のいくように教えてくれているわけではないし、かれらがそのような美しいことばで呼んでいるものがしばしば無感動や傲慢、絶望や子殺しでしかなかったりするのである」[12]。このパラグラフの前半はデカルトが学校で学んだ数学に触れたものであり、かれがそこで出会ったかずかずの教科のなかにあってその明晰、判明な性格と普遍妥当性とのゆえに唯一気に入ったものであったが、それがもっぱら、実際的な技術への応用にとどまっていることには不満を持ったことを述べたものであり、後半は人生における最高の生き方を示すと称して人びとに多くの期待を抱かせながら、実際には、かれらが徳目として掲げているその中身がはなはだ曖昧であるし、現実にこれに従った人たちが陥った多くの誤りを知って、失望しないわけにはいかなかった事情を述べたものである。ところで、グイエ氏によれば、この後半部分における道徳科目の批判は、そもそもデカルトが学校で学んだすべての人文学全体の批判をも暗黙のうちに含んでいると解すべきものなのである[13]。グイエ氏はこうしたデカルトの文章を正確に踏まえるかたちで議論をさらにつぎのように展開させている。「この青年は幾何学の諸原理のような確かな原理の光のもとでみずからを導くことができないことを残念に思うとともに、数多くの哲学が出現してきたにもかかわらず、なお人びとがかれらの人生をさまざまな意見にもとづいて演じ、そうした重要なことがらにおいてもひとりの測量士ほどの要求も持っているようには見えないところをみて驚いているのである」[14]と。そして氏によればこうした印象と驚きこそ、実はデカルトがみずからの哲学者としての使命を自覚するに先立ってそれを推進させる原動力となったある初期段階における直観、すなわちかれが学校の教科のすべてに対して抱くこととなった「漠然とした困惑、すなわちいくつかの予感、ないしおそらくは皮肉っぽい反発の浸透した困惑」[15]が明確な表現を取ったものに他ならないのである。しかし学校の教科に対してデカルトが抱いた過大とも思える期待といい、グイエ氏の指摘するような教科に対するかれのこうした困惑といい、それらの根本的な動機や原因をなしたと考えられるデカルトの青春の不安そのものの分析が不可欠となるが、この論文では、先にも断っておいたように、問題をもっぱらボン・サンスと関連する側面だけに限定して、デカルトは、そうした不安の解消という実践的な要求にたいして、知識や思考はどのような関係に立つものでなければならない、と考えたのか、また、そうしたデカルトの青春の課題に対してなぜボン・サンスのような普遍的な能力が対置されるに至ったのか、グイエ氏にならって言えば「デカルトが個人的にたどった道筋からその社会的地位が何であろうと、すなわち女王あるいは召使いであろうと、王女あるいは弁護士であろうと、知性を持った存在ならだれにでも妥当するような匿名の道筋が浮かびあがる」[16]こととなったのはなぜなのか、などといった点についての考察にとどめたいと思う。

2．「驚くべき学問の基礎」の発見

グイエ氏は上のような学校の教科に対するデカルトの困惑を理解するた

めには、わたしたちは思考と行動の伝統的な区別をまず忘れる必要がある、としたうえで次のように付け加えている。「哲学というものすべてに先行するこの直観は、おのずから哲学上の修飾語を、さしあたっては「合理主義的」とか、「主知主義的」とか、「功利主義的」などといった体系を指し示すことばを中身とは隔たりのある区別を設けるものだとして斥けるものである。また、すべての構成された知に先行するこの直観は、知識と道徳とのあいだにいかなる区別も持ち込むことがないし、したがってそれ自身知的であるとも道徳的であるとも言えないものなのである。こうした直観は、もっぱらひじょうに単純なものの見方をしかしないものであって、それによれば、行動というものはすべて、作動中の思考のことであり、行動の性格は思考の性格と無関係ではありえない、ということになるし、また、人びとがかれらの生活を営むなかで真実らしいもので満足しているのが事実だとすれば、かれらがそうした真実らしいものを真理でもって置き換えてくれるようにと願うこともまた当然のことだ、ともする」[17]と。どのような領域のものであろうと、真実らしい知識ではなく、真理だとはっきり言えるような知識を獲得するためには、数学的認識を成立させているのと同じ認識能力を働かせるより他のやり方は考えられない。すなわち、それは言い換えれば、人間に自然に等しく備わっている真偽を判別する能力としての「ボン・サンスあるいは理性」に頼るほかはないということだ。ところでグイエ氏によれば、デカルトの最初の直観においてはそうした数学的真理をモデルとするような思考こそ、まず、わたしたちの実践を導くべきだ、とする考えがすでに洞見されていた、というのである。

しかしデカルトにおいて、思考をたんに個人的なものにとどまらせずに普遍妥当的な知へと媒介する役割を担うものが数学であった、とするグイエ氏の考え方にはまったく異論がないとしても、そうした知がデカルトにおいては、ただちにわたしたちの行動を導く実践的な意味をももつ、とする理解には、一方でひじょうに惹かれる面をもつと同時に、他方では多少のためらいもまた禁じえない、というのが正直なところではなかろうか。なぜなら、たとえば『オリンピカ』とともに、いまでは散逸してしまっている若き日のデカルトの著作『ボン・サンスの研究』[18]（なおこの著作の存在を伝えているA. バイエは同時にその仏訳として *Etude de Bon Sens l*、あるいは *Art de bien comprendre*、という呼び方の存在していたことをも伝えていることは周知のとおりである[19)]）の中身は「わたしたちのものごとを知りたい、という欲求について、諸学問について、ものごとを学んでいく上での精神の取るべき手筈について、知恵、すなわち徳に関する知を意志の働きと悟性のはたらきとを結合することによって獲得するのにわたしたちが守らなければならない順序についての考察である」などとされ、思考活動と実践との関係がグイエ氏が指摘しているほどには決して簡単なものでなかったように見えるし、さらに『序説』に戻って、第二部のデカルトの創見になる学問の方法としての四つの規則と、第三部の実践上の三つもしくは四つとも数えられる格率とのあいだにみとめられる乖離の存在はどうしても否定できない事実のように思われるからである。もっとも、これらとは反対に、グイエ氏の解釈に最もうまく合致するように見えるのは、デカルトにおけるいわゆる天職の自覚、すなわちバイエがデカルトの青春の文章『オリンピカ』の一部として伝えている1619年11月10日の昼間から続いていたという一種の霊感や、当夜に続けて見たとされる三つの夢、およびそれについてのデカルトの解釈などを内容として伝えている一連の資料であろう。次にこの『オリンピカ』についてごく手短に要点だけを見なおしておこう。

バイエはまず、「…1619年11月10日のこと、みずからの霊感（感激）でまったく心が一杯になるとともに、その当日、驚くべき学問の基礎を見いだした、という思いにすっかり占領されて床についていたかれは、天よりやってきたとしか考えることのできない三つの夢を、たった一夜のうちに相次いで見たのである」[20)]、と述べたあと、その三つの夢について詳細に伝えてくれているのであるが、いまそれを簡単にまとめると、(1)「悪しき霊によって教会のほうに押しやられた」[21)] 夢[22)]。 (2) 落雷のような大きな音を耳にするとともにたくさんの火花を部屋のなかに見たという、夢というよりもむしろ幻影のようなもの[23)]。(3) 上の二つとくらべるとひじょうに心地のよいもので一冊の「辞書」（Dictionnaire）、「詩人集成」（Corpus Poëtarum）と題されたさまざまな詩人たちの作品集、なかでも「人生いかなる道にか従わん」（Quod vitae sectabor iter?）が表題の、「然りと否」（Est et Non）で始まるアウソニウスの田園詩などが印象深く現れる夢[24]、の三つということになるであろう。

ところでバイエはこうした夢に対してデカルトみずからが行った解釈を紹介して次のように述べている。「たいへん穏やかで、また、たいへん快適なものしか含んでいない最後の夢は、かれによれば未来を指し示していて、かれの今後の人生に起こるにちがいないものともっぱら関わるものであった。一方、最初の二つの夢は、ひょっとしたら神の前でも、また、人びとの前でも罪なき者でなかったかもしれないかれの過去の人生に関わる気になる警告として受け止めた。そしてそれがこれら二つの夢にともなっていた恐怖や怯えの理由である、と考えたのである」[25]と。しかしみずからの過去に関わるものとしてデカルトが理解した最初の二つはいちおう措くとしても、第三のかれの将来を展望するものとして捉えた夢に関しては、もう少しその解釈の内容を詳しく見ておく必要があるであろう。バイエはそれをさらに次のように伝えてくれている。すなわちまず、「「辞書」は、あらゆる知識の寄せ集め以外のものを意味しないのに対し、「詩人集成」と題された詩集のほうは特に、そしてよりいっそう明確に、「哲学」と「知恵」とが結合したものを指し示していた。なぜならデカルトは、詩人という者は、つまらないことしか言わない者でさえ、哲学者の書いたものにおいて見られるものよりもより堂々とした、また、より分別のある、そしてより巧みに表現されたことばにあふれているのを見ても、それほど驚かなければならないことだ、とは思っていなかったからである。デカルトはこの奇跡を霊感の神聖さと哲学者における理性がなしうるよりもはるかに容易に、また、はるかに華麗に知恵の種子を引きださせる想像力の働きに帰するのであった（知恵の種子というものは火打ち石のなかにある火花のようにありとあらゆる人間の精神のなかに存在しているのだ）」[26]、と。また、「詩集に集められた詩人たちによってデカルトは自分もそれに恵まれることを諦めてはいなかった「啓示」ならびに「霊感」とを理解した」[27]としている。一方、「「人生いかなる道にか従わん」に始まる選ぶべき生の種類についての不確かさに関わる詩は、ある賢明な人物のよき助言を、道徳神学をさえ指し示していた」[28]とし、「ピタゴラスの「然り」と「否」であるEst et Nonの詩によってデカルトは人間の知識や世俗の学問における「真」と「偽」とを理解した」[29]などとも伝えている。ところで以上のようなデカルトの見た夢のデカルト自身による解釈を、デカルト研究の同じく第一人者の一人であるE. ジルソンはさらに簡潔に次のように要約する[30]。すなわち第一は「学問全体の統一」の要請である。第二は「哲学と知恵との和解、および両者の基礎的な統一」の要請である。第三は「デカルトがそうした学問全体を構築し、したがってまた、真の知恵を基礎づけるという使命を神より授かったというかれ自身の自覚」である。

デカルトは学校生活のすべてを終えたあと、ヨーロッパの各地をあるときは兵士として、またあるときは一私人として旅を続けていたさなか、かれにとって記念すべき日となったこのような一日をドイツはドナウ河畔の町ウルムの近傍の村里で迎えることになったのであるが、実に、この日を境として、冒頭にも触れたように、デカルトの青春につきまとって離れることのなかった不安がすっかり取り払われ、かれはそれまでとはまったく違った新たな人生を、自信と安心の人生を歩み始めることができるようになったのである。むろん、この日をもって「人生に役立つような明晰で確実な知識」が最終的に獲得されたというわけではないし、また、「行動にさいして明らかにものごとが見えるように、この人生を安心して歩んでいくことができるように」つね日頃からかれのつよい願望となっていた真偽を判別する決定的な仕方がついに見つかったというわけでもない。まだそこまでは行かない。しかしたとえそこまでは行かないにしても、少なくともそうした知識の獲得と、その獲得に向けての確実な展望が開かれた日、「驚くべき学問の基礎を見いだした」日となったということだけは確かなのだ。不安が確信にみちた希望へと決定的に転換することとなった日こそ1619年11月10日であった、とわたしは考えたいのである。

ところでこうした1619年11月10日の霊感と、当夜の夢とをきっかけとしてデカルトが引き続いて展開していった思索こそ、まさに、『序説』の第二部と第三部におけるかれのいわゆる炉部屋での瞑想とされるものにほかならないのであるが、しかし実を言うと、『オリンピカ』と『序説』の間に存在した時間的な間隔は、両者の間に内容的な齟齬というのはまったく当たらないにせよ、少なくともその間に生じたデカルト自身の思索における相当大きな発展ないし展開のために、『オリンピカ』が伝えていた感激の日の解釈にも新たな光を当てることになったということは否定できないように思われる。その発展ないし展開とは具体的にはいかなるものであり、また、それらは主としていかなる原因、ないしは理由にもとづくものと考えられるであろうか。しかしこの問題に進んでいく前にここでもう一つのこと、すなわち、デカルトが上の決定的な日を迎えるに当たって、その機縁となった一つの出会いにどうしても触れておかなければならない。

3．「驚くべき学問の基礎」発見の機縁となった一つの出会い

その出会いというのは、デカルトがオランダに到着して間もない1618年11月頃から、かれより少し年上の、当時のオランダにおける新進気鋭の自然学者であったイサーク・ベークマンとの交際が始まったという事実のことにほかならない。ベークマンが覚え書きのかたちで当時のデカルトについて書き残したとされる次のような文章が伝えられている。「このポワトゥー人は、つねづねジェジュイットの人びとや、その他の仲間と一緒に精力的かつ学問的に仕事を続けてきた。しかし嬉しいことに、かれが言うには、わたし以外にこうした自然学を数学と厳密に結合するような研究方法を採用している人びとと出会ったことはいままで一度もなかった、とのことである。しかもかく言うわたしもかれ以外にいまだ誰にもこうした研究法について話をしたことはなかったのである」[31)]。そしてこのことばを裏付けるかのようにデカルトのベークマンに対する次のような感謝のことばが残されている。「本当にあなただけがわたしを怠惰から救って下さったのです。あなただけがわたしの記憶からすでにほとんど消え去りかけていた知識を思い出させて下さり、まじめな仕事というものから遠ざかっていたわたしの精神をよりよい考えへとふたたび引き戻してくださったのです。それですから、たまたま、わたしのなかから何か無視できないようなものが生まれ出てくるようなことがありますなら、当然、それはすっかりご自分のものだ、とおっしゃっていただいても結構なのです」[32)]。そして事実、デカ

ルトはベークマンと初めて出会った1618年の11月から12月にかけて、液体のおよぼす圧力についての論文と、物体の落下についての論文をベークマンの励ましを受けて書き残すことになったし、12月末にいちおう書き終えたかれの有名な『音楽提要』はベークマンその人に捧げられ、また、翌年の３月から４月にかけてはさらに、角の三分割の問題などを含む四つの数学上の証明を行っているのである[33]。

しかしそれにしてもバイエがその『デカルト氏の生涯』のなかで伝えているデカルトとベークマンの出会いのいきさつをどのように解釈すればよいのであろうか。周知のように、そのいきさつとは次のようなものである。すなわち、つい先ごろやってきたばかりのオランダのブレダの街を歩いていたデカルトが、たまたま一枚の張り紙の前に人だかりがあるのに気づき、近づいてみるとどうやらある数学上の問題が提示されているようなのだが、デカルトにはまだあまりなじみのないフラマン語で記されていたので、たまたまそばにやってきた一人の人物にラテン語かフランス語でその内容を説明してくれるように頼むこととなった。その人物は解答ができ次第、それを自宅まで届けるという条件でならということで、その希望を聞き入れてくれたのであるが、この人物こそ実はベークマンその人にほかならなかった、というものである。そしてこれに続く数行はベークマンのデカルトの才能にたいする驚嘆を端的に表す内容となっていることは周知の通りである。すなわち、デカルトは「早速、その翌日に」その問題に対するみずからの解答を持ってベークマン宅を訪れて、ベークマンをすっかり感服させてしまうのだが、「しかしデカルトの精神や能力を探ろうとして長い時間話し込んだあと、この青年がベークマンが何年もの間その研究を続けてきた諸学問において、自分よりもより有能であることに気づいたときのかれの驚きの大きさには、また、格別なものがあった」[34]などとされているからである。ところでこれはバイエが話を面白いものにするためにこしらえあげた一つの挿話にすぎないものなのか、それとも両者それぞれが、あるいは少なくとも両者のうちのいずれかが―例えば当時、日記を丹念につけていたベークマンが―その場面のことを書き残しておいた何らかの資料を踏まえる一定の客観性を持った話なのか。しかし実を言えば、Ch. アダンが示しているように、真相はそのいずれでもなく、かれらと同時代のオランダの数学者リップシュトルプという人が、同じくある友人の数学者から聞いた話として書きとめておいた、今日でもそのコピーが現存している資料[35]を、バイエがあとで（リップシュトルプの名前が『デカルト氏の生涯』のこの話を書きとめている個所の欄外に書き込まれているという事実も指摘しておこう）、比較的自由に、すなわち、その大体の大筋は踏まえながら、しかしまた他方、ときとしてバイエ自身の大胆な想像をも交えた文章なども書き加えながら（上に要約的に紹介したバイエが伝える話のなかで、「　」内のバイエから直接引用した個所は、アダンも指摘しているように[36]、まさに、バイエ自身の想像にもとづく文章である）フランス語で—というのはもとの資料はラテン語で記されているから—書き写したものなのである。しかも、アダンは他方、この話のもとになったリップシュトルプの文章の内容そのものの信憑性にたいしても疑問を呈しているのである。すなわち、この文章のなかには、リップシュトルプという人が本当に数学者であるのなら当然、関心を持って良いはずの張り紙の中身をなす当の数学の問題への言及がまったくない、というのがその理由である[37]。しかし実際がどうであったかはともかく、この話そのものは、デカルトのベークマンをもはるかにしのぐ数学や自然学における才能を強調しようとするものであることは、一読すればだれの目にも明らかであろう。

そして事実、先ほどのデカルトのベークマンにたいする感謝のことばを含む手紙に先だって送られているある手紙（1619年3月26日付け）のなかでは、「連続非連続を問わず、どんな量においても提出されうるありとあらゆる問題を一般的に、しかしそれぞれをその性質にしたがって解けるようにしてくれる、あらたな基礎にもとづいた学問を公表したいと考えています」とか、「他の仕方ではなく、かくかくの仕方でどんな問題が解けるかを証明し、その結果、幾何学においてもうほとんどなにも発見すべきものが残らないようにしたいと考えております。これはたしかに無限な仕事であり、たった一人の人間によっては完成させることはできません。信じられないほどの野心的な計画ではあります。しかしこの学問の暗い混沌のなかで、わたしはなにかしら光のようなものを認めておりますし、この光の助けをかりれば、もっとも深い闇もうち払うことができるだろうと考えております」[38]などとする、数学の一般的な解法に関するデカルト独自の発見に触れた文章が見いだされ、のちの学問一般の方法論の原型をなすような考え方がはやくも出現しているのである。いな、それどころか、同じころのもので、『オリンピカ』などとならべてバイエも言及し、ライプニッツを始めとするいく人かの人々の手によって書き写されて、今日にまで伝えつづけられている『まえおき』(Praeambula, Préambules) なる見出しの付けられた文章のなかでは、アルキエ氏も指摘しているように、学問の統一性に初めて言及した次のような注目すべきくだりも認めることができるのである。「諸々の学問はいまは仮面をつけている。仮面がとり払われたならば、それらはそのまったき美しさのなかに姿を現すことであろう。諸学問の連鎖を完璧に認める人にとっては、数列を憶えるのと同様、精神のなかにそれらを止めおくことは、それほど難しいことには思われないであろう」[39]。デカルトがベークマンから自然学を数学的に処理するという、新たなやり方を教えられたことがきっかけとなって、しばらく離れていた学問の世界にふたたび引き戻されたということは確かであるが、しかし、そこに独創の花を開かせていったものはあくまでもデカルト自身の天才であった、ということであろう。いずれにせよ、これらの文章は『オリンピカ』の一日に先だって学問の統一性についての考えや、まだ数学の領域に限定はされているものの、問題の一般的な解法というかたちで、のちの方法論の芽となるような着想がすでに得られていたことを明らかにするものであって、ベークマンより学んだ自然学の数学的な処理法とあいまって、この三つのものはやがて間もなくデカルトを「驚くべき学問の基礎」の発見へと導いていく重要な動因をなすことになったと考えられるのである。もっとも、デカルトの念願の人生にたいする根深い不安解消のためにはさらにもう一歩の思索の深まりが必要ではあったのだが。

そのもう一歩とは、ジルソンがうえのデカルトの三つの夢のデカルト自身による解釈に即しながら、きわめて簡潔に要約してみせた三点と対応させて言えば、第一点目の、すでにそれ以前から芽ばえつつあった諸学問の統一性、という考えをひとまず除いた残りの二点、すなわち、これからデカルトが始めようとしている学問は、かれがこれまで求めてやまなかった人生に不可欠な知恵とその根底においてあくまでも直結するものでなければならない、ということ、そしてみずからは知恵に連なるべきそうした知の探求の、いわばさきがけ、ないしパイオニアとしての使命を神より授かっている、ということの自覚にほかならない。デカルトの人生に対するそれまでの不信と不安が自信と安心に転換するのは、すでに見たようにまさに、かれがみずからのこうした進路に確信をもちえた瞬間からであったからである。しかし問題は、それならばなぜ、この同じデカルトの青春の転機を語っている『序説』の第二部、第三部において、知と実践とがあらためて切り離されるかたちで論じられることとなったのか、ということである。わたしはその理由としてかれの既得の知の総点検と、そうした総点検を超えて発見されるべきあらたな知の基盤の探求としてのデカルト哲学の構築が必要となった事態を挙げておかねばならないと思う。

4.『オリンピカ』から『方法序説』へ―批判的精神の登場と方法の確立―

『序説』がドイツの炉部屋での考察として、まず、示すのは、周知のように、「いくつもの部分からなり、さまざまな匠の手によって作られた作品には、たった一人のひとが仕事をした作品におけるほどの完全性が認められないことがしばしばである」[40)]、という比喩によってであるが、これは要するに、すでにこの小論の初めのところでも引用した「書物の学問、少なくともその根拠が蓋然的でしかなく、また、何の証明もなしに、大勢のさまざまな人たちの意見で少しずつ組み立てられ、大きくなってきたような学問は、ボン・サンスの人がみずからにたいして立ち現れてくることがらについておのずからなすことができる単純な思考ほどには真理に迫るものでない」とするかれの基本的な確信をもっぱら表現するためのものであった。『オリンピカ』の夢に話をもどしていうなら、「辞書」が象徴したような知識の寄せ集めとしての伝統的なスコラ学ではなく、「詩集」と、そのなかのことば「然りと否」が暗示したように、たった一人の人間が、生まれつきそなわった健全な判断力としてのボン・サンスを用いて築きあげていく統一性をもった学問のほうがはるかに信頼がおける、ということだ。しかしながら『序説』では、バイエが伝えているかぎりでの『オリンピカ』では認められない、次のようなことばがつづく。すなわち「そんなわけでわたしは、また、次のように考えた。わたしたちはみんな大人になる前は子どもであったし、また、ながい間わたしたちの欲望と教師たちの支配下に置かれねばならなかったので…わたしたちの判断は、生まれてこのかたみずからの理性を全面的に使用し、もっぱら理性のみによって導かれていたとすれば、そうなったであろうほどには、純粋で堅固であることはほぼありそうもない、と」[41]、とか、「わたしがそれまでにわたしの信念のなかに受け容れていたありとあらゆる考え方に関して、一度でよいからじっくりとそれらをわたしの信念から取り除き、その上で、そこにもっとよい考え方を置きなおすか、それとも理性とぴったりと釣り合うように調整をし終えた上で、同じ考え方を置き戻すか、するよりもよりよいやり方はない、と確信した。そしてこうしたやり方によって、わたしは古い基礎の上に家を建てるよりも、そしてまた、わたしの若いころ、人から言われるがままに、また、それらがはたして本当なのかどうかを一度も検討することなく受け容れてきた原理にただ依存しているだけの場合よりもはるかにうまく、わたしの人生を導くことに成功するだろうとかたく信じたのであった」[42]などとする文章である。ところでこうした点が、バイエの『オリンピカ』の引用に認められないわけはなんであろうか。実際にはテキストにあったけれども、バイエが『オリンピカ』のたんに部分的な引用に止めたため、われわれには伝えられなかった、という単純な理由にもとづくにすぎないのか、あるいはデカルトが、この部分の中身は、上の「学問全体の統一」の要請のなかに当然含まれている、と考えていたためにあえて触れはしなかったものの、『序説』では『オリンピカ』のあと九年も経過した1628年になってようやく手がけることになったみずからの哲学を紹介する必要から、そのまえおきとして語らないわけにはいかなくなった、ということなのか、あるいはまた、こうした作業の必要性は、本当は哲学的な省察を始めるようになって次第に明確になったことではあるが、「学問全体の統一」という要請の当然の帰結とも見なすことができるものなので、逆に、『オリンピカ』の思索にまで遡り、そのなかに入れ戻すことになったということなのか、解釈は分かれるところであるが、わたしはグイエ、アルキエ両氏の、『序説』は執筆時点の1636年をいちおうの到達点としてこれを目指すかのように捉えかえされたデカルトの青春の歩みをもっぱら記したもの、とする考えに従ってあえてこの第三の立場を取りたいと思う。それに『オリンピカ』の第三の夢が「詩人集成」によって「学問全体の統一」の理念を目指すべきことをデカルトに暗示していたとすれば、それと対照をなすものとして同じ夢が示した「辞書」は、それが象徴するさまざまな人たちの考えの寄せ集めとしての伝統の学問に対して、もはや不信とか失望などというたんに消極的な態度に止まらず、むしろもっと積極的意志的な批判、ないし否定の態度で臨むべきことを暗示していた、と読んでもあながち間違いだとは言えないのではなかろうか。すなわち、伝統の学問とは、デカルトにとってはなによりもまず、教師たちからかれらの権威にもっぱらもとづいて教えられた「書物の学問」にほかならず、上の夢はあらたな「統一のある学問」へと進んでいく前提として、こうした学問の全体にわたる総点検の必要をも同時に促していはしなかったか、ということなのである。そしてもしもこのような解釈が許されるならば、あとは個別に、それらが持っている問題点を逐一点検しなおすとともに―『序説』第一部のデカルトの学校で学んだ各教科の批判的検討がまさにそれに相当するであろう、―それらの学問がそれぞれ、結局のところ、人間の認識諸能力におけるいかなるものに主として依存しているのか、感覚なのか、記憶や想像力なのか、あるいは知性なのかを明らかにし、それらの信憑性を哲学的、原理的に確認することが残るだけ、ということになるであろう。ところで教師云々、についての文言はこれでいちおうよいとしても、次にデカルトが教師たちと同じく、かれの幼少年期を支配していたとする感覚的欲望についてはどのように考えればよいであろうか。

多少の無理を承知であえて言えば、それは子どもが、みずからのうちなる自然的な傾向性にしたがって、与えられた環境的世界に対して行うすべての試行錯誤と、その結果としてそのつど獲得していく、経験的知識のすべてを表すもの、としてはいけないであろうか。つまり、デカルトの生い立ちに即して言えば、幼少年期からの家庭や学校での経験はいうまでもなく、デカルトが学業を終えたあとドイツの炉部屋にたどりつくまでの、かれのいわゆる「世間という大きな書物」をも含む経験の全体というように理解できないか、ということなのである。しかもこの経験というものがデカルトの学校を離れたあとのヨーロッパ各地での体験だけにかぎっても、学校での学問と同じくかれを決して満足させるものでなかったことは、それが『オリンピカ』の瞑想に入る大きな条件ともなったことで明らかである。デカルトは述べている。「ほかの人々の風習をただ見ていたかぎりでは、そこにわたしを確信させてくれるものはほとんどなにも見いださなかったし、さきに哲学者らのさまざまな考えのなかに認めたのとほぼ同じ程度の多様性を見いだすのだった」[43]、と。したがってこのあとは、実際の経験を通して触れえた世の中の主要な原則（世の中は結局のところ真理によってではなく、実例と慣習によってもっぱら動いているにすぎない、ということ[44]）を明らかにする一方、そうした世界のなかでかれを主として導いてきた能力としての感覚の役割と、それの真理認識における価値を検討する仕事が残されているだけだ、ということになる。しかしあえて繰り返しをいとわずにいえば、『書物の学問』にせよ『世間という大きな書物』にせよ、いまやこれまでのようにたんにぼんやりとした不信や受動的な懐疑の対象としてではなく、ようやくかれのなかで目覚めはじめたボン・サンスの、何ごとに関してもその真偽を進んで判別せずにはおかない積極的意志的な判断の対象として、あらたな様相のもとにかれの前にその姿を現している、ということは十分注意深く抑えておかなければならない点であろう。これを別の言い方で、ボン・サンスはデカルトにおいてはまず、たくましい批判的精神として自覚されることになった、と言い直してもよい。

ところで『序説』ではこうした知識の総点検の必要を考えたとする記述に引き続いて、さらに哲学を手がけようとするにあたっての、用心をきわめたデカルトの姿勢を表すつぎの文章がくる。「だが、たったひとりで闇のなかを歩む人のようにきわめてゆっくりと進んでいこう、また、何ごとにおいても十分な慎重さをもってのぞもう、と心に期していたので、たとえほんのわずかしか前進しなかったとしても、少なくとも倒れることだけはまぬかれたようだ。いな、わたしがまえもって企てつつあった仕事の計画を立て、ありとあらゆるものごとについて、わたしの精神にかないそうな認識に到達するための真の方法を探求するのに、十分な時間をかけてからでなければ、理性によって導かれることなく、以前、わたしの信念のなかに入り込んだかもしれないいずれの考え方も、すっかり捨て去ることから始めようなどとさえ思わなかったのである」[45]。ところで、ここで企てつつあった仕事とはなにを指すのか、ということがまず、問題となるが、それはのちに『哲学の原理』のラテン語から仏語に翻訳されたもの（1647年刊）に序文がわりに添えられることとなった訳者のピコ師宛の書簡に出てくる、デカルトのいわゆる「学問の樹」(周知のように、この樹の根は形而上学であり、幹は自然学、枝は医学や機械学、そして最後の一番高い梢は道徳であるとされる）[46]のような本格的な構想を考えるよりも、むしろ、ジルソンも指摘しているように[47]、また、上でも一言した、青年デカルトの『ボン・サンスの研究』を考えるほうがより自然な受けとめ方ではないかと思われる。しかしそれではここで言われている真の方法についてどうであろうか。方法についてもたしかに『ボン・サンスの研究』のなかでも取り上げられていたようではあるが、当時のデカルトの関心のありようからいってそれは、なお、もっぱら数学や自然学の方法として理解されていたものであって、その使用が哲学的な思索にまで適用できるとの見通しまではたしてもちえていたのかどうか、疑う余地は十分にあるであろう。もっとも、これも例の『序説』がもっている過去の遡及的解釈という性格を踏まえるならば事情はだいぶ違って見えてこよう。すなわち対象とされる領域が数学や自然学に止まっていたにもせよ、方法の考え方はすでにこのころから着想として明確になりつつあったことはやはり否定できないことであって、のちにみずからの哲学と取り組むことになったさいに、『序説』第二部の四つの規則をさらに方法的懐疑としても用いることとなった時点からふり返って、その芽をあらためて旧著の『ボン・サンスの研究』のなかに認めることとなったと考えても不自然ではないからである。いな、この『序説』の四つの規則さえ、実はそれに習熟するためとしてデカルトがその適用をまず試みているのは数学の領域においてであって、これらを幾何学と代数学の双方に対して同時に用いることによって、デカルトの数学史における画期的な功績である、いわゆる解析幾何学の手法を確立することとなったことは周知の通りなのである。デカルトの方法はこの意味では、その出発点となった数学的な性格を終始持ち続けるものであった、ということができるであろう。念のためにデカルトの四つの規則を次に挙げておこう。「第一は、わたしが真理であると明証的に認識するまではいかなるものをも真理であるとして決して受け取らないこと、すなわち慎重に早合点と思い込みとを避け、わたしの精神に対してひじょうに明晰に、またひじょうに判明に現れてくるので、それをわたしが疑うことになるようないかなるきっかけもないことがらしか、わたしの判断のなかには、もうなにも取り込まない、ということであった。第二は、わたしが検討を加えようとする難問の一つひとつをできるだけ、そしてまた、そうした難問をより正しく解決するのに必要なだけ、小さな部分に分割することであった。第三は、わたしの思考を順序に従って導くこと、そしてもっとも単純で、もっとも認識し易いものから始めて少しずつあたかも階段を上るように、もっとも複雑なものの認識に至るまで昇りつめてゆくこと、また、自然のままでは前後関係がないような対象相互の間にさえ順序を想定する、ということであった。そして最後は、どこにおいても徹底した枚挙と全体的な見直しを行い、その結果、何も見落とさなかったと確信することであった」[48)]。一言でいえば、デカルトの方法とは、上にもすでに何回か引用したように、あらゆる問題をボン・サンスの人がみずからの目の前に立ち現れてくることがらに関しておのずからなしうるような単純な推論にまで還元すること、そしてできることなら、それらをさらに明晰で判明な単純な判断、すなわち直観にまで還元することである、ということになるであろう。

5.「仮の道徳」

さて、『序説』で学問の方法について論じたあと、デカルトが次に取り上げるのはかれのいわゆる「仮の道徳」、すなわち既得の知識の総点検を終えたあとに取り組むことになるはずの本格的な道徳に先だって、それまでの間、もっぱら、みずからの当面の生活の必要のためにのみ用意したという実践上の格率である。デカルトはこの格率が必要となったいきさつについて、まず、次のように述べる。「わたしたちが住んでいる家を建て替えるに先だって、その家を打ち壊し、建材や建築家を揃えたり、あるいは自分で建築術の修練を積んだり、また、さらに慎重に家の設計図を引いたりするだけでは十分でなく、わたしたちがそこで仕事をする間も、快適に過ごせるようなもう一軒の家を用意しておくこともまた必要であるように、理性が判断に当たってわたしに不決断を余儀なくさせているような間も、行動にさいしては不決断に止まることがないように、また、そのようなときでもいつも可能なかぎり幸福に生きていけるように、ほんの三つないし四つからなるだけの仮の道徳を自分のために作ったのだった…」[49]と。ところで『序説』第三部のこの文章に引き続いて述べられている実践上の格率についても、実は上の方法論と同様、最初からはたしてこのように明確な形を取ったものとしてデカルトに意識されていたのかどうか、疑いを入れる余地は十分にあるであろう。ただ、ここでもはっきりしていることは、1619年11月10日のかれにとって記念すべき日となった一日を境にして、幼少年期からの懸案であった「人生いかなる道にか従がわん」の問い、すなわちみずからの進路についての解答がようやくにして明確となり、いまやじっくりと落ち着いて以後の生き方を考えることができるような心境になっている、ということである。別な言い方をすれば、そのようにして明かされた神意に沿ってみずからが歩みだすためにはどのような生活上の配慮が今後必要となるのか、あらたな学問の創始者としての使命に対してあくまでも忠実に、それをどこまでも生活の中心に据えつつ暮らしていくには自分の生活をどのように守っていかなければならないのか、これからは自分自身のことをもっと大切に考えていかなければならないのではないか、というそれまではあまり意識されたことのない新たな思いがデカルトのなかににわかに目覚め始めた、ということだ。ルソーがのちに『エミール』で自愛の問題を取り上げる文脈とは大いに異にしているとはいえ、神より授かった命を大切にしなければならない、という気持ちが強く意識されるようになっている点ではまさに両者に共通のものをここに認めてもよいのではなかろうか。

さらにここで是非とも、つけ加えておかなければならないのは、デカルトのいわゆる「仮の道徳」が、このようにあくまでもかれの当面の生活に間に合わせるためだけの私的な原則にすぎないものであるとはいえ、そこにはボン・サンスの行動のレヴェルにおけるきわめて本質的な働きがすでに認められる、ということである。結論から先に言えば、それはボン・サンスのきわめて実際的な機能、すなわちボン・サンスのたしかな「現実感覚」としての働きである、と言ってよい。生活の場面においては、行動はしばしば遅滞が許されず、結果が必ずしも明確に見通せなくとも決断していかなければならないことが多い。そのような場合でもできるだけ悔いのない生き方をしようとすれば、それはどのような生き方になるのか。こうした問いに答えてくれるのも、実は、デカルトの「仮の道徳」だ、ということである。話の都合上、デカルトが掲げているそれぞれの格率の、特に重要と思われるところだけをまず順番に見ておこう。

最初の格率であるが、デカルトはそれを「わたしの国の法律と慣習とに従い、子どものころから神の恵みによってそのなかで教育を受けてきた宗教をつねに守り、ほかのすべてのことでは、わたしが一緒に暮らしていかなければならなくなるような人びとのなかで、もっとも正しくボン・サンスを用いている人びとによって実際に一致して受け容れられているような、もっとも穏健で、極端からは最も遠い意見に従ってみずからの舵とりをする、ということであった」[50]、と言い表している。「わたしの国」とはいうまでもなくフランスのことであるが、デカルトがこうした格率を考えるようになったとき、かれはすでにフランスを遠く離れてドイツに身を置いており、やがてそれ以後は生涯のほとんどをオランダ各地で過ごすことになるのであるが、そのような人間がなお、祖国の法律や慣習にこだわりつづけているように見えるのはどうしてであろうか。わたしはこれを書くとき、かれは祖国フランスのトゥレーヌ州に所有している土地などの資産のことを主として考えていたのではないかと見る。なぜなら、そうしたものがその地にあるかぎり、そこの法律や慣習になによりもまず、従わざるを得ないからである。しかしそれでは宗教についてはどうか。これについては、まことに興味ぶかいエピソードが伝えられている。それによるとオランダで親しく交流するようになった牧師のレヴィウスからカトリックからプロテスタントへの改宗を強く勧められたとき、まず、カトリックは自国の国王の宗教だから、として断るのであるが、それにレヴィウスが納得しそうにないのを見ると今度は、それは自分を育ててくれた乳母の宗教だから、と言ったというのである[51]。この乳母というのは、実の母と生後一年で死別しているデカルトにとって、まさに母親同様の存在であったらしいのであるが、ストックホルムでみずからの死を予感したデカルトが、自分の遺産の一部をその終身年金に当てるようにまわりの者に言い遺していった当の乳母でもあった。もっとも、ルソーも『エミール』で言及しているように[52]、乳母という者はかの女らに育ててもらう子どもたちにとっていかに大切な存在であろうと、家のなかではたんなる使用人でしかなく、デカルトも、ものごころがついたころ、この乳母に対する愛情や感謝の気持ちと、身分の違いに根ざす家庭内の低い評価とのギャップに相当悩んだこともあったのではなかろうか。しかしデカルトにおけるボン・サンスを等しく与えられた者としての「人間」の発見はこのギャップを見事に消し去ったのだ。ドイツの炉部屋における経験の後、デカルトはイタリアのロレットのマリア詣でを誓うのであるが、これはデカルトにおける人生にたいする自信と安心の獲得が同時に母性的なるものへの信頼感の回復とまさに一体のものであったことを暗示しているのではなかろうか。

ところで以上の法律や慣習、宗教のいずれもがデカルトの祖国であるフランスと直結しているのにたいし、これら以外のすべてのことでは反対に、かれが実際に一緒に暮らしていかねばならなくなるようなそれぞれの地の人びとのなかで、もっとも正しくボン・サンスを用いている、と認められる人たちの、穏健で、極端からは最も遠い意見に従うこととした、としているわけであるが、このときデカルトが極端なものの例としてすべての約束ごとを挙げているところをわたしとしては特に注目しておきたいと思う。ここで約束事とは、なんらかの宗教団体、ないしは政治団体への参加などにともなう盟約のようなものをどうやら考えているらしいことが前後の文脈から次第に分かってくるのであるが、政治的、社会的、宗教的な無数の問題が複雑に絡んだヨーロッパの三十年戦争という時代、デカルト自身も含めたすべての人びとの価値観がめまぐるしく変化を遂げていく時代に生きていかなければならない者の心構えとして、これはひじょうに合点のいく考え方だ、という気がするからである。

さて、次にデカルトが立てる第二の格率であるが、これは森の中で道に迷った旅人を例に説明がなされているので、別名「森の中のデカルト」として有名なものである。それによると「わたしの行動にさいしてはできるだけ毅然として果断であること、そしてひとたびそれと決めたならば、もっとも疑わしい考え方であっても、あたかもそれがひじょうに確かな場合と同じようにつねにそれに従いつづけることであった」[53]という。上に見た新たな学問の構築に向かおうとするさいのいわゆる「炉部屋のデカルト」、慎重この上ない、ある意味では優柔不断とさえ言えるデカルトとはまさに正反対の態度がここでは表明されているのである。ところで、学問においても、行動においても間違いのない判断をボン・サンスに求めるデカルトにあって、この場面においてはそもそも同じ能力の使用とは考えられないほどの極端な隔たりを認めることはできないであろうか。カントにおけるのとは意味は大いに違ってはいるものの、ここはたしかにボン・サンスの理論的使用と実践的な使用とを区別したくなるような個所なのである。しかしおそらくデカルトはそのような疑問に対しては次のような論法で否定するのではなかろうか。すなわち、理論においても、実践においても真偽を判別するという点ではボン・サンスはまったく同じ働きをするが、ただ理論では時間の制約がないのに対して実践ではつねに一定の時間内に結論を出さねばならない、という違いがあるのだ、と。学問はどこまでも可能性の世界のことがらに終始するのに対して、実践はまさに現実の世界においてそのつどせまられる行動の選択だからである。デカルトは言う、「…もっとも正しい考え方を見分ける力がわたしたちにないときは、わたしたちはもっとも蓋然性の高い考え方に従わねばならない。また、一方の考え方とくらべてもう一方の考え方により多くの蓋然性を認めるというわけではないようなときでも、それでもわたしたちはどの考え方かに決しなければならず、また、そのあとは、そうした考え方が実践に関わるかぎりでは、もはや疑わしいものとしてではなく、ひじょうに正しく、また、ひじょうに確かなものと考えなければならないのである。なぜなら、わたしたちにそうした考え方を選びとらせた理由がひじょうに正しくまた、ひじょうに確かなものだからである」[54]と。そしてこの格率のおかげでありとあらゆる後悔や呵責からまぬかれることができるようになった、とも付け加えている。

デカルトがわたしたちに紹介してくれている三つ目の格率は、周知のように、かれのストア的な考え方を端的に示すものとなっている。「わたしの第三の格率は、つねに運命によりもむしろ自分みずからにうち克ち、世間の秩序よりもみずからの欲望を変えようとつとめることであった。また、一般的に、わたしたちの力のおよぶ範囲内に完全にあると言えるようなものは、わたしたちの考えしかなく、したがってわたしたちの外部にあるものについて、わたしたちが最善をつくしたあと、首尾よい結果をもたらさないようなことはすべてわたしたちにとっては、絶対的に不可能なものである、と思うことに慣れることであった」[55]。そしてここで特に二つの点に注目しておきたい。すなわちその第一は、デカルトが「すべてのものごとをこうした見地より見ることに慣れるには、長い間の練習と、しばしば繰り返される思索とが必要だ」[56]と述べている点であって、デカルトが上で理論的な思索に関して練習の必要を認めていたのと同様な考え方をここにも認めることができるという点である。理論と実践とを問わず、デカルトはそれぞれの方法の的確な運用に向けてその能力を磨くことの必要性を強く意識していたということだ。第二点目も理論的な思索に深く関連してくることであるが、それはこうした格率の当然の根拠として「わたしたちの意志は、わたしたちの知性がこの意志に対してなんらかのやり方で可能であると示すものにしか自然的には願おうとはしない」[57]からだ、としている点である。いな、デカルトによれば、かれがそもそもみずからの欲望をそのように制限し、ありのままの自分で満足できたのも、自分にできそうなすべての知識の獲得がそれによって保証されていると考えた上の方法によって、かれの力の及ぶかぎりのすべての善の獲得も同時に保証されている、と考えたからにほかならないのである[58]。「わたしたちの意志は、わたしたちの知性がこの意志にたいして良いもの、あるいは、悪いものとして示してくれるに応じてもっぱら、それを追求したり、それから逃れようとするのであるから」、と先の文章を繰り返すように述べたあと、「正しく行動するためには正しく判断するだけで充分であり、また、みずからの最善をつくすためには、すなわち、獲得できるすべての徳とすべての善を同時に獲得するためには、できるだけ正しく判断するだけで充分だからである」[59]、とデカルトは続けている。『序説』ではいったん、理論と実践を分けようとしているように見えるデカルトではあるが、その展望においては両者はあくまでも相補い合う不可分なものとして捉えて続けている、と言えるであろう。そして事実、デカルトがみずからの哲学をその完成した姿において展開する『省察』の四においては、わたしたちの判断における誤りの原因をすべて、神をかたどるものとしてわたしたちに与えられている無限な意志が、もう一方の知性がもたらす観念が有限であることを踏まえずに、肯定、ないし否定するところに求め、正しい判断はしたがって、こうした無限な意志を制限して有限な知性に合わせていくこと(すなわち方法にしたがうこと)によってのみ可能となる、と主張するようになるのであるが、そのさい、かれはこうした判断にもはや理論的、実践的といった区別を設けることはしないのである[60]。

6.「決定的道徳」

しかし周知の通り、デカルトは本当の道徳、最終的な道徳についてはまとまったものはなにも残すことはなかった。ただ、薄幸のボヘミアの王女、エリザベットに宛てた手紙や、デカルト生前最後の出版物となった著作『情念論』においてそれに若干言及しているところがあり、わたしたちとしてはもっぱら、これらをたよりにするよりほかはない。まず、上の「仮の道徳」との違いを比べるうえでもっとも分かりやすい材料を提供してくれるのが、1645年8月4日付けの前記王女あての手紙にある「決定的道徳」に触れた次の部分ではなかろうか。「第一に守るべきことは、各人は、人生のあらゆる出来事において、みずからがしなければならないことと、してはならないことを知るために、できるだけ正しく、みずからの精神を用いるように努めることである」。「第二は、理性が各人に忠告することは、すべて実行するのだ、という断固として変わることのない決意をもち、情念や欲望が各人をしてそこから脇道にそらせることがないようにすることである。…」「第三は、各人がこのようにできるだけ理性にしたがって導かれる一方、みずからがもたない善は、すべてみずからの力のおよぶ範囲の外にあると考えること、そしてこの方法でそうしたものを望まないように慣れることである」[61)]。まず、「仮の道徳」の第一の格率では「もっとも正しくボン・サンスを用いている人びとによって一致して受け容れられているような、最も穏健で、極端からは最も遠い意見」に従う、となっていたのがここでは、「できるだけ正しく、みずからの精神を用いるように努める」、という表現と置き換わっているのであるが、この場合の精神とは、デカルトの他での使い方とも考えあわせて、記憶や想像力、また外部世界の感覚さえも含むけれども、その中核をなすボン・サンスにあくまでも主導された意識作用の全体を表すもの、と理解してよいであろうか。しかしそうすると、「仮の道徳」との違いは実質上、他人のボン・サンスに従うか、自分自身のボン・サンスに従うか、の違いだということになるが、しかしここでよく考えてみよう。そもそも、「もっとも正しくボン・サンスを用いている人びと」をいったい、だれが見つけるのか、ということである。いうまでもなくそれはデカルト自身のほかにはなく、それは結局のところ、デカルトにおけるボン・サンスをおいてほかにはないのではないか、ということなのである。また、守るべきことがらの第二、第三のなかにでてくる理性であるが、これは『序説』冒頭で「ボン・サンスあるいは理性」と言い換えられているように、デカルトにおいてはまったく区別せずに使われている、と考えてよいであろう。ところで第二の格率で、森の中で道に迷ったデカルトに対して最も蓋然性の高い道を、最悪の場合には、守り抜く意志さえあればどの道でもかまわないから決めよ、と命じたり、また、第三の格率で、「運命によりも自分みずからにうち克ち、世間の秩序よりもみずからの欲望を変える」ようデカルトに命じた主体もまた、この同じボン・サンスではなかったであろうか。しかしそうするとデカルトにおいて「仮の道徳」がそのままで「決定道徳」となった、ということであろうか。そうではないと思う。いったい、「仮の道徳」とはデカルトが目指した新しい学問が成立するまでの、少なくとも、そうした学問の基礎としての新しい哲学が完成するまでの当座の道徳、という意味であった。神より授かった使命とも考えたこの仕事を遂行するにあたって、最低限必要と考えたみずからの生活上の原則が「仮の道徳」であった、ということができる。しかしエリザベットにあてた上の手紙をしたためた1645年には哲学はもとより、その他のデカルトが当初目論んでいたような諸学問は、次々にその姿を明確に現わすようになっており、道徳もたんに個人的な格率ではなく、本来、人間であればだれしもが従うべき実践上の原則としてうち立てることができる条件はすでに整いつつあった、ということができるのである。簡単に言えば、ここでボン・サンスは、もはやデカルト個人の生活のためにではなく、人類全体のために立ち働こうとしている、ということだ。

上と同じ年の1645年9月15日付けのエリザベット宛ての手紙では、王女の、人生のすべての行動にさいして最善のものを見分けるには自分の知性をどのように強化すればよいのだろうか、という質問[62]につぎの四点を柱として答えている。その第一点目は「万物がそれに依存し、その完全性は無限であり、その力ははかりしれず、その意志は過つことのありえない、ひとりの神が存在している」[63]と知ることだ、としたうえ、それはわたしたちの身に起こることはすべて、したがって苦しみでさえも神から送られたものとして歓びをもって受けとめることを教えるからだ、としている。第二点目は「身体がなくとも存続する」[64]ものとしての魂の本性を知ることである、とし、その理由を、そうした知識はまず、わたしたちに死を怖れないようにさせてくれるし、また、この世のものにたいする執着を取り除いてもくれるからだ、としている。第三点目は、宇宙を神の作品としてそれに相応しい仕方で受けいれること、すなわち無限な広がりを有するものとして捉え直すことである、とする。理由は、これまでの有限な宇宙観ではどうしても地球を宇宙の中心と見るし、また、この地球はもっぱら人間のためにのみ存在している、とすることになり、結局、この地球こそ人間の主要な住処であり、この地球での生がすなわちわたしたちの最高の生だ、とする傲慢で誤った見方に導くことになってしまうからである、としている[65]。第四点目は「わたしたち一人ひとりはなるほど、ほかの人たちから区別される人格であり、したがって、その利害は、世間の他の人たちのそれとはなんらかの点で区別されるものではあるが、しかし人はたった一人では生きていくことはできそうにもないし、また、実際、人は宇宙の一員であり、さらにより個別的に見れば、この地球の一員であり、この国の、この社会の、この家族の一員だということを考えるべきだ」[66]ということである、とする。そしてそのさい、「みずからがその一員である全体の利害をかれの個人的な利害につねに優先させねばならない」[67]とも言う。ところでこうした考えは、デカルトによれば、「わたしたちがしかるべく神を認識し、神を愛するようになれば、おのずと身につくようになる」ものなのだ。「なぜなら、そのとき、わたしたちは神の意志にすっかり身をゆだねているので、自分自身の利害は捨て去り、神のお気に召すと信じることをなそうとするより以外の情念をもつことがなくなるから」[68]である。

さて、以上、まず、神の善意から始めて魂の不滅、宇宙の大の認識に根拠をおく人間としての基本的な心構えとしての徳目をそれぞれ論じたあと、ふたたび神の善意にもどってそれに根拠をおくもう一つの徳目としてあらたに共生の倫理を説いていると言えるのであるが、これらの項目を通じてデカルトは文字通り哲学に基礎をおく本来の道徳に到達している、と言うことができるであろう。あと必要なのは、こうした徳目をあくまでも実践しようとする意志だけである。そしてそれこそデカルト倫理学における人間の最高のあり方としての高邁を実現することにほかならない。高邁とは具体的にはどういうあり方であったか。『情念論』のデカルトは言っている。「ひとりの人間に対して正当で、可能なかぎりの高い自己評価を与えさせることになる真の高邁とは、もっぱら、以下のことにもとづくものであると考える。すなわち、一方で、本当に自分のものと言えるのは、こうしたみずからの意志の自由な使用だけであると知るとともに、自分が称賛を受けたり、非難に甘んじなければならないのは、もっぱら、自分がみずからの意志を正しく、もしくは誤って用いている、ということ以外にいかなる理由もない、と知ることであり、他方、また、次のこと、すなわち、みずからのうちに、意志を正しく用いるのだ、とする断固として変わることがない決意を、言い換えれば、自分が最善と判断することになるすべてのことを企て、実行するための意志を決して欠くまい、とする断固として変わることのない決意をみずからのうちに自覚していることである。そしてそれこそが徳に全面的にしたがうということにほかならないのである」69) と。

【註】

1）*Discours de la méthode* (以下*Discours.* と略す) , AT, VI, pp.1-2
2）Cf. M. de Montaigne, *Essais II*, Slatkine, chap.XVII, p.587
3）*Regulae ad directionem ingenii*, I ［以下*Regulae.* と略す］, AT, X, p.359
4）*Discours.*, AT, VI, pp.12-13
5）*Regulae.*, I, AT, X, p.361
6）Bergson, *Écrits et paroles III*, p.649
7）*Discours.*, AT, VI, p.4
8）Ibid., p.10
9）Cf. F. Alquié, *Descartes*, Hatier, pp.15-16
10）H. Gouhier, *Essais sur Descartes*, Vrin, 2e édition 1949, pp.201-202
11）Ibid., p.202
12）*Discours.*, AT, VI, pp.7-8
13）Cf. H. Gouhier, *Essais sur Descartes*, p.201
14）Ibid., p.202
15）Ibid., p.202
16）Ibid., p.206
17）Ibid., p.203
18）*STUDIUM BONAE MENTIS* (1623年頃の著作と推定されている)　AT, X, pp.191-203 AT, X, p.191
19）Cf. A. Baillet, *LA VIE DE MONSIEUR DES-CARTES II* (以下V. D.と略す) , GEORG OLMS, p.406, AT, X, p.191
20）Ibid., p.81, AT, X, p.181
21）Ibid., p.85, AT, X, p.186
22）Cf. ibid., pp.81-82, AT, X, pp.181-182
23）Ibid., p.82, AT, X, p.182
24）Cf. ibid., pp.82-84, AT, X, pp.183-184
25）Ibid., pp.84-85, AT, X, p.185
26）Ibid., pp.83-84, AT, X, p.184
27）Ibid., p.84, AT, X, p.184
28）Ibid., p.84, AT, X, p.184

29）Ibid., p.84, AT, X, pp.184-185
30）Cf. E. Gilson, *Discours de la méthode, Commentaire*, Vrin 1947, p.158
31）AT, X, p.52
32）Ibid., pp.162-163, F. Alquié, *Oeuvres philosophiques de Descartes I*, Garnierp.41
33）Cf. Gouhier, *Essais sur Descartes*, p.48, Gilson, *Discours de la méthode, Commentaire*, p.153
34）V. D. I, pp.43-44
35）AT, X, pp.47-48
36）Ibid., pp.48-49
37）Ibid., p.50
38）Ibid., pp.156-158, F. Alquié, *Oeuvres philosophiques de Descartes I*, pp.37-39
39）AT, X, p.215, ibid., p.46
40）*Discours.*, AT, VI, p.11
41）Ibid., p.13
42）Ibid., pp.13-14
43）Ibid., p.10
44）Cf. ibid., p.10, p.16
45）Ibid., pp.16-17
46）Cf. *Principes de la philosophie*, AT, IX-2, p.14
47）Gilson, *Discours de la méthode, Commentaire*, p.180
48）*Discours.*, AT, VI, pp.18-19
49）Ibid., p.22
50）Ibid., pp.22-23
51）Cf. Gilson, *Discours de la méthode, Commentaire*, p.236
52）Cf. J.-J. Rousseau, *Émile*, Pléiade IV, p.257
53）*Discours.*, AT, VI, p.24
54）Ibid., p.25
55）Ibid., p25
56）Ibid., p.26
57）Ibid., pp.25-26
58）Cf. ibid., p.28
59）Ibid., p.28
60）Cf. *Meditationes de prima philosophia*, Meditatio IV. De vero & falso., AT, VII, pp.52-62, *Méditations*, Méditation quatrième, Du vrai & du faux, AT, IX-1, pp.42-50
61）AT, IV, pp.265-266
62）Cf. ibid., p.291

63） Ibid., p.291

64） Ibid., p.292

65） Cf. ibid., p.292

66） Ibid., p.293

67） Ibid., p.293

68） Ibid., p.2940

69） *Les passions de l'âme*, Art 153, AT, XI, pp.445-446

第2節　デカルトとベルクソン

1．ベルクソンのボン・サンス

ベルクソンは第二の主著『物質と記憶』（1896年）において、心身関係を論じるなかで、意識と身体的行動、とりわけ言語行動との相関関係の全体を、ボン・サンスの機能として明らかにしたが[1]、しかしこの著作の公刊される前年に行った講演「ボン・サンスと古典の学習」[2]の中では『物質と記憶』における議論はおろか、はるか『道徳と宗教の二つの源泉』における「正義の人」の問題にまでおよぶ議論を行っているのである。そしてこの講演の記録を通してわれわれは、ベルクソンもまたモンテーニュに始まり、デカルトで最初の理論的な基礎づけが行われることとなった、フランス哲学の伝統のなかにいた人であることをあらためて確認すると同時に、ボン・サンスというものには逆に、ベルクソン自身がそうであったように、十九世紀末のヨーロッパでふたたび顔を現すこととなった、新プラトン主義と連なる要素のあることにあらためて気づくのである。次にまず、ベルクソンのボン・サンスについての考え方から見てゆくことにしたい。

ベルクソンは西洋哲学は伝統的に、知性と意志、思索と行動といったものの間にはっきりとした線を引きがちであり、また、事実、人間性自体にそうした傾向のあることは否定しえないことではあるが、しかし一方、知性や意志には、純粋意志でも純粋知性でもない「一つの共通の源泉」（une source commune）が認められるのであって、この源泉こそ実はボン・サンスというものにほかならない、とする。また、さらにこのことを言い換えて、ボン・サンスは行動に合理性を付与するとともに、思索に実践性を与えているまさに当のものである、としたり、ボン・サンスは「根源的な衝動」（la disposition originelle）であって、思索の習慣化した形態や意志の法則性はむしろ、そこから現れ出た「二つの現象」（deux émanations）にすぎない、という言い方もしている。そしてデカルトとともに、このようなボン・サンスは、生得的かつ普遍的なものとして本来、各人それぞれに十分な形で備わっているものであって、学習や教育からは独立のものだ、と断じるのである。もっとも、精神や社会は生きたものばかりでなく、諸々の悪徳や偏見などという死んだ重しなども引きずっているので、そうしたヴェールや障害を取り除くためにはやはり教育や学習は必要となる、として教育にはむしろ、デカルトにおいて懐疑が果たした役割を担わせようとするのである。

ところでこうした点を明らかにするために、ベルクソンがまず行うのは、感覚［サンス（sens)］とボン・サンス（le bon sens）の区別である。すなわちこれは『物質と記憶』のなかでもくり返し述べていることであるが、感覚や知覚と称せられるものは一般に、その対象となるものについての客観的な認識をわれわれにもたらすというよりはむしろ、対象のもっているわれわれ人間にとっての有用性、もしくは有害性を知らせるものなのである。一方、ボン・サンスはそうした感覚や知覚に導かれてわれわれのとる行動が、われわれ自身や周囲の人びとに及ぼす結果を予見、もしくは予感させるものであって、この意味でボン・サンスはすぐれて実践的、社会的な感覚だ、とする。言い換えれば、われわれの個人的な行動は、つねにボン・サンスのコントロールのもとにおかれている、ということにほかならない。いな、むしろ、ボン・サンスから各個体に属する側面のみを取り出してくるとき、感覚や知覚となる、と言ったほうがより的確なのかもしれない。知覚や感覚は、ボン・サンスの全体としての機能からのいわば抽象にすぎず、ボン・サンスのほうが現実的、具体的な感覚である、と考えられるからである。ベルクソンは以下、われわれのさまざまな知のあり方と比較しながら、ボン・サンスの性格を浮き彫りにしていこうとするのであるが、比較の対象となるものはつねにボン・サンスの働きの一部、ないし結果の意味を有し、冒頭の新プラトン主義的な本体に対する現象の意味を有していることにあらためて気づかされるであろう。

ベルクソンが感覚や知覚に引き続いてボン・サンスの比較対象にもってくるのは天才である。天才、例えば科学における天才を例に取れば、かれらには厳密な証明や実験に先立って真偽についての微妙な予感のようなものが認められる、とし、これは遅滞なく次々と物事を決断していかねばならないわれわれの日常生活において、すべての詳細が把握できなくともそのつど状況の全体を照らし出し、ためらいを取り除き、困難を一刀両断にするボン・サンスの働きにきわめて類似している、とする。そしてその理由は、天才が自然について一定の見通しを持つのは自然との「長い仲間づきあい」があるからであるが、ボン・サンスにもそれと同様に、たえず覚醒し続けているある種の精神的な働き、ある種の不断の調整の作用があるからだ、としている。しかしこれも実際の順序からすれば、むしろ、ボン・サンスにおいて、そうした事態の変化に絶えず対応し続けることのできる能力をまず認めたうえで、これこそ天才の活動においてもその根拠となっているものだ、としてあらためて捉えなおすべきものではなかろうか。そしてこのような見地に立てば三番目にベルクソンが取り上げている社会通念との比較はきわめて理解しやすいものとなる。

ベルクソンは、ボン・サンスにとって言語が通常、内にしまい込んでいる出来合いの考え方、いわゆる社会通念ほど警戒しなければならないものはない、とする。そしてその理由はなによりも、社会通念というものが、なるほどもとはボン・サンスの生き生きとした活動の成果として実ったものであるとはいえ、それは間もなく木から落ち、干からびてしまい、その柔軟さを欠いたこわばりのなかで、もっぱら精神活動の残滓をとどめるだけのものとなってしまっているからなのである。それゆえ既成の考え方や出来合いの問題解決法のときには苦痛に満ちた犠牲を要求することがあるとしても、変化する現実に柔軟に対応していくためには、ボン・サンスへの絶えざる復帰をこそ心掛けていなければならない、ということになる。そしてこの意味では、百科事典的な博識もまた、たんなる既成の知識の寄せ集めとしては、現実にたいする対応力を少しももたないことになるであろう。ベルクソンはそうした博識よりはむしろ、「学ぼうとする意志をともなった無知の自覚」、経験にたいして開かれた心としてのボン・サンスのほうがはるかに大切だとする。ところでこのあたりは『方法序説』3)（以下『序説』と略す）のデカルトが第二部で、「書物の学問、すくなくともその根拠が蓋然的にすぎず、また、なんらの証明もともなわず、いく人もの人びとの違った意見から組み立てられ、少しずつふくらまされてきたような学問は、ボン・サンスの人が眼前に立ち現れてくることがらについて自然に行うことができる単純な推論ほどには真理に近づくものではない」、としているところと思わず比較してみたくなるところではなかろうか。

しかしそれはともかく、うえの天才との関連で指摘された、決断の速やかさや、その本性として有している自発性というところからいえば、ボン・サンスはまた、本能に類似している、ともいわれる。ただ、本能と異なる点は、ボン・サンスの用いる手段の多様性、その形態の柔軟性にあるし、また、なによりも知的な自動運動からわれわれを守るために、ボン・サンスが行う「徹底した監視」にある、とされる。ところでこのことは言い換えれば、ボン・サンスとは臨機応変な本能とでもいうべきものだ、ということになり、日本語でいわゆる「勘のよさ」と称せられるようなものとも大変近いものであることがわかる。すくなくともボン・サンスが一方で、本能的な性格を有していることは疑いえないところであろう。

さて、ベルクソンが本能とともに、ボン・サンスとの比較を試みているのは科学である。それはボン・サンスの現実にたいする配慮や、事実とあくまでも接触を保ち続けようとするところが科学と共通だからである。もっとも、科学は「普遍的真理」をもっぱら目指すのにたいして、ボン・サンスはたんに「当面の真理」を目指すにすぎない、とされる。また、科学はいかなる経験的事実も、推論のいかなる帰結も決してゆるがせにはしないのにたいして、「ボン・サンスは選択する」、とされる。要するに対象の広さというところからいえば、ボン・サンスは本能よりも範囲が大きく、科学よりは小さい、ということである。もっとも、このことは逆に、ボン・サンスを限定していけばその極限において本能に到達することができ、ボン・サンスを拡大すれば科学となる、ともいえる、ということであって、本能も科学もともにある意味ではボン・サンスのなかに包摂されている、という言い方もできるであろう。本能は行動と一体化した知であるのにたいし、科学は実践からひとまず独立した知ではあるが、しかしその根底にはデカルトが『序説』第六部で述べているように、人間を「自然の主人であり、その所有者」となさんとする意志が働いており、この点はベルクソンも終始主張してやまなかった点であった。とくに第三の主著『創造的進化』においてベルクソンは、生物の環境にたいする適応の一方の形式が本能であるとすれば、知性による適応というのがまさに人間の場合であるとし、それのもっとも進んだ形態として科学を捉えていることは周知の通りなのである[4]。

はじめに、ボン・サンスがすぐれて社会的な感覚である、との指摘をベルクソンが行っているところを見たのであるが、ベルクソン哲学がこの問題を真正面に据えて検討を行うようになるのはいうまでもなく、かれの最晩年の著作『道徳と宗教の二つの源泉』[5]においてである。しかしすでに触れたように、ベルクソンはこの著作における中心的な議論をすでに先取りするかのように、「ボン・サンスと古典の学習」のなかでも、まず、理想や習慣とボン・サンスの関係、次いで正義とボン・サンスの関係として取り上げているのである。すなわちベルクソンによれば、ボン・サンスには科学へと発展していく側面が認められるとしても、それ自体としてはどこまでも科学とは異なるものであって、なによりもまず「生活へと向けられた注意」であることを見落としてはならない、とする。「生活へと向けられた注意」とは別の言葉で「現実感覚」と言い換えてもよいであろう。ベルクソンはボン・サンスの最大の敵は、物事をすでに身についてしまった、一定の決まりきった見方でしか見ることのできない精神、すなわち「習慣的精神」と、現実から遊離してもっぱら理想のみを追い求めようとする「空想の精神」であるとし、これに反し、ボン・サンスは一方で、もっともよきものへの熱烈な憧憬を保持しながらも、他方で世間的な事情が許す範囲についての正確な見通しをつねに見失わないものだ、とする。そしてまたこの意味で、ボン・サンスは漸進主義的な「進歩の精神」である、ともしている。言い換えれば、「正義の精神」とは本来、まさにこうした漸進主義的な「進歩の精神」をこそ指すものとして理解しなければならない、ということである。また、正義自体もいたずらに理論的、抽象的に解さるべきではなく、いわば「正義の人」に受肉した正義としてあくまでも具体的、現実的に解されなければならない、ともいう。すなわち、ベルクソンによれば、正義とはなによりも生きて働く正義でなければならず、それはいかなる事柄であれ、そのなかに入りゆくことを不断にこころがけつつも、一方、行動とその予想しうる結果を絶えず秤にかけ、良きものをより大きな悪しきものでもって購うことのないようつねにこころするものである、とされる。つまり、正義が本当の意味での「正義の人」において実現されるさいには、実践的真理についてのある種の繊細な感覚、一つの見通し、ないしは感触のようなものとならなければならないのである。それは「正義の人」がみずからにたいして要求しなければならないこと、また、かれが他の人びとから期待しうることについて正確な範囲を教えてくれるものであって、あたかも確信に満ちあふれた本能がなすように望ましいものに向けてまっすぐにかれを導いていく、とされる。次にデカルトの場合を見ておこう。

２．デカルトの不安

『序説』第一部によれば、デカルトがその青年期において、かれのいわゆる「書物の学問」ならびに「世間という大きな書物」にたいして寄せた大いなる期待は、一貫して、人生いかに生きるべきか、という問いにたいする回答をそれらにおいて見出すことができるかもしれない、というところにあった。すなわち「書物の学問」と懸命に取り組んだのは、「これを通して人生に役立つすべての事柄についての明晰で確かな知識がえられる、と言って聞かされていたがゆえ」であったし、「世間という大きな書物」、すなわち実社会での経験についても「行動にさいして物事が明晰に見えるように、そしてこの人生を確信を持って歩んでいけるように、真実を虚偽から区別できるようになりたい、という極度の欲求」が背景にあったからであった。ところでデカルト研究者のH. グイエ氏はこの辺りのデカルトの事情を説明して、ラフレーシ学院における人文学の授業が、かれを結局のところ失望させることになりはしたものの、うえの「人生に役立つすべての事柄についての明晰で確かな知識」を得たいとする思いは、まさに学院の教師たちが目覚めさせた希望に他ならないのであって、それが旅の日のデカルトにそのまま持ち越されたことを意味している、と述べている[6)]。しかし本当の問題は、だれがそうした希望を目覚めさせたのか、というところによりもむしろ、デカルトがそもそもなぜそのような強烈な思いを学問や実際の経験にたいして寄せることになったのか、というところにあるのではなかろうか。

むろん、人は誰しも、人生の出発点において将来の進路について思いをめぐらすさい、多少とも不安にかられぬものはいないであろう。しかしデカルトの場合、そこにはなにか通常の青年期において認められるよりもはるかに深刻なもの、ほとんど例外的といったほうが的確とさえ思えるような不安を確認できるのではなかろうか。例えばうえに引用したデカルトの文章中「行動にさいして物事が明晰に見えるように、この人生を確信をもって歩んでいけるように」のくだりは、これを裏から読み返してみるとき、そこに浮かびあがってくるのは、これからの人生にたいしてどのように立ち向かっていけばよいのか皆目わからないままに、ほとんどその場に立ちすくんでしまっている一人の青年の姿ではないであろうか。すなわち行動にさいしてはなにも見えず、人生をただ数多くの疑惑を引きずったまま歩んでいくより他はない一人の青年の現実の姿が。また、こうした不安から脱却したいという「欲求」(un désir) がいかに尋常なものでなかったか、ということは、「極度の」(extrême) という形容詞がこれに付加されているところからもはっきりと読みとることができるであろう。

もっとも、ここで心に留めておかなければならない重要なことが一つある。すなわちそれは、F. アルキエ氏が指摘しているように、『序説』においてデカルトは四十歳という分別盛りの哲学者として、もっぱら、「みずからを説明しようとした」(s'expliquer) のであって、決して「みずからを語ろうとした」(se raconter) のではなかった、という点である7)。言い換えれば、デカルトはここで、みずからの一定の到達点を見ながら、その出発点としての青春を回顧している、ということであって、そのため、青春にたいする見方もかなり一面的で限定されたものとなり、青春本来の豊かさが多くの点で犠牲に供せられている、ということである。例えばうえの人生の進路にたいする不安であるが、それがなぜ例外的といえるほど強烈なものとなったのか、いな、そもそもかれの青年期の不安を将来の進路にたいする不安という形でのみ簡単に捉えてしまってよいものなのかどうか、という問題さえ本当はあるのではなかろうか。

デカルトが生まれた1596年前後のフランスといえば、長らく続いた新旧両宗教の対立もアンリ四世の旧教への再度の改宗（1593年）と新教の権利を大幅に認めるナントの勅令（1598年）によってようやく平静さを取り戻そうとする時期にあたっていたとはいえ、内戦の余燼はなおくすぶり続けており、また、一方では、新興ブルジョアジーと絶対君主制へと向かいはじめた国王側との対立が、ふたたび深刻さを増してきた時期でもあった。ところでA. バイエの伝えているデカルトの家系を見るとき、こうした時代の動きといかに深くかかわっていた家系であったかがあらためて確認されるのである[8)]。

すなわちまずデカルトの父方の祖父という人は、旧教の側に立って功があったとされる軍人であったし、同じく父方の祖母の兄弟をはじめ、母方の祖父、そしてかれの父のジョアシャン、長兄のピエールといった人たちは、いずれも当時フランスの新興ブルジョアジーの牙城であった各地の高等法院の要職に身を置いていた、いわゆる「法服の貴族」たちであったからである。パスカルを代表とするジャンセニスムのイデオロギーに十七世紀中葉のフランスブルジョアジーが置かれていた悲劇的な立場の表現を認めようとする思想史家のL. ゴルドマンによれば、デカルトの少年期にあたる十七世紀の初頭は、ちょうど何世紀も前からすでに始まっていた絶対王政へ向けての動きがふたたび活発化する時期に当たっており、アンリ四世という人の天才的ともいえるほどの老獪な政策によって、その後の十七世紀におけるフランスブルジョアジーの悲劇的な運命は、まさにこの時期に決せられようとしていた、という[9)]。すなわちアンリ四世によって施行された「ポーレット法」（La Paulette）（1604年）は司法官や財務官とかいった役職を世襲に改めるための途を開くことによって、ブルジョア出身の役人たちの社会的経済的な地位を強化する一方、こうした役職を世襲に改めていくための条件として課せられた「年次税」（l'annuel）の更新にさいしては、たえず受領拒否の可能性をちらつかせ、そうしたことを通してかれらの国王にたいする依存性はかえってより一層増大させられることとなったのである。また、その後、フランス絶対王政は、ルイ十三世の宰相リシュリューの補佐にもとづく政策によってその基礎を決定的に固めることになるが、その一つが、ブルジョア出身の法服の貴族たちを中心とする役人以外の、主として平民出身者からなるとされるグループを、国王直属の親任官（commissaires）として新たに取りたてたり、もう一つは従来から領主や役人たちがその任に当たってきた各地方の行政に王の権力をバックにもつ知事（intendants）たちを、これも新たに参加させたことであった。このようにして「法服の貴族」たちは、すでに勢力をほとんど失いつつあった中世以来のいわゆる「剣の貴族」たちとともに、権力の中枢から次第に遠ざけられていったわけであるが、そうした文字通りの無力感にさいなまれるかれらの心情を察知して登場したのが「この世において価値ある生活を実現することの根源的不可能」[10]を説くイデオロギーとしてのジャンセニスムであった。そしてL. ゴルドマンによれば、パスカルの『パンセ』における思想、なかでも人間を二つの無限、すなわち本来の無限ともう一方の虚無との間に置かれた「中間者」（le milieu）としての規定にこそ、かれらフランス新興ブルジョアジーの運命の端的な表現を読みとらねばならないのである。

周知の通り、ここでの「中間」は決して両極端から程良い位置に置かれている、という意味での「中庸」を意味するものではない。それどころか、逆にそれは、二つの無限のいずれにたいしても手足を届かせることができず、いたずらに両者の間を漂泊しつづける不安定な存在としての人間をもっぱら象徴するものなのである。パスカルはいう、「…われわれは広大な中間領域をつねに不確かな状態で漂いながら、一方から他方へとさまよい続けている。…われわれのために足を止めてくれるものはなにもありはしない。これはわれわれにとって自然な状態ではあるが、しかもわれわれの性向とはもっとも相反するものなのである。われわれはびくともしない安定と、無限の高みにまで達する塔を建てるべく、最後の確かな基礎を求めて躍起となるが、しかしわれわれの土台はことごとく崩壊し、やがて地面は裂けて深淵をのぞくことになるのだ…」[11]と。ところで、人間を「中間者」とするこうしたパスカルの規定は、E. フロムが『自由からの逃走』のなかで取り上げた十六世紀の中部、ならびに西部ヨーロッパの中産階級の意識にあてはめてみても十分通用するものではないであろうか[12]。しかもその場合、二つの無限は、かれらを上下の両方から脅かすものと考えられていた二つの具体的な階層を表すものとなるであろう。すなわち、フロムによれば、ルターやカルヴァンのプロテスタンティズムを受け容れたのは、一方で大富豪の資本や独占に脅威を抱きつつも、その保守的な政治上のイデオロギーのゆえに、農民や一般民衆の革命的な動きにたいしては警戒的にならざるをえなかった当時の中産階級に属する人たちであった、とされるのであるが、パスカルの二つの無限の間を浮動する「中間者」の比喩は、この中産階級の立場を表すのにもまことにふさわしいものである、といわねばならないからである。いな、こうした迂遠な言い方はまったく必要のないものである。パスカルの「中間者」の比喩がプロテスタンティズムを支持した中産階級をも表現できるということは逆に、フランスの新興ブルジョアジーの置かれていた立場もまた、文字通り、上下二つの階層から脅威を受けていた事情を反映するもの、と考えられるからである。すなわち上からの脅威が絶対王政によるものであることはすでに見た通りであるが、中小の市民や農民にたいしては、例えば重い課税に反対して起こった「フロンドの乱」の第一期といわれる段階においては、いったんはこれと共同歩調を取りつつも、一方のその本来の保守的な体質にはいかんともし難いものがあって、やがてまもなく両者相互の間の不信感に発する不仲が白日の下にさらされることとなるのである[13)]。

パスカルの思想にこのように「法服の貴族」たちが置かれていた立場から来るかれらの無力感や孤立感の表現を読みとることができるとすれば、デカルトにおいても、そうしたものがなんらの表現もえていない、などとはとうてい考えることはできない。事実、三木清も指摘しているように[14)]、パスカルの「中間者」に類似する概念として〈medium〉、すなわち神と無との、最高存在と非存在との間に位置する人間を「中間」とする規定がデカルトにおいても認められるし[15)]、また、なによりも冒頭に触れたデカルトの青年期の不安の根底においても、そうした階級に共通の意識が働いていたことは十分に想定できるからである。もっとも、デカルトの場合、二つの無限はパスカルのように「中間者」にとって絶対的に到達不可能である、とは必ずしも考えられてはいない。むしろどちらかといえば、それらにたいしてはある種の連続性をさえ認めているのがデカルトであって、その意味ではかれの不安をパスカル的なそれとただちに同列に置くことには反対のむきもあるであろう。この点はどのように考えればよいのであろうか。わたしはそこに、パスカルがみずからの不安の克服を、言い換えればうえのような二つの無限に向けての飛躍ということをもっぱら信仰を通して行うのと似ていなくもない一つの状況をデカルトにおいても認めなければならない、と思うのである。結論からいえば、それはパスカルにおけるような信仰上の回心とは必ずしも言えないにしても、それでもそこから新たな生が始まるという意味で、やはりこの回心という言葉がまったくふさわしくない、とは断言できないような一つの内面的な出来事を、すなわち詩人のヴァレリーの言葉でいえば「知的なクーデタ」[16]を、デカルト形而上学の成立に先行する条件として考えておかなければならない、と思うのである。

しかしこの問題に入る前に、もう一つ見ておかなければならないことがある。それはみずからの置かれた社会的、経済的な立場から来る無力感や孤立感の存在を、十七世紀フランスにおける新興ブルジョアジーの一般的な事実として指摘できるとしても、それがなぜデカルトやパスカルにおいてとくに明確に意識されることとなったのか、不安がこの両者においてとくに顕著なものとなりえた個人的な条件とでもいうべきものがなかったであろうか、という点である。わたしはそれは偶然ではあるが、両者が共通に病弱であったこと、また、両者がともに母親と早くに死別していること、などがこのさい非常に重要な意味をもってくると考える。すなわちパスカルの場合は少年時代より結核に苦しみ、その死因もまた結核であったようであるが、デカルトもまた母親から空咳と青白い顔色を受け継ぎ、医者は夭折を予言していた、とみずからも述べているように[17]、おそらく結核に感染していたと考えられるし、母親とは前者は三歳のときに、後者は生後一年あまりで早くも死別しているのである[18]。そうしてこうした二人に共通した境遇は、かれらにおける孤独感や不安を他の人たち以上に、はるかに厳しいものにしていた、ということは十分に想像できるのである。いな、こうした個人的な境遇だけでも、かれらを不安な子どもにするには十分であったと言えるほどなのだ。第一に結核という病がつい数十年前までは不治の病であったことを思い起こせば、かれらがみずからの病につねづね死の恐怖を覚えていなかったはずはないのだし、母親の愛情をともに知らなかったということは、つぎに述べるような理由で、かれらが人生にたいする信頼感を獲得するうえで、多大の困難をもたらしていたであろうことはほぼ疑いのないところだからである。

発達期の子どもにとって母親の存在がいかにかれらの精神的な安定に大きな役割を果たすものであるかを象徴的に示す、一つの印象深い情景を、二十世紀のアメリカの心理学者A. H. マスローは、日常のありふれた母子関係のなかから拾い上げてきて紹介している[19]。すなわちそれによると、幼児というものは一般に母親がそばで見守ってくれていることを確信できているかぎり、周囲の諸々の対象に次々と好奇心を移動させながら活発に動き回るのにたいし、母親の姿が突然見えなくなるだけで、たちまちのうちに不安を顕わにし、母親の姿をふたたび見出すまではまさにパニック状態の中で探し回る、というものである。ところでこのくだり自身は、マスローが人間の基本的な欲求の一つとして安全欲求の充足の必要性を説くために、その一例として挙げているにすぎないものであるが、しかし幼年期において、母親の愛情を十分に享受しえたかどうか、ということは、成人に達したあとの性格形成の面からいっても、実は決定的に重要な影響をおよぼすものであることが明らかになっているのである。例えば、同じくアメリカの心理学者 K. ホーナイは次のように語っている。「大勢の神経症的な人間の幼児期の記録を調べてみて私には、これらすべての患者に共通する公分母が、次のような特徴を…持っている環境であることが分かった」、すなわち「根本的な害悪は、いつでも本当の暖かさと愛情の欠如である」[20]と。もっとも、ここでホーナイは、母親を知らない子どものことを直接語っているわけではない。むしろ母親がたとえ身近に存在している場合でも、またさらに、両親がともにそろっていて、外見上、通常の幸福な家庭に育っているように見えても、実際の夫婦関係が冷え切っているために、本来なら夫に向けられるべき愛情を母親が無意識のうちに子どもに向かって屈折させ、そのために母子関係が神経症的な絆に変質してしまっているようなケースを主として扱っているといえる。すなわちホーナイは、こうした母親の愛情が子どもを自由にのびのびとふるまわさせるかわりに、いつもおどしたり、すかしたりしてつねに母親の意向に従わせようとする結果、子どもを常時不安な状態におく一方、母親の本当の愛情と暖かさを求めてかえって母親にたいし子どもに病的な愛着を抱かせることになっている点に読者の注意をとくに喚起するのである。したがってこれを別な観点から言い直せば、みずからも愛情に恵まれた人生を享受しえている母親に見守られて、その自発性を存分に発揮することができる子どもだけが、あるいはわが国の精神病理学者の土居健郎氏の言葉を借りれば、その幼年期に存分に母親にたいして甘えることを許されている子どもだけが、真に人生にたいする信頼感を獲得することができる、ということになるであろう。

しかし誕生後一年有余にして母親と死別してしまっているデカルトのような場合はどう考えればよいのであろうか。ところで実の母親に育てられる場合であっても、子どもの発達にとって必ずしも望ましい母親でない場合がありうることは、うえに見たとおりであるとすれば、母親を知らない子どもにとって、望ましい親代わりを見出すことがどれほど困難なことであるかは容易に想像のつくことであろう。デカルトの場合、亡き母方の祖母に当たる人に引き取ってもらい、そこでかれが終生感謝を忘れることのなかった乳母とめぐり会えたことは、幼年期のデカルトにとってまことに幸いなことであった、といわねばならない。かれはこの乳母の生活費を充当すべく、みずからの遺産の一部から終身年金を分かち与えることとしたという話はあまりにも有名である[21]。

とはいえ、そこにもまったく問題がなかったわけではないであろう。というのもこの乳母がいかに暖かい愛情をもってかれを育ててくれたにしても、かの女は社会的にはどこまでもデカルト家の一使用人にすぎず、身分のうえからいって決して尊敬される立場にはなかったからである。のちにルソーは、貴族の母親たちが子育てを放棄して、それをすっかり乳母たちにまかせっきりにしている現状を大いに嘆いた文章を書き残すことになるが[22]、その言わんとするところも、子どもにとってもっとも大切な人が、両者のそもそもの関係からして子どもが心から尊敬することのできない立場に置かれている、というところにあった。したがってデカルトの乳母にたいする感謝が、伝えられている通り、いつわりのない心からのものであったとすれば、そこに身分の違いから来る両者のこうした隔絶を生じないようにした、なんらかの明確な理由があったのでなければならないであろう。そしてその最大のものはなんといっても、かれにはあとになって恩人である乳母を軽蔑するようにし向け、かの女との関係を引き裂くことになるような人間がいなかったということであろう。なぜならルソーも指摘しているように、そうした役割を演じるのは、いつも、育児の手間のかからなくなったわが子をふたたび自分の懐に取り戻そうとする実の母親だったからである。しかしデカルトのように母親を知らず、またそのうえ伝えられているように、父親や兄弟からも疎んじられた存在であったとしても[23]、階級の違いから来る差別意識というものは遅かれ早かれ芽生えざるをえなかったのではなかろうか。それゆえここであらためて問わなければならないのは、デカルトがそうした差別意識をどのようにして乗り越えていったのか、あるいはむしろ、乳母との間で身分の違いとは無関係に獲得しえていた信頼関係を、その後もどのようにして守ることができたのか、という点ではなかろうか。結論から先にいえば、それはアルキエ氏の言い方にならって、端的に、デカルトにおける「人間」の発見にあった、と考えたい[24]。

『序説』は周知のように、有名な「ボン・サンスはこの世でもっとも公平に配分されている」の文章で始まる。そしてこれは、E．ジルソンやL．ブランシュヴィックが検証している通り、モンテーニュの『エセー』にある「人はよく、自然の恵みの中でもっとも公平に与えられたものはボン・サンスである、という」[25]に倣ったものと考えてほぼ間違いないようである。いうまでもなく、これら二人の文章が言い表そうとしていることは、ともに、人びとが健全な判断力を共有するかぎりにおいてすべて平等だ、ということである。ところでデカルトが『エセー』のこの部分を読んだとき、モンテーニュの以下に掲げるような文章をも併せて読んだであろうことは疑う余地がない。すなわち「どんな人夫でも、卑しい女でも、自分の間に合うだけの分別を持っている、と考えなかったものはいない」とか、「もっとも軽蔑に値しない階級は、その単純さのゆえにいちばん下層を占めている人々であるように思われる。そして彼らの交際はずっと正常であるように思われる。私は、いつも百姓たちの行状や言葉が、われわれ哲学者たちのそれよりも、真の哲学の教えにかなっていると思っている」、ならびにラクタンティウス（『神の教え』３の５）からの引用「庶民のほうがより賢い。なぜなら必要な程度に知っているいるから」といった言葉のことである。これらの言葉はボン・サンスの公平な配分よりさらに一歩を進めて、その用い方においては庶民のほうが貴族よりもかえってすぐれている、とさえ述べているのであって、これらの文章に接したとき、ようやくもたげ始めた差別意識との葛藤に悩んでいたデカルトをどれほど勇気づけたか、はかりしれないものがあるであろう。デカルトが『エセー』と最初に出会ったのは、かれのいわゆる「書物の学問」の時代、とりわけラフレーシ学院の時代であった、と考えられるが、のちに『序説』第一部においてみずからの立場をあらためて「純粋に人間としての人間」の立場である、と言い表すとき、かつてモンテーニュを読んださいに覚えた共感や一致がふたたび思い起こされていたのではなかろうか。

むろん、こうした「人間」の立場がモンテーニュを読むことによってただちに確立されたわけではないであろう。「人間」の立場がデカルトのものとなるためには、他方で、デカルト自身におけるなんらかの変革ないし転換があったのでなければならない。そしてこうした変革ないし転換こそ、実は、青年デカルトにとって記念すべき日となった1619年11月10日を間にはさむ、前後の数日間の出来事、前節でも見たようなデカルトの内面を舞台にして出来したあの出来事だったのではなかろうか。つまり『序説』第一部の終わりのところで、「世間という大きな書物」においても結局のところ、かつて「書物の学問」において見出したのと同様な、多様な意見を見出したにすぎず、確実なものはなに一つ見出しえなかった、としたあと、そこで「わたしはある日わたし自身の内部においても検討してみよう、そしてわたしのしたがうべき道を選ぶのに、わたしの精神のあらんかぎりの力を用いようと決心した」と語っている、まさにその決心に呼応するかのように生じた、あの内面の出来事ではなかったのか、ということである。デカルトは確かなものをまず「書物の学問」と「世間という大きな書物」に求めたのであるが、これらはともにデカルトにとっては外部のことであった。他人の言葉や外部世界における経験は、さまざまな知見でもってデカルトを豊かにしてくれたとはいえ、ついにはかれの心の奥底にまで根を下ろした、あの複合的不安とでも名付けるべき事態を解消してくれるまでにはいたらなかったのである。残されているのはいまや、自分自身の内面にそのようなものがないかどうかを問うことだけとなった。また、みずからの進むべき道もこの内面から照らされるのでなければもはやどこにも見出しえない、というところにまで立ちいたったのである。

3．『方法序説』と『オリンピカ』における記述の違いについて

もっとも、アルキエ氏の指摘しているような『序説』の性格、すなわちみずからの青春をその到達点からふり返り、そこにいたるのに重要な意味をもったと考えられる要素だけをもっぱら際立たせようとするやり方は、かれの大転換点における出来事を語るさいにも守られるであろう。すなわち「その頃わたしはドイツにいた」に始まる『序説』第二部のみずからが新たに目指そうとした学問のあり方について述べた文章や、その方法論、および第三部の同じときに構想されたとされる当座の実践上の格率などはすべて、きわめて沈着冷静な筆致で記述され、たいへん分析的かつ明瞭な内省の記録というべき内容となっていて、伝記作者 A. バイエが伝えているような若き日のかれの生々しい体験に触れているらしい個所などはどこにも見当たらない、ということである。念のためにこの辺りのことを簡単にふり返っておこう。

デカルトはまず第二部の初めで、家づくりの例から都市づくり、（法体系としての）国づくりの例などに言及したあと、学問もこれらの場合と同様、大勢の人びとがさまざまな意見を出し合って少しずつ組み立てられてきたもの（＝スコラ的学問）よりも、「一人のボン・サンスの人が、立ち現れてくる事柄に関して、おのずからなしうる単純な推論」にもっぱらもとづいて構築されていくもののほうが一層まとまりがあり、また、一層真理に近づくことができる、とする見解を明らかにする。ただし、デカルトはここでいったん立ち止まり、われわれはみな大人になる以前はすべて子どもであったという事実について検討を行っている。すなわちわれわれは子どもとして「長い間、さまざまな欲望や教師たちの支配下に置かれざるをえなかった」し、しかもこれら両者はいつも最善の忠告を与えてくれていたわけでもなかったので、われわれの判断は、生まれてすぐの時点から理性を十分に用い、もっぱら理性のみによって導かれていた場合ほど、純粋でも堅固でもありそうにない、ということである。したがってうえのように、

一人の人間におけるボン・サンスにもとづいた学問の構築を目指そうとする場合でも、自分がそのときまでに信念のなかに受け容れてきたありとあらゆる考え方を一度はそこから取り除いてやり、そのあとで他のもっとすぐれた考え方や、また、同じ考えであっても理性の水準器と照らし合わせてからもう一度そこに置き戻してやる、というような手続きがどうしても必要となる。既得の知識の批判的な吟味、ないし再検討がなぜ必要となったかの理由を明らかにしているのである。むろん、これにはさまざまな困難が予想された（例えば懐疑論に陥る可能性）。しかしそれはデカルトにとってはいかんともしがたいほどのものとも思われなかったし、「公的なものに関わるほんのわずかばかりのものごとを改革しようとするさいにも認められるような困難とは比較にならないほどのものであった」としている。そしてデカルトはこれに引き続いて、自分の仕事の出来ばえにかなり満足することになったので、その一部をサンプルとして掲げておくけれども、これは決して誰かが模倣することを望んでのことではないこと、それどころか、「これまで自分の信念のなかに受け容れてきた考えをことごとく破壊してしまおうという決心すら、誰でもがしたがわねばならないような模範ではない」のであって、かくいう自分も、もしもたった一人の教師にしかつかなかったり、どの時代にあっても、もっともすぐれた学者たちの間でさえ見解の相違というものがあった、などということに気づかなかったならば、また逆に、ヨーロッパ中を旅してまわった結果、自分たちのものとはかなりかけ離れた感覚をもつ人びとといえども、だからといって野蛮でも未開でもなく、多くの人びとがわれわれと同様にか、また、それ以上に理性を用いていること、ただしそうはいってもたいていの場合、人びとを実際に納得させているのは理性による確かな知識であるよりもむしろ一般に受け容れられている習慣や実例のほうであり、しかもそうした多数の声というものは、少なくとも発見しがたい真理に関しては、価値ある証明とはならず、かえってたった一人の人間が真理とめぐりあう、というほうがはるかに本当らしいこと、もしもこれらのことに気づかなかったならば、自分もおそらくうえのような大胆な試みをあえて企てようとすることもなかったであろうし、それどころかものごとの真偽の判断において自分よりも優れ、なにかにつけて教えを請うことができる先輩たちの考え方にしたがうことで十分に満足できたにちがいない、などと述べて、自分で真理の探究に乗り出そうとしたのはいかにやむにやまれぬ事情の結果であったか、ということについて実に長々と弁明を続けるのである。しかもそのさい、みずからが実際に取った態度がいかに慎重であったかということにも触れ、「たった一人で闇の中を歩いていく人のように、かりにわずかしか進まないにしても、少なくとも躓いたり、倒れたりすることのないように、ゆっくりと行き、あらゆるものごとに十分な周到さをもってのぞもうと決心し」たこと、そしてこうした作業に実際に着手するのは、ようやくかれが「企てつつあった仕事のプランづくり」とみずからの精神に許されるかぎりでのものごとの認識に至るための「真の方法を探求することに十分な時間（伝記的な事実として伝えられているところでは、十年後にようやくオランダに身を落ち着け、形而上学の草案づくりに着手する時点の1629年までの時間）」を費やしてのちのことであったこと、などをさらに付け加えるのだ。

ところでデカルトはこのあと、うえの「方法」についてその成立の前後の事情をも含めて割合に詳しく説明するとともに、さらに第三部では、こうした多くの困難が予想される真理の探究にたずさわる間も、生活面での平静さと、できれば幸福をも確保したかったので、そのために当座の必要に間に合わせるための実践上の格率なども用意した、としてそれの紹介をし、最後に形而上学的な思索を始めるまでのみずからの研究活動と、生活の様子に若干触れてかれの人生の転換点についての記述を終えている。しかし先にも述べたように、バイエが伝えている『オリンピカ』の断片において認められるような、その劇的な状況については、この間なにも語られることはないのである。それゆえ、われわれも多くのデカルト研究者たちと同じように、また、前節で取り上げたこととも多くの点で重複することは十分承知のうえで、あえてここでもういちど、こうした二つの書き物の間の関係はどのようになっているのか、という点について概観しておくことにしたい。

例えば、まず、『オリンピカ』からの直接の引用と考えられる「1619年11月10日…わたしはみずからの内なる［宗教的な］（［　］内は紺田、以下同様）感激ですっかり満たされ、また、驚くべき学問の諸根拠を発見したという思いに心をまったく占めつくされて…」[26]、というバイエの記述と、『序説』の記述との関連はどうなのか、という点がある。『序説』のほうからいえば、これはすでに述べたように、1637年という、デカルトが学問のうえでいちおう一区切りをつけた時点、すなわち1619年より十年後の1629年には『形而上学』を草稿の形で完成させ、また、未完のままに放置されることになりはしたが、みずからの方法論をその前年の1628年には『精神指導の規則』として文章化し、さらにまた、生前は発刊を諦めざるをえなかったとはいえ、1633年には『世界論』を完成させていた時点で、デカルトが自身の青春のあらたな出発点を思い起こすようにして書き記したものであるため、そうした到達点と直結する側面がもっぱら強調された内容となっていることは、アルキエ氏も指摘している通りである。一方、『オリンピカ』のほうは、たしかに未分化で曖昧な点を数多く含んでいるとはいえ、まさにデカルトの新たな出発点における思いをそのままに記述したものとして、中身のうえからはかえってこちらのほうがはるかに豊かである、といえるものを含んでいる。ちょうどデカルトの不安が、たんに将来の進路に悩む一人の青年の不安だけに帰することができず、実にさまざまな側面を伴った不安であったのとこれはまさに対応しているのである。しかしそれにしても『序説』における記述において、なにが具体的に欠けているといえるのであろうか。

もしもデカルトの青春における転換の内容が『序説』に記されている通りであるとすれば、それは結局、次の二点の自覚、すなわち第一にこれからみずからが新たに始めようとしている学問には統一性がなければならない、ということであり、第二はそのような学問を構築していくにあたっては、みずからをそのつど確実に真理へと導いてくれる方法がなければならない、ということにつきるであろう。しかしそれが事実であったことにまったく間違いはなかったとしても、例えば、そうした発見がデカルトのそれまでの人生にたいしてどのような意味を持つことになったのか、という点についてはほとんど不問に付されたままである。つまり『序説』の第一部でわれわれが注目したデカルトの不安な青春が、いったい、どのような変化を遂げていったのか、ということについてはまるで忘れ去られたかのように触れられてはいない、ということである。しかし本当は、こうしたいわば純粋な学問上の発見と見えるものも、青年デカルトにとってはみずからの人生に一つの重要な意味を持つ出来事でもあったということだ。すなわちデカルトはこうした発見において同時にみずからの天職の自覚をもつこととなったということにほかならない。

1619年11月10日の昼間、一種の宗教的な感激に満たされて発見されたとされる、これまでとはまったく違った新しい学問のあり方とその諸基礎に関しては、内容的には『序説』が指摘しているうえの二点にほぼ対応していると見なしてよいと思われるが、しかしこうした発見は、バイエがそれに加えて書きとどめてくれている『オリンピカ』の三つの夢のなかのいちばん最後のものにおいて現れる、アウソニウスの詩の一節「人生いかなる道にか従わん」がデカルトに強く暗示しようとしたように、かれのその後の人生へ向けての新たな出発を、すなわち将来は「道徳神学」にまで発展していくはずの、新しい学問の創始者たるべし、との「良き忠告」を、すなわちかれ自身の以後の生き方とも深く関わるものをもっていた、ということである[27]。もっとも、E. ジルソンも指摘しているように、デカルトの人生におけるこうした転換は、『序説』や『オリンピカ』の記述が一見、われわれにそのように受け取らせているほど急激なものではなかったというのが本当のところであったようである。すなわち1619年11月10日よりちょうど一年前の1618年11月のことと推定される、オランダの学者I. ベークマンとの出会いをきっかけに、一、液体が容器の基底部におよぼす圧力とその重力に関する研究、二、物体落下の法則の研究、三、『音楽提要』における弦の長さや太さと音階の関係の研究、四、角の三分割の問題といくつかの円錐曲線の方程式の解に関係する四つの数学的証明、などの成果を挙げており[28]、こうした数学、ならびに数学を用いた自然研究にたずさわるなかで、いわば師ベークマンをも超えることになるような、新たな着想がデカルトのなかで徐々に芽生え始めていたらしいのである。すなわち例えば方法に関して、数学、(デカルトの呼び方では「幾何学」)の諸問題をすべて解くことを可能にするような方法、すなわち「連続量であろうと非連続量であろうと、たとえどんな種類の量であれ、それらに関して提出しうるありとあらゆる問題を一般的に解くことを可能にするような、新たな基礎の上に立つある学問」という言い方でデカルトは、1619年3月26日付けのベークマン宛ての手紙のなかで一冊の著書を公刊する意思のあることを表明しているのであるが[29]、これはすでにデカルトがベークマンを超えて、もはや、かれには負わない領域にまで歩みを進めていたことを示す重要な資料であろう。ジルソンも、周知の通り、夢を『序説』の学問の統一性に言及しているところととくに関連づけて次のように述べている。「これらの夢の話、およびそれに関してデカルトが与えた解釈は（道徳的宗教的な方面の関心以外に『序説』がまさにこの時期にその発見を位置づけている中心観念、すなわち）一、諸学問の統一、二、哲学と知恵の和解と基本的統一、三、そうした学問の全体を構築し、したがってまた、本当の知恵を基礎づけるという使命を自分は神より授かった、というデカルトの自覚を判別させてくれるものである」[30]と。これは1619年11月10日の第三の夢に現れた「辞書」、「詩人集成」、そしてアウソニウスのもう一つの詩の一節にあるピタゴラスの〈Est et Non〉（=le Oui et le Non）に関して、デカルト自身が与えた解釈[31]を踏まえたうえでジルソンがまとめているものであるが、われわれとしてはとりわけジルソンの指摘している第三の点、すなわちデカルトにおける天職の自覚ということに注目したいのである。なぜなら、こうした天職の自覚こそ、『序説』第一部において確認されるデカルトの不安を一挙に解消させることになったまさに当のものである、と考えるからである。

むろん、デカルトの不安はすでに述べたように、たんに進路にのみ関わるものではなかった。進路についての不安が大きな比重を占めていることは否定できないけれども、それ以外にもいくつかの要因を持つ複雑な内容のものであった。しかしわれわれが複合的不安と呼んだデカルトのこうした不安も、実際には、上記のような天職の自覚の中で、基本的には解消することとなったのである。そしてその理由は、進路がまさに天職として確定することで、それまでは進路以外のことで不安の原因となっていた事柄にたいしても、デカルトにきわめて明確な態度をとらせることができるようになったからである、ということがでる。しかもこうした見地に立つとき、『序説』第三部のいわゆる「仮の道徳」と呼ばれているかれの格率も逆説的ではあるが、実はデカルトにとっては他に考える余地がないほど決定的なものであった、ということが分かるのである。

そもそもデカルトにおける天職の自覚の核心には、みずからの内面に生得のものとして与えられているボン・サンスにたいする信頼感の回復があった、といえるであろう。すでに見たように、学問の統一性ということについて『序説』が取り上げるさいには、一方でどこまでも「ボン・サンスの人が眼前に現れた事柄について、持って生まれた能力を用いて進めることのできる単純な推論」の正しさと結びつけて論じられているのであるが、デカルトの実践上の格率においても、一見してわれわれが受けとる印象とはまったく違って、そこにはデカルトの実践における判断についてのかなりな自信のほどをうかがうことができるのである。この点を次に見ておきたい。

デカルトの第一の格率は、「わたしの国の法律と習慣に従い、神の恵みによって子どもの頃からそのなかで育てられてきた宗教をつねに守り、他のすべてのことにおいては、わたしが一緒に生きてゆかねばならない人びとのなかで、もっとも正しくボン・サンスを働かせている人びとによって、実践において一般に受け容れられているもっとも穏健な、そして極端からはもっとも隔たった意見に従って、みずからの舵を取ることであった」とされる。ところで自国の法律や習慣の遵守を原則としたことは、デカルトが当時、フランスに所有していた資産のことを考えると至極当然なことであるとしても、ここでいわれている宗教についてはどのように考えればよいのであろうか。結論から先に言えば、それは法律や習慣と同様、なによりも制度としての宗教、すなわちいわゆるカトリックの信者としての立場のことであって、これをあくまでも守り抜く、というみずからの決意を述べたもの、と考えたい。『序説』は1633年のガリレオ断罪のあと、発刊準備中の『世界論』にかわり、そのなかから「(解析) 幾何学」、「気象学」、「屈折光学」の部分だけを選び出したものに付けられた序文でもあったわけで、ここにはそうした点からする教会への配慮が当然働いていた、と考えられるからである。もっとも、『序説』第二部が強調しているように、デカルトが実行しようとした変革はもっぱらかれの内面だけで行われるものであり、直接社会的な影響をもつものではない、とするかれの言い方からすると、これはそうしたかれの姿勢自身からもごく自然に帰結する態度であったと考えられなくもない。また、これらの理由とは大変ニュアンスは異なってくるが、前節でも触れたように、カトリックがデカルトの敬愛した乳母が心から信じていた宗教でもあったというようなところに案外デカルトの本心があったのかもしれない。

次にデカルトが日頃の生活においてはできるだけ極端なものは避け、穏健な意見に従う、というのは、もちろん、なによりもまず、みずからの学者としての静かな生活を確保したい、という願いに発するものであることは疑いえないところであるが、ここではそれをとくに「もっとも正しくボン・サンスを働かせている人びと」（les mieux sensés）の意見と同一視している点に注目したい。すなわち「もっとも正しくボン・サンスを働かせている人びと」の意見に従うのはよいとしても、いったい誰がそうした人を見つけだしてくるのか、ということである。それは極端でない、穏健な意見を通してデカルト自身がそのような人物を判別するより他はないということ、言い換えればこの段階においてもデカルトはみずからのボン・サンスをすでに働かせているのではないか、ということである。

もっとも、事柄によっては、誰の意見も参考にできない、という状況も当然に起こってこよう。そのような場合はどうすればよいのか。このような事態に備えて用意されたのがまさに「森の中のデカルト」の比喩で有名な第二の格率に他ならない。ところで、こうした限界的な状況のなかでも、いな、限界的な状況であればこそ、そのさいの態度決定の責任はますますデカルト自身が負わねばならないのである。デカルトはいう、「わたしの第二の格率は、わたしの行動にさいしてはできるだけ断固とした毅然たる態度で臨み、いかに疑わしい考えであっても一度それと決めたかぎりは、それがひじょうに確かなものであった場合と同様に、つねにそれに従いつづける、ということであった。わたしはこの点で旅人たちに倣ったのである。すなわちかれらはどこかの森で道に迷った場合、あるときはあちらへ、またあるときはこちらへというように、方向を変えながら彷徨い歩いてはならないし、またそうかといって、ひと所に立ち止まっていてもいけないのであって、たとえ初めは偶然だけがそれを選ばせたのであっても、同じ方角にたえずできるだけまっすぐに歩みつづけ、薄弱な理由によってその方角を変えてはならないのである」。実践においてぶつかる問題というのはいつも遅滞をゆるさない態度決定を迫るものであるが、そのさい、適当な対応策の見つからない場合には、まず、見通しのつくところまで出ることを考えなければならないということだ。そしてそれを可能にしてくれるのがまさにこの第二の格率であり、そしてこれだけがそうした場合に考えうる唯一の策だ、というのである。

とはいえ、デカルトの生まれや境遇から来る不安の解消に一番役立ってくれた格率はなんといっても第三の格率であったであろう。「わたしの第三の格率はつねに運命によりはむしろ自分自身に打ち克ち、社会秩序よりもわたしの欲望を変えようとつとめること、そして一般的にわれわれの力の範囲内にすっぽりと入るものとしては、われわれの考えの他にはないので、われわれの外部に存在するものに関して、全力を尽くしてのちよい結果をもたらしてくれないものは、すべて、われわれに関するかぎり、絶対的に不可能である、と信じることに慣れることであった」とデカルトは述べている。これは、みずからの背負っている運命の必然性を自覚することに人生の不安や悩みからの脱却を求めたストア哲学の立場を表明するものに他ならないのであるが、デカルト自身、これを次のように説明している。「われわれの意志は、自然的にはわれわれの知性が、意志にたいしてなんらかの仕方で可能である、と示すものにたいしてしか、みずからを望むようにし向けることはないので、もしもわれわれの外にある、ありとあらゆる善きものを等しくわれわれの力のおよばないものと見なすならば、われわれは中国やメキシコの王国を所有しないことを残念には思わないのと同様、われわれの生まれに帰せられるべきであるように思われる善きものが、われわれの間違いによらずにわれわれに欠けているような場合、それがないことを残念には思わないであろう。そしてよくいわれるように、必然を徳とすることによってダイヤのような朽ちることのない素材からできた身体とか、鳥のように飛べる翼をいまもちたいとは思わないように、病気のさいに健康であることを、牢獄につながれているときに自由の身であることを望まないであろう」と。先に述べた新興ブルジョアジーの出身者として政治参加には限界があったことを始め、病弱や母親の愛情に触れることができなかった、という個人的な境遇までも含めて、デカルトはこのようなストイックな態度で、ひたすら自分を納得させようとしていた、と読めるであろう。

ところで「一般的にわれわれの力の範囲内にすっぽりと入るものとしてはわれわれの考えの他にない」、とするこうしたストア的な倫理の考え方は逆に、「われわれは、自分自身の考えにおいては完全に自由である」とする、確信の表明でもあるであろう。デカルトは学者として新しい道を歩み始めて以来、その成果に多大の満足を覚えたことを『序説』でしばしば語っているのであるが、われわれはこうした文章の背景に、なによりもかれのめぐり合った道こそ、もっとも自分として納得のいく道であった、とするうえのような確信を置いて読む必要があるのではなかろうか。デカルトは『オリンピカ』のなかで「火打ち石に火種が宿っているように、われわれのなかにも学問の種子が宿っている」[32]という言い方もしていたようであるが、アルキエ氏も指摘しているように[33]、これももとはといえば、ストア哲学の言い方なのであって、その意味でストア哲学こそ、認識と実践の両面において、同時に新しく生まれ変わったデカルトの思いにぴったりと合った表現を与える哲学であった、ということができるであろう。

いずれにしても、ここでもう一度はっきりとさせておかなければならない、と思われる点は、デカルトがみずからの仕事として学問の道とはめぐり会えたが、倫理はそれが行きつくところでようやく明らかにされるのであって、それまではあくまでも、間に合わせの道徳に頼る他はない、と主張するデカルトの真意に関してである。すでに見たように、デカルトの原因は複雑であるが、かれにおける尋常とも思えないほどの青年期の不安は、みずからの進路が天職として確信された瞬間から急速に消滅していったのであるが、これは逆にいえば、この進路の確信はかれの場合、人生にたいする自信と安心の回復と一つのものであった、ということに他ならない。さらに別の言葉でいえば、デカルトの進路の確定は通常の青年期のそれとは違ったはるかに深い次元でなされたものである、といえるものであって、うえで天職の自覚といった理由もまさにここにあったのである。それゆえ、個人の生き方としては、そうした天職をまっとうできるような生活上の最善の方針を立てることだけでよかったわけで、それをデカルトは「仮の道徳」と呼んだにすぎないのである。言い換えれば、「仮の道徳」もまた、天職の自覚と一体化する形で、かれの確信によって裏打ちされていた、ということである。

そもそも、デカルトの形而上学において、かれの判断の確かさを神の誠実さによって支えるという図式は、1619年11月10日の夢全体の解釈を通してすでに予見されていた、とわたしには思えるのであるが[34)]、かれの決定的道徳となるべきものもそれと同様、「仮の道徳」のなかにいわば萌芽の形ですでに現れている、と考えたい。かれがのちに『情念論』やエリザベット王女宛の書簡のなかで語った道徳のなかに決定的道徳の片鱗を窺うことができるとすれば[35)]、そこにおいて取り上げられている、例えば「高邁」の考え方の基本にある思想と、「仮の道徳」の基本にある思想との間には、たいした隔たりがないことにわれわれは気づくであろう。すなわち、すでに見たように、『序説』の第三の格率を説明する文章のなかに、「われわれの意志は、自然的には、われわれの知性が意志にたいして、なんらかの仕方で可能である、と示すものにたいしてしか、みずからを望むようにし向けることはない」とする考え方が示されているわけであるが、これはかれの形而上学における、人間の意志は無限であるが、知性は有限だとする立場[36)]から、ゆえに、そうした無限な意志を有限な知性に合わせるべく制限することに、われわれのあるべき基本的なあり方がある、とするかれの晩年の考え方へとおのずから発展していくものをあらかじめ含んでいるといえるであろう。「自然的には」(naturellement)とは、ストア的には「われわれの本来あるべきあり方としては」ということであるから、この一見、なんでもない言い方のなかにも倫理的な要請が含まれており、それがのちになって理論的に明確な表現を得た、という違いがあるだけではないのだろうか。むろん、その間に成立したデカルトの形而上学との関連で、新たに人間の世界における位置ということについての前節で見たような大変重要な点が明確にされていったことをおろそかにしてよいなどと決して主張するものではないが。

4．デカルトとベルクソン

以上、学問は諸々の意見の寄せ集めではなく、統一性を持っていなければならず、そのような学問を新たに始める使命を自分は神より授かっている、との確信を出発点に、そうした学問の方法は、いったい、どのようなものでなければならないのか、また、そうした学問の探究者としてこれからの自分の生活はどのように律していけばよいのか、などに関しても、出発点と決して劣らない確信を持ってその回答を見出していったデカルトについて見てきた。ところで初めの二点はデカルトの理論的な関心、そして第三点目のものはデカルトの実践的関心といういわば次元を異にする二つの関心に関わるものであったとはいえ、両者はともに、われわれの生得的な能力としての共通の判断力、すなわちボン・サンスに依存している、という自覚は割合早い時期からあったようである。ジルソンはデカルトが、『序説』第二部の形而上学の構想に先立つ準備として「方法の確立」とともに挙げる「企てつつあった仕事のプランづくり」を、バイエが『オリンピカ』と同様、デカルト初期の書き物の一つとして伝えている『ボン・サンスの研究』（*STUDIUM BONAE MENTIS, ou L'étude du bon sens*）ではなかったか、とし、その理由をなによりもそこには「この当時の方法や、道徳へのデカルトの関心」に対応するものが含まれているからだ、としている[37)]。しかしジルソンのこの考証の当否はともかくとして、われわれもCh. アダンやP. タヌリが指摘しているように[38)]、少なくとも上記の著作の構想が1619年11月10日直後の1619年の暮れから1621年にかけての時期になされたとする見解には従いたいと思う。ジルソンも引用しているバイエの文章から、さらにそのもっとも重要と思える部分にかぎって次に引用しておこう。「これらはわれわれが持っている物事について知りたいという欲求、諸々の学問、物事を学習するための心構え、意志の諸機能を知性の諸機能と結合することによって知恵、すなわち徳と結びついた知識を獲得するために守らねばならない順序などについての考察である。かれの計画はまったく新しい道を切り開くということであった」[39]。

ところで以上、デカルトについて見てきたことを冒頭のベルクソンのボン・サンス理解と比べてみた場合、どのようなことが共通点や相違点として浮かび上がってくるであろうか。まず、ベルクソンは知性や意志、したがってまた、科学や道徳をすべてボン・サンスという共通の源泉に新プラトン主義的なやり方で還元して、これをもっぱら哲学的に理解していことする傾向が強いのにたいし、デカルトはむしろボン・サンスについて検討するさいにもみずからがこれから取り組もうとしている新たな学問としての自然科学の諸問題や、そのさい必要となる生活における基本的な心構えとしての、きわめて具体的なレヴェルにおける道徳に即しながら考えていこうとしている、ということができる。そしてこうした違いは、当然のことながら、両者がおかれていた状況やそれぞれにおける問題意識の相違と結びつけて理解しなければならないであろう。すなわちまずベルクソンの場合、科学や技術がすでに一定の成果を出していただけでなく、ある面では自信過剰にさえ陥り、人間性にも反していると思えるような科学主義が一部で横行するようになった十九世紀も終わろうとする時期に、もう一度科学というものの本質を反省し直し、科学ももとは道徳と連れだって発展していくべきものとして誕生したことを明確にしようとするところに最大の狙いがあったといえる。これにたいし、デカルトの場合は、科学はまだスコラのアリストテレス主義やルネッサンスのアニミズム的な発想にとらわれていて、いわば創造的な天才の出現を待ち望んでいた時期にあたっており、しかもうえに見たようなさまざまな理由から、デカルト自身のみずからの人生にたいする信頼感をなんとかして獲得したいという個人としての思いともからみあいながら、ついに天職の自覚という形である意味では偶然に、しかもさし当たってはかれのなかだけで新たな出発を見ることになったのであった。もちろん、デカルトにおいてもこの新たな自然についての学問に見合うような道徳が別途構想されなければならないという自覚がなかったわけではないが、しかし当面はもっと具体的に、そうした学問にたずさわろうとするデカルト個人の生き方としてもっぱら考えられたのであった。次々と処理すべきものとして出現してくる具体的な問題を前にしたデカルトにとって、ベルクソンのようにボン・サンスの根源を問うというようなことはしばらくは問題にもなりえなかったということだ（ちなみにこの問題がデカルトにおいて本格的に取り上げられるようになるのは前節でも触れたように、ようやく1640年に本文が仕上がった『省察』の第四部においてである)。もっとも、デカルトにとってそうであったとしても、デカルトがあらためて行きついたボン・サンスは、かれが必ずしも明確に意識していたとはいえないところで、その後の人びとに豊かな遺産を残してくれることになった。それはデカルトが自覚的に検討を加えたボン・サンスの諸機能を超えて、いわばデカルトが身をもって示した「ボン・サンスの人」としてのあり方である、といってよいであろう。そしてこの点に関しては、ベルクソンが1937年に『序説』出版300年を記念して国際哲学会に寄せたメッセージ[40)]のなかで、この書が含んでいる内容についていくつかの項目に分けて言及しているところを参考にしながら見ておこう。

最初に挙げたいのは、ベルクソンのボン・サンス理解とも重なり合う点であるが、教育の理念と深く関係するものである。すなわちそれは、記憶に関係するものをすべて理性によって置き換えようとするデカルトの姿勢にあり、これは冒頭で、真の認識は表面的な百科全書的な情報とよりも、むしろ学ぼうとする意志をともなった無知の自覚とより多くの関係をもつ、とするベルクソンの考え方に直結している。ラフレーシ学院やポワチエ大学で学んだ伝統的な学問はほとんどが記憶に頼る学問であり、これらの学問を「書物の学問」としてデカルトが一括して斥けたことはうえでも見た通りである。

次にベルクソンが挙げていて、われわれもよく考えておかなければならないのは、『序説』がラテン語ではなくフランス語で書かれているという点である。言語学者もしばしば指摘していることであるが、フランスでは1539年、フランソワ一世によって発布されたヴィレール・コトレの勅令により、裁判や公務においてはフランス語が使用されるべきことが定められたのであるが、学問の世界は伝統に従ってあいかわらずラテン語がいわば公用語であった。そうしたなかでデカルトがフランス語を用いて学術書を出版した、ということはやはり特別な意味をもっていたことは疑いえないことであって、大げさな言い方をあえてすれば、知識の民主化に一歩踏み出したともいえるであろう。ベルクソンはみずからの考えを万人に伝えるためにデカルトが採用したこのやり方は、デカルト道徳の最高の境地であるまさに「高邁」の一表現であると考えている。また、デカルトが『序説』のなかで用いているフランス語に関しても、「新しい思想を表現するために、出来合いの観念を蓄積している言葉をできるだけ避けるとともに［例えばスコラ哲学の用語をなるべく使わないようにしている］、日常用語に十分な柔軟性をもたせ、大変うまいやり方で絡み合わせることによって」著作家としても人びとの手本となるような人物であったとしている。

しかしベルクソンがいかにもデカルトらしいものとして注目するのは、自然や伝統を前にしてのかれの自信、すなわち「独立にたいするゆるぎのない意志と、知性の力にたいする無限の信頼」である。デカルトの学校における「書物の学問」にたいしてとった、学ぶべきものはあくまでも批判を通して学び取っていこうとする態度や、旅を通して学んだ、実例や習慣によって納得してきたことを、あまり固く信じてはならない、とする相対主義的なものの見方、そしてなによりも、アリストテレスの、もっぱら感覚に現れた通りの自然観察から作られた、内在的な諸概念をいったん白紙に還元し、もっぱら精神の目にのみ現前する「明晰にして判明な観念」の操作によって作業を進めていこうとするデカルトの新しい学問の方法、などがベルクソンにこうした言い方をさせているのであろうが、これは「ボン・サンスと自立」というテーマであらためて考えなければならない点であろう。

最後に「森の中のデカルト」でなく「剣の鞘を払うデカルト」を出している点でひじょうにベルクソン自身の理解に引きつけたボン・サンス理解ではあるが、一方、「炉部屋のデカルト」を出すことでややもすると行動の側面を強調しがちなベルクソンのボン・サンス理解とみごとにバランスを取っていると思える、有名な「ボン・サンスの人」としてのかれのデカルト像を掲げておこう。「わたしがこの人物を思い浮かべようとすると、まず、ドイツの炉部屋で瞑想に耽っているかれの姿が見えてくる。しかしまた、船頭たちがかれの持ち物を盗もうと陰謀をめぐらし、船べりからかれを放りだそうとしたとき、これをすかさず察知して剣の鞘を払い、悪党どもを恭順せしめた船上のかれの姿も見えてくるのである。行動と思索の関係については議論の余地のあることはよく承知しているつもりであるが、この哲学者と、そして大多数の人びとにも併せて呈しておきたいと思う標語はきわめて単純なものではあるが、また、きわめてデカルト的ともいえるものである。すなわちそれは、思索の人として行動し、行動の人として思索しなければならない、ということである」41)。

【註】

1）Cf. *Matière et mémoire*, P. U. F., chap. III
2）Le bon sens et les études classiques, *Écrits et paroles I*, P. U. F., pp.84-89 なお、本書付録の拙訳を参照されたい。
3）*Discours de la méthode*, AT, VI
4）Cf. *L'évolution créatrice*, P. U. F., chap. II
5）Cf. *Les deux sources de la morale et de la religion*, P. U. F., chap. III
6）Cf. H. Gouhier, *Essais sur Descartes*, Vrin, p.199
7）Cf. F. Alquié, *Descartes*, Hatier, p.16
8）Cf. A. Baillet, *LA VIE DE MONSIEUR DES-CARTES* (以下V. D. と略す) , Georg Olms, Livre I, chap. III
9）Cf. L. Goldmann, *Le dieu caché*, Gallimard, chap. VI, なかでもp.117, p.118, p.127, p.133, p.134の脚注
10）Ibid., p.117
11）*Pensées*, B72
12）Cf. E. Fromm, *Escape from freedom*, Avon, chap. III, 邦訳『自由からの逃走』（創元社）第三章参照
13）『世界大百科事典』（平凡社）「フロンドの乱」の項参照
14）三木清『パスカルにおける人間の研究』（岩波書店）、12頁
15）Meditationes IV, AT, VII, AT, IX-1
16）P. Valéry, Une vue de Descartes, *Oeuvres*, Pléiade, p.815
17）V. D., p.14
18）Ibid., p.13
19）Cf. A. H. Maslow, *Toward a psychology of being*, D. Van Nostrand Company Inc.,pp.46-47, 邦訳、上田吉一訳『完全なる人間』（誠信書房）、76頁

20）Karen Horney, *The neurotic personality of our time*, Routledge & Kegan Paul, pp.79-80, 邦訳、我妻洋訳「現代の神経症的人格」、『ホーナイ全集』第二巻（誠信書房）、66-67頁

21）V. D., p.14

22）Cf. J.-J. Rousseau, *Émile*, Oeuvres compètes, Pléiade, Livre I, p.257

23）竹田篤司著『デカルトの青春』（勁草書房）91頁参照。竹田氏はここで青年デカルトが「余計者」として疎外されているという意識をかなり強い形で持ち続けていたことに注目され、その有力な原因の一つとして父親のかれにたいする無理解や兄弟たちの冷淡さがあったことを手紙などの資料にもとづいて指摘しておられる。

24）Cf. F. Alquié, *La découverte métaphysique de l'homme chez Descartes*, P. U. F.

25）M. de Montaigne, *Essais II*, Slatkine, chap. XVII. pl. 587, モンテーニュは最初「ボン・サンス」にあたる個所に<le jugement>を用い、次いで<le sens>に書き改めているが、この場合、<le sens>とは<le bon sens>のことなので「ボン・サンス」とした。なお、*Essais*を現代フランス語に直したA. Lanlyも<le bon sens>としている。［Cf. *Essais II*, traduction, Slatkine, p.311］なお、『エセー』からの引用はとくに断らない場合、すべて*Essais II*, chap. XVII　からのものと考えていただきたい。また、訳文はおおむね原二郎訳『エセー』（岩波文庫）に拠った。

26）V. D., p.81

27）Ibid., p.84

28）E. Gilson, *Discours de la méthode, Texte et commentaire* (以下Texte et commentaireと略す) , Vrin, p.153

29）Lettre de Descartes à Beeckman 26 mars 1619, AT, X, pp.156-157［訳文は Descartes, *Oeuvres philosophiques I*, éd. F. Alquié, Garnier の仏訳を参考にした。］

30）Gilson, *Texte et commentaire*, p.158, 実をいえば、ジルソンはうえの三点すべてが、したがって第三点目についても『序説』で十分読みとることができるとしているのであるが、わたしはそれはむしろ『オリンピカ』の資料と照合することによってようやく行間に見えてくることだ、といいたい。

31）V. D., pp.82-84

32）Cogitationes privatae, AT, X, p.217, この部分はバイエでなくライプニッツだけによって伝えられている『オリンピカ』の註の部分に属している。訳文はアルキエ氏の前掲書の仏訳を参考にした。

33）Cf. ibid., p.61脚注。

34）澤瀉久敬氏は1619年11月10日においてすでに『省察』の「我あり」の原点となる体験を認めなければならないのではないか、としておられる（「デカルトのCogito, ergo sum. の哲学史的一考察」『フランス哲学研究』（勁草書房）所収）。

35）Cf. *Les passions de l'âme*, Troisième partie, Article 153, AT, XI, pp.445-446, Lettre de Descartes à Élisabeth, 6 octobre 1645, AT, IV, pp.304-317

36）Cf. Meditationes IV, AT, VII, AT, IX-1

37）Cf. Gilson, *Texte et commentaire*, p.180

38）Cf. Opuscules 1619-1621, Avertissement, AT, X, pp.176-177

39）*STUDIUM BONAE MENTIS*, AT, X, p.191

40）Message au congrès Descartes, *Écrits et paroles III*, pp.645-649

41）Ibid., p.649

第2章 理性の哲学とボン・サンスの教育論

第1節 ルソーとカント
―人間理性としてのボン・サンスの論理的、批判的な検討

『エミール』という作品はひとりの子どもの成長とそれを見守る家庭教師の物語であるが、これをいまとくに、ルソーの哲学思想の一端を表す作品として読みなおしてみた場合、二つの見方があらたに浮かび上がってくるのではなかろうか。一つはいうまでもなく教育論としての側面にかかわるものであって、そこでは子どもがこの人生を生きていくうえで必要となる実際的能力としてのボン・サンスの育成が中心的なテーマとなっているということができるであろう。しかしもう一つの側面のほうは子どもとしての成長の最終的な発達段階においてようやく必要となるとされる一定の配慮、すなわち、宗教教育のための参考資料としてもっぱら挿入されているにすぎないようにみえる挿話、『サヴォアの助任司祭の信仰告白』(以下『信仰告白』と略す。)のなかにあらわれているだけなので、分量からいえばこの作品の二つの側面のもう一方を担うなどとはとうていいえそうにも思えないものである。しかし取り上げられていることがらの重要さというところからいえば、じつはけっしてそうではないであろう。『エミール』の全体がボン・サンスのいわば心理的、発生的な記述となっているとすれば、この『信仰告白』はカントの批判哲学の原型を提供することにもなった人間理性としてのボン・サンスのまさに論理的、批判的な分析といえるものを含んでいるからである。また、ルソー自身の人生の反映という点からいうなら、『信仰告白』のほうがはるかに直接的だという言い方もできるであろう。なぜならたとえば、『信仰告白』の冒頭で助任司祭がみずからの苦悩とその後の思索の出発点となったひとりの未婚の女性との関係に由来する事件にふれている個所があるが、いま虚構的な要素はすべてとりのぞいてこの告白にあらわれている生き方とその結果をもっぱら一般化した形でと

りだしてくるならば、それはみずからの信念にしたがってとった行動が予期に反して自身が身をおく集団の規範と背馳することになってしまった、ということであって、ルソーがその出身階層を越えて適応しようとした当時の貴族社会をはじめ、教会、そして最後には自分の故郷であるジュネーヴ市民たちからもみはなされることとなるかれの生涯をつうじての現実の社会との関わり方をまさに象徴的に表現している、ともいえるからである。それゆえ以下ではまず、『信仰告白』の中身をいまいちどルソー自身の思想として再確認したうえ[1)]、それが『エミール』全体や他の著作とどのようにつながっているのかを検討することからはじめることとしたい。

1．出発点

ヨーロッパの啓蒙思想の研究で重要な業績を残すとともにカント全集の編集にも携わったE. カッシーラーによれば、それぞれが生きた環境も対人関係などを通してあきらかになっている行動様式の相違にもかかわらず、ルソーとカントにはひじょうに共通しているところがあって、それは「いかなる状況においてもみずからの独立をまもりたいという願いに発する人間嫌い」[2)]であった、とのべ、カントがおそらくルソーをモデルに描いたにちがいないとする『美と崇高の感情に関する考察』の「抑鬱的な人間」に関するつぎのような記述を引用している。「抑鬱的な気質の人間は他人の判断や、他人がよいとか真実であるとか考えていることについてほとんど思い煩うところがない。この点に関しては、かれはもっぱら自分自身の考えにしたがうのみである。こうした人間にあっては、動機が原則の性格を帯びることになるのでかれの考えを変えさせることは容易でない。かれのこうした安定性はわるくするとときとして強情に変わることもある。かれは流行の移り変わりには無関心であり、そのうわべのはなやかさを軽蔑している。…かれは人間の尊厳に関して気高い感情をもっている。かれはみずからを敬するとともに、すべての人間存在を尊敬に値するものとなす。かれは神意に反するいかなる服従にも我慢がならない。その高貴な心はもっぱら自由の息吹によって息づいている。鎖といえば、宮廷で人々が身につけている金の鎖からガレー船の重い鉄の鎖にいたるまですべてがかれの戦慄の対象となる。かれは自分と他人の厳しい審判者であるが、世間の人々だけでなく自分にたいしてうんざりすることもまれではない」[3)]。ところで、抑鬱気質の人間がみずからのそうした性格についての自覚をもつようになるのもじつはさきにルソーについてふれたように、なによりもまず、周囲の世界との摩擦や対立、そしてその結果としての人々との隔絶と深刻な孤独の経験を通してであるということをおさえておかねばならないであろう。ルソーはサヴォアの助任司祭の口をとおしてこのあたりの事情をデカルトにならうかたちでまず、不確実と疑惑の状態の耐えがたい体験として表現している。「あのときは、たえず疑惑から疑惑へとさまよい、長いあいだ考えていても、わたしというものの存在の原因とわたしの義務の規則について、不確実とあいまいさと矛盾を感じるばかりだった」[4)]と。しかし自身のおかれている世界との離反がこのように深刻な問題をつきつけてくるということは、そうした世界がかれにとっていかにかけがえのない存在の基盤をなしていたかということを逆にいいあらわしてもいるのではなかろうか。しかもこうした存在基盤の喪失はかれ自身が普遍者たる社会規範にそむいて罪人の道を選んでしまったことの必然的な結果なのだ。ルソーはここで具体的な状況こそ異なるとはいえ、自己の信念にもとづく行動の結果、世間から孤立し、みずからを単独者と呼ばざるをえない立場に追いこんだキェルケゴールときわめて近い立場の人間を描写している、ということができるであろう。しかし人間はいつまでもこのような状態にふみとどまっていることはできない。規範からの逸脱者としての自己をふたたび否定してもとの社会への復帰を考えるべきなのか。すなわち、みずからの非をみとめて世間（助任司祭にとっては教会）に謝罪し、世間のくだす裁定を甘受することによってそのメンバーとしての資格を再度とりもどすことよりほかにとるべき道はないのであろうか。しかしその場合にはすくなくとも自分自身もまたみずからの過ちを過ちとして納得し、世間の裁定の正当性を充分にみとめうるのでなければならないであろう。しかしながらときとして間違っているのは世間のほうで、裁きをうけるがわの個人のほうがどうしても正しいとしか考えられない、ということがおきるのだ。サヴォワの助任司祭の場合とりわけ深刻なのは、みずからの信念にしたがってとった行動が教会の規範に反しているということがはっきりとわかった段階においてもなお、それをみずからの過ちとして受け入れることにはどうしても合点がいかないという点にあった。哲学者たちの書き残しているものもこの点ではなにひとつ教えてくれはしない。不確実と疑惑にながいあいだ苦しみつづけなければならなかったとされるゆえんである。ところでそれによって世間との問題が多少とも解決にちかづいたというわけではなかったが、そんなとき助任司祭のこころのなかに一筋の光が射しこんできたのである。すなわちそれはかれのいわゆる「内面の光」、内面を照らしはじめた良心の輝きなのであった。社会的な規範というものはなるほど教会の戒律をもふくめて人々がともに暮らしていくうえでもっとも妥当なものとして承認されている行動の型ではあるが、しかしそれはしょせんは慣習にすぎないものでもある。つまり、そこにはつねに道徳性がともなわれているわけではないということである。それゆえ人々のこころの要求にそぐわなくなっていることがはっきりした場合には思い切ってそれを改めることも必要となるということである。しかもさいわいなことに「わたしたちには、人間の憶見のいりくんだこの迷宮のなかで、それほど費用のかからない、いっそう確実な案内者がいるのだ」[5)]。そしてこの案内者こそまさに良心というものにほかならないのである。「良心！良心！神聖な本能、滅びることなき天上の声、無知無能ではあるが知性をもつ自由な存在の確実な案内者、善悪の誤りなき判定者、人間を神と同じような者にしてくれるもの、おんみこそ人間をすぐれたものとし、その行動に道徳性をあたえているのだ。おんみがなければ、わたしは、規則をもたない悟性、原則をもたない理性に助けられて、過ちから過ちへとさまよっているみじめな特権のほかに、獣より高いところへわたしをひきあげてくれるなにものもわたしのうちに感じない」[6)]。もっとも、良心はこのように慣習や憶見からまったく独立してわれわれをみちびいてくれるものでありながら、いかんせん、その声はひじょうに大きいとはいいがたいのである。助任司祭はつづける、「けれどもそういう案内者が存在するというだけではたりない。それを見わけ、そのあとについていけるようにならなければならない。それがすべての人に語りかけるものなら、そのことばを聞く人がごく少ないというのはいったいなぜだろう。ああ、それはつまり、それは自然のことばなのだが、いっさいのことがわたしたちにそれを忘れさせてしまったからだ。良心は内気である。良心は世間からはなれたところと静かな生活が好きなのだ。社交界とそのざわめきは良心をおびえさせる。良心がそこから生まれると人が言っている偏見こそ、そのもっとも残酷な敵なのだ。偏見にであうと、良心は逃げていくか、黙ってしまう」[7]、と。うえで慣習とわれわれが表現したことはここではさらにつよく偏見ということばでのべられていることにも注意しておこう。

しかし良心というものがたんなる主観的な確信にとどまるかぎりはいまだ自分自身にとってもまたひとにたいしても説得的であるということはできないであろう。とりわけ科学的な思考方法や知というものがようやく確立されつつある時代にあったルソーにとって、良心などという主観的な事実にたいしてもなお充分な根拠を確保しておこうとすれば、そうした内的事実と科学の客観的な方法によってとらえられる事実との関係をあきらかにしておくことがどうしても必要な手続きとならざるをえなかったのではなかろうか。とはいえ、『信仰告白』においては最初からそのような意図が明確に示されるわけではない。むしろ助任司祭は人生についてあいかわらず深い無知の状態におかれたままであってわずかにある一つの決意が語られるのみである。「こうした考察からわたしがひきだした最初の結果は、わたしの探求を直接わたしに利害のあることに限ること、そのほかのことについてはいつも深い無知の状態に安んじていること、そしてたとえ疑わしいことがあっても、わたしに知る必要のあることのほかにはなにも気にしないこと、こういうことを学んだことだ」[8]と。ここに表明されているのは人生にたいする一種のプラグマティックな態度と呼んでよいものであるが、良心の根拠を明らかにすること、すなわちさきにいったん疑問に付されそのままになっているみずからの存在の原因と義務の規則の学問的な探求にあらためてのりだそうとするさいにも、その方法としては、こうしたもっぱらプラグマティックなやり方が強調されることになる。すなわちまず、「…わたしが生まれたときからつぎつぎにわたしをひきずりまわしてきたさまざまな見解をこころのうちに思い浮かべてみて、わたしは、それらは一つとして直接に確信をうみだすほど明白なものではないとしても、さまざまな程度において真実らしいものであり、内面の承認はさまざまな度合いでそれらにあたえられたり拒否されたりしていることを知った。この最初の考察にもとづいて、それらのさまざまな観念のすべてを偏見を捨ててくらべてみることによって、わたしはいちばん最初の、いちばんありふれた（＝一般的にいちばん受け入れられている）観念がいちばん単純でいちばん合理的でもあること、そしてそれがあらゆる人の賛同を得るには、最後にもちだされさえすればよかったのだ、ということを知った。…」[9]（括弧内は筆者）とのべて内的な事実としての良心を明確にすることが最終目標であることを暗に示したうえで、「そこでわたしは、真理にたいする愛だけを哲学として、わかりやすい単純な規則、むなしい微妙な議論などしなくてもすむ規則だけを方法として、この規則にもとづいて、自分に関係のある知識の検討をふたたびとりあげ、真剣に考えて承認しないわけにはいかないすべてのことを明瞭なこととみとめ、それと必然的に関連をもつようにみえるすべてのことを真実とみとめ、そのほかのものはすべて不確実なままにしておいて、それを否定することも、肯定することもせず、実践の面でなにも有用なものをもたらさないばあいには、骨を折ってそれを明らかにするようなことはすまい、と決心した」[10]、としている。

2．理論理性

さて、以上のような予備的な考察をおこなったのちルソーが助任司祭に検討課題の第一番目のものとして提出させているのは、われわれがものごとを認識し判断するにあたっていったいどのような手段があたえられているのか、それはどの程度まで信頼するにたるものなのかという問いに答えることである。「…わたしは何者なのか。事物を判断するどんな権利をわたしはもっているのか。そして、なにがわたしの判断を決定するのか。もし、判断がわたしのうける印象によってひきづられ、強制されるものなら、こうした探求にいくら骨を折ってもむだで、判断は行われないか、それとも、わたしが指図するようなことをしなくても、おのずから行われることになる。だからまず自分自身に目をむけて、わたしがもちいようとしている道具を知り、どの程度まで信頼してそれをもちいることができるかを知らなければならない」[11]、これが助任司祭の最初の検討課題となる。これはやがてカントが「わたしはなにを知ることができるか」という問いの形で明確化していく問いであるが、それにしてもここでなされている検討の中身がカントの『第一批判』でおこなわれているそれと大筋においてあまりにも一致していることにあらためて驚かされるであろう。

ここでまず最初にのべられるのは、わたしが存在すること、そして感官をもち、感官を通して外部の世界より刺激を受けているという事実である。このことを助任司祭の口を通してルソーはつぎのように表現している。「わたしの感覚はわたしのうちに起こる。それはわたしの存在を感じさせるのだ。しかし感覚の原因はわたしの外にある。それはいやでもおうでもわたしに印象をあたえるのであって、それを生みだすこともなくすこともわたしにはできないのだ。そこで、わたしのうちにある感覚とわたしの外にあるその原因、つまり対象、とは同じものではないということがはっきりとわたしにわかる」[12] と。すなわち、感覚の段階ではわたしは感覚と一体化して存在しているということ、しかし感覚の原因はわたしにはなく、外部の対象、すなわち物質ないし物体によるとするのである。したがってこれをカント的に感覚の段階ではわたしはもっぱら受容性として存在しているといい表すこともできるであろう。

しかしたんに対象を受容する段階からやがてそれらを相互に比較し、考量する段階へとわれわれは移ってゆく。われわれは一方で感覚的、受動的であると同時にもう一方では知性的、能動的な存在でもあるからだ。「知覚するとは、感じることだ。比較するとは、判断することだ。判断することと感じることとは同じことではない。感覚を通して、対象は、自然のなかにあるように、別々の、孤立したものとしてわたしにあらわれる。比較することによって、わたしは、それらの対象を動かし、いわば移動させ、あるものをほかのもののうえにおき、それらの相似や類似について、一般的にいえば、それらのあらゆる関連について決定をくだす」[13] といわれる。そしてさしあたり大小の観念や数の観念など感覚から独立した観念を生みだすのがこうしたわれわれにおける能動性としての知性（ルソーは悟性ということばもつかう）であるとするとともに、それは「ある」（est）ということばに、ものとものとを関係づけていくいわゆる繫辞「である」としてのあらたな意味を付与していくともされる。

しかし感覚の段階から知性の段階にあがることによってわれわれは感覚の段階には存在しなかったあらたな問題に直面することになる。それは誤謬の問題である。比較可能な二つの感覚がみとめられるとしても両者があくまでも感覚にとどまるかぎり、それらの関連が感じとられるわけではない。また、もしもこの関連についての判断が一つの感覚にすぎないというのであれば、それがわたしをあざむくことなどということもけっしてありえないであろう。わたしが感じているものを感じているということに誤謬のはいりこむ余地はないからである[14)]。しかし判断においてわたしは能動的となり、ものごとを比較するさいにその操作を誤るということが起こりうるのだ。いいかえれば判断する知性には、ただ対象を示すにすぎない感覚の真実にたいしてみずからの誤謬をもちこむ可能性がつねにあるということだ。しかもこうした誤謬の可能性はじつをいうとたがいに独立した知覚対象の比較のレヴェルではじめて出てくるというものではなく、すでにわれわれが一つの対象について五感から受けるそれぞれ別個の印象を総合していくさいにも存在しているものなのである。なぜならわれわれは各感官をもちいるのあたっては純粋に受動的なわけであるから、もしもこのときそれらを総合していくなんらの能動的な主体も存在しないとすれば各感官の印象相互のあいだにはなんの関連もみいだされないことになってしまうからである。五感にあたえられる印象のこのような総合はいわゆる注意とか、省察、反省などの語で呼ばれたりもするが、これらはすべてこのレヴェルにおけるわれわれの能動性を表すものなのである。「自分の感覚を比較対照するわたしの精神の力にどういう名称をあたえてもいい。注意、省察、反省、そのほか好きなようにそれを呼んでいい。とにかく、そういう力はわたしのうちにあるのであって、事物のうちにあるのではないこと、対象がわたしにあたえる印象をまってわたしはそれを生みだすにすぎないとしても、わたしだけがそれを生みだす、ということは真実だ。感じたり感じなかったりすることはわたしの自由にはならないが、わたしの感じていることをよく検討したりしなかったりするのはわたしの自由だ」[15] とルソーは助任司祭に語らせている。もっとも、このレヴェルにおける判断においても真理というものはあくまでも事物のうちにあり、それを判断するわれわれにはないということにはすこしも変わりがないのであるから、うえの対象間を関連づけていく場合と同様、そこに自分のものをもちこむことが少なければ少ないほどいっそう確実に真理に近づくことができる、といいうるであろう。

ところでこうした感覚の所与にあくまでも忠実でありながらしかも一方で積極的にそれらの間の関係を考えていこうとする手続きは、近代的な知としてあらたに確立された科学においても同様であって、科学は感覚と知性（悟性）のそうした総合作業の延長線上において、そうした作業のひじょうに精密化したものとして存在しているということができるであろう。そしてルソーの時代までに観察と実験の方法にもとづいてデカルトやニュートンはそれぞれのやり方ですでに宇宙における運動の法則をあきらかにしていたのである。すなわち今日人々のいわゆる古典物理学の世界はすでにひらかれていたのである。しかし近代科学があきらかにするこれらの法則だけではルソーは満足できない。物質的世界に運動がみとめられるとすればそうした運動をもたらした最初の原因はなにか。またこの物質的世界が一定の法則にしたがって運行しているとすれば、そうした法則をあたえたのはいったい、なに者なのか。一方、生物の世界、有機体の世界には目的および手段の関係からなるみごとな予定調和の事実がみとめられるがそのような秩序をこの世界に設定したのは、そもそもだれなのか。また、このような世界にあって人間はその中心的地位をあたえられているようにみえるがそのような地位をわれわれにあたえたのはいったいだれなのか。科学はこうした世界の体系と宇宙の歩みを十分に説明してくれはしない[16]。もちろん、科学がそうした問いに答えてこなかったということにはうえにみたように十分な相応の理由があったからである。すなわちそうした問いに答えるためには他の知識の場合と同様、対象はまず感覚にあたえられていなければならないが、いまの場合、それは感覚にもまた悟性にも同じようにかくされているからである[17]。しかしたとえ科学的にあきらかにならずともこうした宇宙におけるみごとな秩序を前にしてわれわれはその作者をあらためて讃美するとともに、かれがそのなかでもわれわれ人間に特別な地位をあたえていることに感謝と祝福と尊敬の念とを覚えないわけにはいかない、とルソーは助任司祭に語らせるのである[18)]。ルソーはいわば自然界を介して神の存在を感得していたのである。「欲し、行うことができる存在者、それ自身が能動的な存在者、つまりそれがどういうものだろうと、宇宙を動かし、万物に秩序をあたえている存在者、この存在者をわたしは神と呼ぶ。わたしはこの名称に英知と力と意志の観念をまとめて結びつけ、さらにその必然的な結果である善性の観念を結びつける」[19)] と助任司祭は語っている。

ところでこのような完全な秩序の支配する自然の世界から人間の世界に目を転じてみた場合にわれわれはいったいそこになにを見いだすことになるであろうか。「なんという光景！わたしが見ていた秩序はどこにあるのか。自然の光景は調和と均衡を示すばかりだったが、人類の光景は混乱と無秩序を示すだけだ。自然のあらゆる要素のあいだには協調が支配している。ところが人間は混沌のなかにいるのだ。動物たちは幸福なのに、その王者だけがみじめなのだ。ああ、知恵よ、どこにおんみの掟があるのだ。おお、摂理よ、おんみはこんなふうに世界を支配しているのだろうか。恵みふかい存在者よ、おんみの力はどうなったのか。わたしは地上に悪を見ている」[20)]、これは助任司祭がにわかに発しはじめる嘆きのことばである。

3．実践理性

そこでつぎに問わなければならない。われわれ人類におけるこのような混乱と無秩序は、われわれがそこにおかれているとされる混沌状態はいったいなにによってもたらされたのか、と。ルソーはこの問いにたいしてただちに、それは人間には相矛盾する二つの行動上の原理が存在しているからだ、と助任司祭に答えさせている。しかしじつをいうとルソーはここでこの対立する二原理というものをつねに一貫して同じことばでもって言い表しているわけではないし、また、さらに厄介なのは、言葉が違ってくると概念のうえからいってもそこに微妙なズレが生じてきているということである。ルソーは助任司祭にまずつぎのように語らせる。「…人間の本性について深く考え、わたしはそこにはっきりとちがった二つの根源的なものがみいだせると思った。一方は人間を高めて、永遠の真理を研究させ、正義と道徳的な美を愛させ、その観照が賢者の最大の喜びとなる知的な世界にむかわせる。ところが他方は、人間を低いところへ、自分自身のなかへと連れもどし、官能の支配に、その手先である情念に屈服させ、一方の根源から生まれる感情が人間に感じさせるものをなにもかも情念によってさまたげているのだ。この二つの相反する衝動によってひきずられ、悩まされている自分を知って、わたしはこんなことをつぶやいていた。そうだ、人間は一つのものではない。わたしはあることを願いながらも願ってはいない。わたしは自分が同時に奴隷でもあり、自由でもあると感じている。わたしはよいことを知っているし、それを好んでもいる。しかもわたしは悪いことをしている。わたしは理性に耳をかたむけているときは能動的だが、情念にひきずられているときは受動的だ。そして、わたしが屈服するとき、なによりも耐えがたい苦しみは、自分は抵抗することもできたのだ、と感じていることだ」21) と。ここに示されていることはかんたんに、人間における理性と情念の対立といい表すことができるであろうが、しかしつぎのことばに示されている対立とはいくぶんニュアンスを異にしているのではなかろうか。すなわち「わたしたちにとっては、存在するとは感じることだ。わたしたちの感性は、疑いもなく、知性よりもさきに存在するのであって、わたしたちは観念よりもさきに感情をもったのだ。わたしたちの存在の原因がなんであるにせよ、それはわたしたちにふさわしい感情をわたしたちにあたえることによって、わたしたちの身をまもる手段をあたえている。そして、少なくとも、こういう感情が生得的であることを否定することはできまい。この感情は個人的なことでは、自分にたいする愛、苦痛にたいする恐れ、死の恐怖、快適な生活への欲求だ。しかし、これは疑いえないことだが、人間は、その本性からいって社交的（sociable）である、あるいはとにかく、社交的になるようにつくられているとすれば、人類に関連する別の生得的な感情によってのみそうなることができる。肉体的な必要だけを考えれば、それはたしかに人間をたがいに近づけないで分散させるはずなのだ。ところで、この自分自身と自分と同じような者とにたいするこの二重の関係から形づくられる倫理体系から良心の衝動が生まれてくる。善を知ることは善を愛することではない。人間は善については生得的な知識はもってはいない。けれども、理性がそれについて知らせるとすぐに、良心はそれにたいする愛をかれに感じさせる。この感情こそ生得的のものなのだ」[22]と。このあとの文章では二つの生得的な感情として一方の自分の身を守ろうとする感情と、もう一方の他人と交際しようとする感情とを対立させているのであるが、さきの文章が暗示しているような人間における善悪二原理のいわばマニ教的な対立をただちに意味しているわけではないであろう。こうした違いはなににもとづくのであろうか。結論からいえばそれは処女論文の『学問芸術論』から『人間不平等起源論』などの主要な論文のなかでルソーがくりかえし強調してきた区別、すなわち「自己愛」（l'amour de soi）と「自尊心」（l'amour-propre）の区別ではないであろうか。すなわち、この二番目に引用した文章にでてくる自分の身を守ろうとする感情とは、われわれが自然よりあたえられているほんらい正当な欲求としての「自己愛」にほかならないのにたいし、最初の文章の情念とはこの「自己愛」がわれわれの社会生活のなかで想像力のために必要を超えて人為的に肥大化させられた欲求、他人との比較と競争にあおられた虚栄心のもたらす「自尊心」を指す、と考えられないか、ということである。したがって、最初の文章における情念と理性の対立とはじつはもっぱら利己的な「自尊心」と「良心」のぬきさしならぬ対立を別の言葉でいい表しているといえるのにたいし、あとの文章における自己保存の欲求と社交の欲求との対立はあくまでも調整可能な対立、すなわち両者のたんにバランスの問題でしかないということになる。そして、自分が生きるだけでなく他人もまた自分と同じように生きていける状況を探りあてようとするこうした感覚、いまはやりのことばでいえば、共生の感覚こそじつはルソーのいわゆる良心というものではなかったかと思われるのである。「自分自身と自分と同じような者とにたいするこの二重の関係から形づくられる倫理体系から良心の衝動が生まれてくる」とするうえのかならずしもわかりやすいとはいえない文章の意味もまさにこのあたりにあるように思われるのであるがはたしてどうであろうか。

いずれにせよ悪に関しては『エミール』においても、それは自然状態にはなくもっぱら社会状態から生まれてくるとする『学問芸術論』や『不平等起源論』以来の考え方がそのまま踏襲されていると言えるのにたいし、人間の生得の本能として社交性というものをあらたにみとめようとしているところは先行する二論文にはなかった考え方としてとりわけ注目しなければならない点ではなかろうか。また、このことは『エミール』の出版と同じ年に、以前、『政治経済論』としていったん公表されはしたがルソーとしては不満なままに終わっていた社会哲学の論文が『社会契約論』として完成をみ、発刊されているという事実とけっして無関係なことではないであろう。すなわち、うえの二論文では自然状態における個々に分散して暮らす人間の自足した生活を理想化する一方、社会状態の集団の一員として暮らす人間のありかたをもっぱら人為的として断罪するのみであったのにたいし、『社会契約論』ではより現実的な解決策として社会状態のなかに自然状態における人間の諸権利をとりもどすことを課題として掲げるからである。また、ルソーがエミールの教育にふれ、家庭教師の口を通してつぎのように言明している点にもこのさい注目しておいてよいだろう。「しかし、まず考えていただきたい。自然の人間をつくりたいといっても、その人間を未開人にして、森のおくふかいところに追いやろうというのではない。社会の渦のなかに巻きこまれていても、情念によっても人々の意見によってもひきずりまわされることがなければ、それでいい。自分の目でものを見、自分の心でものを感じればいい。自分の理性の権威のほかにはどんな権威にも支配されなければいいのだ」[23]と。とはいえ理性、とくにそれが良心として人々との関わりのなかで自律的にはたらくといわれるさいの根拠がまだ十分あきらかになっているとはいえない。つぎにこの点が示されねばならない。

これにたいしてルソーは助任司祭に、「どんな原因がわたしの意志を決定するのか、ときかれたら、わたしは、どんな原因がわたしの判断を決定するのか、と反問しよう。この二つの原因は一つのものにすぎないことは明らかなのだ。そして、人間がその判断において能動的であること、人間の悟性とは比較したり判断したりする力にほかならないことをよく理解すれば、人間の自由とはそれと同じような力にほかならないことが、あるいはそこから派生していることがわかるだろう。人間は真実を判断したときによいことを選び、判断を誤れば選択を誤るのだ。そこで、人間の意志を決定する原因はなにか。それはかれの判断だ。では、判断を決定する原因はなにか。それはかれの知的能力だ、判断する力だ。決定する原因は人間自身のうちにある」[24]とのべさせたあと、「あらゆる行動の根源は自由な存在者の意志にある。…人間はだからその行動において自由なのであって、自由な者として、非物質的な実体によって生命をあたえられている」[25]と断言させている。つまり、ものごとの認識のレヴェルにおいてもすでに判断力が能動的な「わたし」として自覚されたが、道徳的な判断においてはそれはさらに一歩進んで自由な「わたし」として自覚される、といってもよいであろう。「わたしはいつもなにか欲する力はあるが、それを実行する力があるとはかぎらない。誘惑に負けるばあい、わたしは、外部のものの力によって動いている。そういう弱さを自分にとがめているときには、自分の意志にだけ耳をかたむけている。わたしは悪いことをしているときは奴隷だが、後悔しているときは自由な人間だ」[26]という言い方もさせている。

しかしそれにしても、人間的認識にひらかれている自然的世界を創造し、それに法則をあたえている原因として神が考えられたとすれば、同様に、われわれのいわば内面的な法則として良心をあたえているこの同じ神が、なぜ、人間をつねに善を選ぶようにはつくらなかったのか、という疑問がなお残るであろう。ルソーはこれについてはどう答えるのであろうか。「人間は、能動的で自由であるなら、自分から行動する。人間が自由に行うことはすべて摂理によってきめられた体系のなかにははいらないし、摂理のせいにすることはできない。神は、人間があたえられている自由を濫用して悪いことをするのを欲していない。しかし神は、人間が悪いことをするのをさまたげないのだ。…神は、人間が自分で選択して、悪いことではなくよいことをするように、人間を自由な者にしたのだ。神は人間にいろいろな能力をあたえ、それを正しくもちいることによってその選択ができるような状態に人間をおいている。しかし、神は人間の力をごく限られたものにしているので、自由を悪用する余地を残しているとしても、それは全体の秩序を混乱させることにはならない。…悪いことをするのをとめてくれないから、と愚痴をこぼすのは、神が人間をすぐれた本性をもつ者としたこと、人間を高貴な者とする道徳性を人間の行動にあたえていること、美徳にたいする権利をあたえていること、そういうことについて愚痴をこぼすことだ。最高の楽しみは自分自身に満足することにある。わたしたちが地上におかれて自由をあたえられているのは、情念に誘惑されながらも良心にひきとめられるのは、そういう満足感を楽しむことができる者になるためなのだ」[27] などとするのが、助任司祭の口を通してなされるルソーの答えなのである。また、別の個所では「人間よ、悪をもたらす者をもうさがすことはない。悪をもたらす者はきみ自身なのだ。きみが行っている悪、あるいはきみが悩まされている悪のほかに悪は存在しないし、それらの悪はいずれもきみ自身から生まれるのだ。全般的な悪は無秩序な状態のうちにしかありえないのだが、わたしは世界の体系に変わることのないある秩序を見ている。個々の悪はそれを苦しんでいる存在の感情のうちにだけあるのだが、この感情は人間が自然からうけとったものではなく、人間が自分で自分にあたえたものだ。あまりものを考えないで、思い出もさきの見通しももたない者には、苦痛もほとんど影響をあたえない。わたしたちのいまわしい進歩をやめれば、わたしたちの迷いと不徳をあらためれば、人間のつくったものを捨てれば、なにもかもよくなるのだ」[28] などともしている。悪の原因はもっぱら人間にあるとする一方、それは全体的世界よりみれば、あくまでも部分的な事実にすぎないとして世界における全体的な秩序の支配を説く楽天主義の思想を標榜するとともに、人間的世界における悪の解消のためには自然への復帰よりないとする『学問芸術論』以来の見解をあらためて強調させているのである。しかし、自然への復帰は理念としてはともかく、当面実現しそうにもないものである。われわれは現実においては、自尊心の誘惑にかられつつも、これとたたかい、「共同の利益のためにつくせと語りかける自然感情」[29] たるかの良心の指し示してくれる他の人々との共存、ないし共生の道に従うよう努めるほかはない。ルソーは語らせる、「感情と知性のあるところにはかならずなんらかの道徳的秩序がある。ちがいは、善人は自分を全体との関連において秩序づけるが、悪人はすべて自分に結びつけて秩序づけるということだ。後者は自分をあらゆるものの中心と考える。前者は自分の半径をはかって円周のうえにとどまる。つまり、善人は神という共通の中心との関連において、また、被造物というあらゆる同心円との関連において秩序づけられている。神というものはないなら、悪人だけが正しい推論をしているのであって、善人は愚か者にすぎない」[30]と。全体からものを考える良心の立場は、神にたいする信仰に媒介されることによってはじめて成立するということであろう。しかし、この場合、信仰とは具体的にはいかなるものを指すのであろうか。つぎにルソーが善や正義との関係で神をどのようにとらえていたのかというところから見ておこう。

「すべてがよいものであるところには、不正なことはなにもない。正義は善ときりはなせないものだ。ところで善は、ある無限の力と、自己を意識するあらゆる存在に本質的な自分にたいする愛との必然的な結果だ。いっさいのことができる者は、いわば、その存在を多くのものの存在とともに拡大する。生みだし、維持していくことは、力のたえざる行為だ。…神は死んだ者の神ではない。…いっさいのことができる者は、よいことしか欲することができない。だから、このうえなく力ある者として、このうえなく善なる存在者は、このうえなく正しい者でもあるはずだ。…秩序を生みだす秩序への愛が「善」と呼ばれ、秩序を維持していく秩序への愛が「正義」と呼ばれるのだ」[31]。このうえなく善なる存在にして、このうえなく正しい者、これがまず道徳との関連で神にあたえられる定義である。問題はこうした神の人間の行為にたいする関わり方である。この点についてはまず、ルソーは助任司祭につぎのように語らせる。「わたしは、神は、かれらに存在をあたえたときに約束しているあらゆることについて、かれらにたいする義務を負っているものと考える。ところで、神は、善（幸福）の観念をかれらにあたえ、その必要を感じさせているのだから、善（幸福）を約束しているのだ。自分の内部をしらべてみればみるほど、わたしには、わたしのうちにしるされている、「正しくあれ、そうすればおまえは幸福になれる」ということばがいっそうはっきりと読みとられる」[32]と。だが、現実はじつはこれと正反対というのがほんとうのところではないのか。ルソーもこのことをみとめて「それにしても、現実の状態を見れば、そういうことはぜんぜんない。悪人は栄えているし、正しい人はいつも迫害されている」[33]と助任司祭にいわせている。この矛盾をいったい、どう解きほぐすのか。そしてここでルソーが提出してくるのがカントにもそのまま引き継がれることになった仮説、要請としての魂の永生なのである。「自分は死んでいく、とおまえは考えている。そんなことはない、おまえはこれから生きるのだ。そしてわたしは、おまえに約束したすべてのことをしてやるのだ」[34]とか、「魂は非物質的なものであるなら、それは肉体がほろびたあとにも生き残ることになるし、魂は肉体が滅びたあとにも生き残るものなら、摂理の正しさが証明される。魂の非物質性ということについては、この世における悪人の勝利と正しい人間の迫害ということのほか証拠をもたないとしたところで、それだけでもわたしは疑いをもつ気にはなれないだろう。宇宙の調和のうちに見られるそういう腹立たしい不調和は、わたしにその説明をもとめさせるだろう。わたしはこう考えるだろう。わたしたちにとってはすべては現世とともに終わるのではない。死によってふたたび秩序は回復するのだ、と」[35]、これが助任司祭の口を通してなされるルソーの回答なのである。しかし、要請はあくまでも要請であるということ、すなわち、道徳が成立するためのわれわれのがわからする願い、ないし祈りにとどまるものであって、けっして認識や、推論の対象となるものではないであろう。助任司祭はいう、「しかし、魂の生活とはどういうものか、また、わたしの限られた悟性は限界のないものをぜんぜん考えることができない。無限と呼ばれるものはすべてわたしにはとらえられないのだ。わたしはなにを否定したり、肯定したりすることができよう。わたしに考えられないものについてどんな推論を行うことができよう。わたしは、魂は肉体のあとに生き残ることによって秩序が維持されるものと信じている。しかしこれで魂がいつまでも生きていることになるのかどうかだれが知っていよう」[36]と。

4．有神論（le théisme）もしくは自然宗教（la religion naturelle）

ところで、カントにおいて「道徳神学」とか「理性の限界内における宗教」と呼ばれることになるこうした信仰のことをルソー自身はどのように考えていたのであろうか。ルソーは『信仰告白』にはいるに先立って家庭教師に自然の創造主としての神についてまず、次のように語らせている。「いっさいのものを包容し、世界に運動をあたえ、存在するものの体系ぜんたいを形づくる、理解しがたい存在者は、わたしたちの目で見ることもできず、わたしたちの手でふれることもできない。それはわたしたちの感官にはまったく感じられない。作品は目に見えているが、作者はかくれている。それが存在するということをとにかく知るのも容易なことではないのだが、わたしたちがそこまでたどりついて、それはどういう者か、どこにいるのかと考えてみるとき、わたしたちの精神は混乱し、道に迷い、もうどう考えていいかわからなくなる」[37] と。またこれはすでに引用したこととも重なるが以下のような記述もおこなっている。すなわち「わたしは自分の考えを教授しているのではないということをたえず思い出していただきたい。わたしはそれを述べているのだ。物質が永遠にあるものだろうと、つくられたものだろうと、なんらかの受動的な原理があろうと、そういうものはなかろうと、とにかくたしかなことは、全体は一つのものであって、ただ一つの英知を示している、ということだ。同一の体系のうちに秩序づけられていないものは、そして同一の目的、つまり確立された秩序のうちにすべてを維持していくことに協力していないものは、わたしには一つもみあたらないからだ。欲し、行うことができる存在者、それ自身が能動的な存在者、つまり、それがどういうものだろうと、宇宙を動かし、万物に秩序をあたえている存在者、この存在者をわたしは神と呼ぶ。わたしはこの名称に英知と力と意志の観念をまとめて結びつけ、さらにその必然的な結果である善性の観念を結びつける。しかし、そうしたからといって、こういう名称をあたえた存在者をわたしはいっそうよく知ることにはならない。それは、わたしの感官にも、悟性にも同じようにかくされている。それを考えれば考えるほどわたしはいっそう困惑する。それが存在すること、そしてそれ自身によって存在することを、わたしはひじょうにはっきりと知っている。わたしの存在はその存在に従属していること、そして、わたしが知っているすべてのものも完全に同じ従属状態にあることを、わたしは知っているのだ。わたしはいたるところでそのみわざによって神をみとめる。わたし自身のうちに神を感じる。どちらをむいてもわたしのまわりには神が見える。しかし、神をそれ自身においてながめようとすると、それはどこにいるのか、それはどういうものか、その実体はなにか、を知ろうとすると、神はわたしから去っていき、わたしの精神は混乱して、もうなにもみとめられない」[38]と。しかし神がこのようにわれわれ人間の認識能力の限界を超えた存在であるとすれば、われわれはなぜ神の存在にこれほどこだわりつづけるのかという理由が逆に問われなければならないであろう。そしてそれはすでにうえでみたように、われわれ人間がこの世界におかれている現実にたいする深刻な疑問から、言い換えればわれわれ自身の存在の根拠をあらためて明確にしたいというやみがたい要求にもっぱら根ざすがゆえである、ということである。「自分の無力を深く感じているわたしは、神のわたしにたいする関連という考えからそれを迫られないかぎり、神の本性について論じるようなことはけっしてしないつもりだ。そういう論議はかならず身のほどもしらないことになる。賢明な人間なら、そのばあい畏れを感じずにはいられまいし、自分はこういうことを深くきわめるようには生まれついてはいないことはわかっているはずだ。神にたいするはなはだしい冒涜は、神のことを考えないことではなく、神についてまちがった考えかたをすることだ」[39]とルソーは助任司祭に言わせている。

結局、神のことを知ろうとするのは人間としてのわれわれが自分自身を知ろうとするのと同じことだ、ということ、そして一方、われわれが自分自身を本当に理解しようと望むならば、われわれの存在根拠たる神にまで思いをいたさざるをえない、とするのがルソーの立場なのである。「神は聡明である。しかし、どんなふうに聡明なのか。人間は推論を行うとき知性をもちいるが、至高の英知は推論を行う必要はない。それには前提も帰結もいらない。命題さえもいらない。それは純粋に直観的で、存在するすべてのもの、存在しうるすべてのものを同じように見渡しているのだ。至高の英知にとっては、すべての真理はただ一つの観念にすぎず、すべての場所も一点にすぎず、すべての時も一瞬間にすぎないのだ。人間の能力は手段をまって発揮される。神の力はそれ自体によってはたらきかける。神は欲すれば行うことができる。その意志は力となる。神は善なるものである。これ以上あきらかなことはない。しかし、人間の善とは自分と同じ人間にたいする愛であるが、神の善とは、秩序にたいする愛である。秩序によって神は存在するものを維持し、一つ一つの部分を全体に結びつけているのだ。神は正しい。わたしはそれを確信している。それは神が善なる者であることの一つの結果である。人間の不正は人間がつくりだすものであって、神がつくりだすものではない。道徳的な無秩序は、哲学者の目からみれば摂理の反証になるのだが、わたしの目から見れば摂理を証明しているにすぎない。しかし、人間の正義は各人に属するものを各人にあたえることにあるが、神の正義は神が各人にあたえるものについて各人の責任を問うことにある。

こうしてわたしは、絶対的にはどういうものかわからない属性をつぎつぎにみいだすことになるとしても、それは必然的な帰結によるのであり、わたしの理性を有効にもちいることによってなのだ。しかしわたしは、それらの属性を肯定しても、理解してはいないので結局のところ、これはなにも肯定していることにはならない。神はこういうものだ、わたしはそう感じている、それを自分に証明している、といったところでしかたがない、どうして神がそういうものなのか、わたしがいっそうよく理解したことにはならないのだ。

とにかく、神の無限の本質を見つめようと努力すればするほど、いよいよそれはわたしにわからなくなる。しかしそれは存在する、わたしはそれで十分なのだ。理解されなければされないほど、ますますわたしは神を尊敬する。わたしはへりくだって、神にむかって言う。至高の存在者よ、おんみが存在するからこそわたしは存在する。たえずおんみのことを考えることは、わたしの源へわたしを高めることだ、わたしの理性のいちばんふさわしいもちいかたは、おんみのまえに自分をむなしくすることだ。そこには精神的な恍惚がある、自分の弱さ、おんみの偉大さに圧倒された自分を感じることから生まれる魅力がある」[40]。ここにルソーの神観およびかれの信仰の最高の表現をみとめることができるのではなかろうか。

さて、これでわれわれが先刻みずからに課した問い、すなわちルソーの信仰内容についてひととおりあきらかになったように思われるのであるが、最後に司祭の信仰告白を記録したとされる青年と助任司祭の対話を念のために引いておこう。青年:「あなたがいま述べてくださった考えは、あなたが信じると言っていることによってよりも、あなたが自分にはわからないとみとめていることによって、いっそう新しいことのようにわたしには思われます。それは、多少ちがったところがあるにしても、有神論あるいは自然宗教だと思います」41)。助任司祭:「あなたはわたしが述べたことに自然宗教を見るにすぎない。しかし、そのほかにも宗教が必要だというのはまったく奇妙なことだ。…神がわたしの精神にあたえる光によって神につかえるのが、神がわたしの心に感じさせる感情によって神につかえるのが、なぜ悪いのか。現実のある教説からわたしはどんな純粋な倫理、人間にとって有益な、そして人間をつくったものにふさわしいどんな教説をひきだせるのか。そんな教説によらなくても、わたしは、自分の能力を正しくもちいることによってそれらをひきだせるのではないか。…神についてのもっとも重要な観念は理性によってのみわたしたちにあたえられる。自然の光景を見るがいい、内面の声に耳をかたむけるがいい。神はわたしたちの目に、良心に、判断力に、すべてのことを語っているではないか。…

…すべての民族が神に語らせようと考えついて以来、あらゆる民族はそれぞれの流儀で神に語らせ、自分が望んでいることを神に語らせた。神が人間の心に語っていることだけに人々が耳をかたむけていたとすれば、地上にはこれまでただ一つの宗教しかなかったにちがいないのだ。

…神がもとめている信仰は心の信仰だ。…神は精神的に真実をこめて崇拝されることを欲している」42)。また助任司祭はさらにつぎのようにもつけくわえている。「…まじめに真理をもとめるなら、生まれによる権利とか父親や牧師の権威とかいうものはいっさいみとめないで、わたしの幼いときからかれらが教えてくれたあらゆることを思い出して良心と理性の検討にゆだねることにしよう」43)と。『エミール』は出版後まもなく当局から焚書の処分をうけることになるが、その理由とはこのような助任司祭の口を通して表明されるルソーの見解のなかのとくにどの部分にたいしてであったのだろうか44)。

【註】

1）ルソーはときとしてかれが助任司祭と同一視されることに抗議することもあったようだが、友人のムルトゥー牧師宛の未発送のままに残されていた手紙のうち明け話のなかではっきりと≪サヴォアの助任司祭の信仰告白は私自身の告白であることを容易にご理解いただけるでしょう≫（*Correspondance complète de Jean Jacques Rousseau*, Institut et Musée Voltaire, Tome IX, 1602, *Rousseau au ministre Paul-Claude Moultou, 23 déc.1761*, p.342）とのべている。なお、Cf. Pierre Burgelin, *La Philosophie de l'existence de J-J. Rousseau*, Slatkine Reprints, p.5

2）E. Cassirer: *Rousseau, Kant, Goethe*, traduit par J. Lacoste, BELIN, p.42

3）Ibid. p.42, Kant, *Beobachtungen über das Gefühl des Schönen und Erhabenen*, Kants Werke, A.-T.II. s.221

4）J.-J. Rousseau, Oeuvres complètes, Pléiade IV, *Emile ou de l'éducation*, p.569,『エミール』今野一雄訳（岩波文庫）、中、123-124頁

5）Ibid., p.601, 同、中、173頁

6）Ibid., pp.601-602, 同、中、172-173頁

7）Ibid., p.601, 同、中、173頁

8）Ibid., p.569, 同、中、126頁

9）Ibid., pp.569-570, 同、中、127頁

10）Ibid., p.570, 同、中、128頁

11）Ibid., p.570, 同、中、128-129頁

12）Ibid., p.571, 同、中、129頁

13）Ibid., p.571, 同、中、130頁

14）Cf. ibid., p.572, 同、中、131頁

15）Ibid., p.573, 同、中、132頁

16）Cf. ibid., pp.575-576, 同、中、135-136頁

17）Cf. ibid., p.581, 同、中、143頁

18）Cf. ibid., pp.582-583, 同、中、146頁

19）Ibid., p.581, 同、中、143頁

20）Ibid., p.583, 同、中、146-147頁

21）Ibid., p.583, 同、中、147頁

22）Ibid., p.600, 同、中、171-172頁

23）Ibid., pp.550-551, 同、中、98頁

24）Ibid., p.586, 同、中、150-151頁

25）Ibid., pp.586-587, 同、中、151頁

26）Ibid., p.586, 同、中、150頁

27）Ibid., p.587, 同、中、151-152頁
28）Ibid., p.588, 同、中、158頁
29）Ibid., p.602, 同、中、175頁
30）Ibid., p.602, 同、中、175-176頁
31）Ibid., pp.588-589, 同、中、154-155頁
32）Ibid., p.589, 同、中、155頁
33）Ibid., p.589, 同、中、155頁
34）Ibid., p.589, 同、中、155-156頁
35）Ibid., pp.589-590, 同、中、156頁
36）Ibid., p.590, 同、中、157頁
37）Ibid., p.551, 同、中、99頁
38）Ibid., p.581, 同、中、143-144頁
39）Ibid., p.581, 同、中、144頁
40）Ibid., pp.593-594, 同、中、162-163頁
41）Ibid., p.606, 同、中、181頁
42）Ibid., pp.607-608, 同、中、183-185頁
43）Ibid., p.610, 同、中、187頁
44）『エミール』断罪の主要な理由については、Cf. *Mandement de Mgr. L'Archvêque de Paris portant condamnation d'un livre qui a pour titre: Émile,ou de l'éducation,par J.-J. Rousseau, citoyen de Genève.*（*Du contrat social*, Éditions Garnier Frères, 1962）[「ジュネーヴ市民J.-J.ルソー著『エミール、あるいは教育について』と題する書物の論難を内容とするパリ大司教猊下の教書」西川長夫訳、『ルソー全集』第七巻（白水社）所収。] また、ルソーによる反論は*Lettre à C. de Beaumont*（ J.-J. Rousseau, Oeuvres complètes IV, Pléiade ）（「ボーモンへの手紙」西川長夫訳、前掲全集同巻所収）でなされていることは周知の通りである。

第2節　ルソーにおける教育の理想とボン・サンスの心理的、発生的記述

1．ルソーにおける教育論の位置づけとその根底にある人間観
—ボン・サンスの媒介者的な役割

フランス思想史研究の第一人者のひとりである J. スタロバンスキーはルソーの『人間不平等起源論』と『社会契約論』をつなぐ論理をエンゲルスが弁証法的に「否定の否定」としての革命の観念にもとめたのにたいし、カントやその考えにしたがうE. カッシラーなどはおなじく弁証法的な理解に立とうとはしながらもそれを『エミール』などで展開される教育論を媒介にして考えようとしている点を指摘してカントの『人類の憶測的起源』やカッシラーの『ジャン－ジャック・ルソー問題』における議論に言及している[1)]。すなわちルソーにおける当初の自然と人為としての社会や文化との対立は、やがてかれの道徳に基礎をおく教育理論を介することにより完成された人為としての法律制度のなかで和解にいたる、とするのがカント的な理解だというのである。しかし問題はこの教育理論による媒介とは具体的にはいったいなにを意味するのか、という点ではなかろうか。『人間不平等起源論』と『社会契約論』とを別個にとりあげた場合、前者が理念的に設定された過去の楽園としての自然状態との比較対照をとおしてもっぱら現実の社会の問題点を浮き彫りにしようとしているのにたいし、後者は人口増などのためにうえの自然状態における生活が不可能となった段階で人々のたがいの協力の必要から生みだされてくるはずのこれまた理念的に構想された社会、歴史の歩みとは無関係ないわゆるユートピアを提示しているにすぎない。したがって理念が現実の社会にたいして真にその力を発揮しうるためには理念が実現可能な理想のかたちであらためて現実と具体的に向かい合うことができる場が保証されるのでなければならない。そしてじつはそのような場こそルソーにおいてはボン・サンスなのであり、『エミール』を中心に『新エロイーズ』などで展開されている教育論はまさにそうしたボン・サンスの育成を念頭におきながら書き記されていったものではなかったかと思われるのである。

ところでここで念頭におきながらなどというようなややひかえめないい

方をしたのは、もしもかれの教育論がボン・サンスの育成を目ざして書かれたなどというい方をすればルソーの真意とはかならずしも一致しなくなってくるように思われたからである。なぜならルソーの教育論の重要な柱の一つに子どもにはその発達の段階ごとにそれにふさわしい完成というものがあり、子どもの時代をけっして大人になるための準備段階のようなとらえ方をすべきでない、とする考え方があるからである。「人生のそれぞれの時期、それぞれの状態にはそれ相応の完成というものがあり、それに固有の成熟というものがある。わたしたちはしばしばできあがった人間ということについて語られるのを聞く。ところで、できあがった子ども（un enfant fait）というものを考えてみよう。この見ものはわたしたちにとっていっそう新しいものであろうし、たぶん、いっそう楽しくないものでもなかろう」2）といういい方をルソーはしている。こうしたルソーの気遣いの背景には当時の子どもの死亡率のいまでは考えられないほどの高さがあったようであるが、いずれにしてもルソーの考えにそったかたちで問題を提出しようとすればいきおい慎重にならざるをえない理由はこれであきらかであろう。それゆえ、われわれの問題の提出の仕方としても、ルソーはみずからが説く教育が首尾よくすすんだ場合、結果としていったいどのような人間が生まれてくると考えていたのであろうか、くらいが穏当なところではないかと思われるのである。ところで第一節でふれた「都会に住む未開人」はすでにこのようなかたちの問いにたいしてもある程度こたえていたのであるが、このほかにもかれは「愛すべき異邦人」とかあるいはさらにはっきりと「ボン・サンス（良識）の人」ということばでも説明しようとしている。まず「愛すべき異邦人」についてはつぎのようにのべている。「それにしても、人とまったくちがった格率をもっているエミールは、すべての人と同じような人間にならないことはたしかだし、けっしてそんな者になってもらいたくもない。しかし、他人とはちがっていても、かれはうるさい人間にもこっけいな人間にもならないだろう。ちがいははっきりしていても目ざわりにはなるまい。エミールはそういってよければ、愛すべき異邦人になるだろう。はじめ、人は、「いずれ大人になるだろう」と言って、かれの奇妙な点をゆるすだろう。そのうちに、かれのやりかたに人はすっかりなれてくる。そして、かれがちっとも変わらないのを見て、「かれはああゆう人間なんだ」と言って、またそれをゆるすだろう。」[3]と。そして「ボン・サンスの人」としてのエミールについてはその性格特性のよってきたるところを当然のことながら正しい感覚と健全な判断力にもとめながらつぎのようにのべている。「かれは好ましい男としてちやほやされることはないが、人はなぜか知らずにかれが好きになる。だれもかれの才能をほめる人はいないが、人は好んでかれを才人たちの審判者にする。かれの精神は明晰で、限られている、かれには正しい感覚と健全な判断があるのだ。新規な観念を追っかけるようなことをけっしてしないかれは、才能を誇るようなことは知らないだろう。わたしはかれにわからせておいたのだ、有益な観念、人間にとってほんとうに役に立つ観念は昔から知られていることを、それだけがいつの時代にも社会のほんとうの絆であったことを、卓抜な人々に残されていることは人類にとって有害ないまわしい観念によって人にぬきんでることだけだということを。そんなふうにして人から賞め讃えられることなど、ほとんどかれの心を動かしはしない。自分の生活の幸福はどこにみいだされるか、どんなことで他人の幸福に役だつことができるか、そういうことをかれは知っているのだ。かれの知識の範囲は有益なことの外へ遠くひろがってはいない。かれが行く道は狭く、はっきりと示されている。その道からそれる気になれないかれは、同じ道をたどる人々のなかに混じったままでいる。かれは道に迷うことも輝かしい存在になることも望んではいない。エミールはボン・サンス（良識）の人だし、それとは別の者になりたいとも思っていない。そういう人間であるかれを侮辱しようとしてもむだだろう。かれはいつまでもそれを名誉に思っているだろう。」（カッコ内は筆者。以下同様）[4]。ところで成人に近づいたエミールの特徴を描写したこれら二つの文章を読んで気づかれるのは、いっぽうでエミールがどこまでも自然にしたがう者として社会からはあくまでも独立の自律的な存在としての性格が強調されると同時に、社会とはまた一定の調和を保ちながら生きていくことのできる人間でもあることをあきらかにしている点ではなかろうか。そしてこのあとの側面こそルソーの教育論がになうとされている自然と社会の媒介者としての役割を端的に示す側面であり、それを可能ならしめているものがまさにボン・サンスというものではないか、と思われるのである。

たしかにエミールの教育は最初のうちは社会からすっかり隔絶した田園のなかで家庭教師との二人きりの生活のなかではじめられる。しかしこうした教育もその最終段階に達しようとするところではやはりエミールがこれからそこに足を踏み入れていかねばならない現実の社会についての学習へと進んでいくのである。社会参加のためにはエミールにも社会通念や世間の慣習についての知識は欠くことができないからである。もちろんそれは世間で一般に子どもたちにたいして行われているやり方によってではない。第一にそうした教育がおこなわれる時期がまったく世間とはちがっている。世間では社会通念や慣習がただそれが社会通念や慣習だからということでわりあいに早い時期から教えられているのにたいし、エミールの場合はそれらの理由を十分理解できる年齢に達した段階ではじめて学習が始まるように配慮がなされているからである。「学問の研究にふさわしい時期があるのと同様に、世間のしきたり（l'usage du monde）を十分によく理解するのに適当な時期がある。あまりに若い時にそういうしきたりを学ぶ者は、一生の間それに従っていても、選択することもなく、反省することもなく、自信はもっていても、自分がしていることを、十分に知ることもない。しかし、それを学び、さらにその理由を知る者は、もっと豊かな見識をもって、それゆえにまた、もっと適切な、優美なやりかたでそれに従うことになる。まったくなにも知らない十二歳の子どもをわたしにあたえてみるがいい。十五歳のとき、わたしはその子を、あなたがたがごく幼いときから教えてきた子どもと同じくらいもの知りにして返してさしあげるつもりだ。ちがうところは、あなたがたの生徒の知識は記憶のうちにあるだけだが、わたしの生徒の知識は判断力のうちにあることだろう。同じように、二十歳の青年を世間にだしてやるがいい。よく導かれるなら、かれは一年後には、子どものときから世間で育てられていた者よりもいっそう好ましい、いっそう的確に礼儀正しい青年になるだろう。前者は世間のしきたりになっている、年齢、身分、性に応じてのあらゆる礼儀作法の理由を感じとる能力があるので、それを原則に還元し、思いがけないことにであった場合にそれを拡張することができるのだが、後者は習慣を規則にしているだけなので、習慣をはずれたことにであうとすぐに当惑してしまうからだ」[5)]。ところで世間のしきたりがエミールにおいてこのようなやりかたで摂取されていくということをうえの自然と社会の関係におきもどして考えてみた場合どういうことが明確になるであろうか。まずいわなければならない点はそれは世間のしきたりのあくまでも批判的な摂取だということであろう。すなわちここで批判的とは相手の人為としての社会、すなわち世間一般のものの考え方感じ方と自然人としての自分自身の考え方感じ方の違いをはっきりと踏まえる、という意味である。第二にそうした自分との違いがはっきりしているものをあえて自分のなかに取り込んでいくというのであるから当然そこには両者のせめぎ合いによるところのある種の緊張関係が生まれてくるはずだ、という点である。相手の社会はいったいどの程度まで自然人としての自分の考え方、感じ方を理解し受けいれてくれることができるのか、はんたいに自分自身はどこまで社会における自分とは異なった考え方、感じ方を受けいれ、それに耐えていかなければならないのか、これが世間を前にしたエミールの当面する問題の具体的な中身ではないかとおもわれる。これをさらに、理想としての自然が現実の社会のなかにどこまで浸透し自己を実現してゆくことができるか、ということについての現実感覚の問題であるといってもよいであろう。ベルクソンはボン・サンスはいっぽうで最善を目指そうとする強い意気込みとともに、世間的な事情が許す範囲についての正確な見通し[6)]を同時に持ち合わせているものだ、としてボン・サンスの漸進主義的な性格を強調するのであるが、これはまさに世間を前にしたエミールが直面する事態と同じ事態を表すことばだということができるであろう。ルソーはこうした事態をよりいっそう端的に示す例としてエミールが性に目覚めはじめる頃に直面する問題をとりあげてつぎのようにのべている。「傾向を許し、その指示に従うだけのことなら、ことはかんたんだ。しかし、自然の権利とわたしたちの社会的な掟とのあいだにはいろいろと矛盾があるので、それを調和させるには、たえずまわり道をしたり、決断をためらったりしなければならない。社会的な人間がまったく人工的な人間になってしまわないようにするためには、多くの技術をもちいなければならないのだ」[7]と。またさらにこうした自然と社会の対立と両者の調整の問題を中心テーマとして具体的に取りあげた作品としては『エミール』の前年に発表されている『新エロイーズ』がある（『エミール』は1762年刊）。すなわち、貴族の一人娘ジュリと平民の家庭教師サンプルーのあいだに激しく燃えあがった恋も身分社会の厚い壁はいかんともすることができず、旧制度の権化のようなジュリの父親の拒絶に会っていったんは無残にもあきらめざるをえないこととなるが、やがてジュリの夫ヴォルマールの理解ある配慮もあって二人はおたがいに徳を身につけた人間的に成長をとげた者同士として再会をはたし、サンプルーはジュリの子どもたちの家庭教師としてふたたびジュリの家で今度はたがいにこころから尊敬し、信頼のできる友として暮らすようになる、というのがこの作品の筋書きである。身分違いの恋愛のこうした落ち着きどころは時代をすっかり異にしている現代のわれわれにはかならずしも分かりやすいものであるとはいえないが、しかし当時としてはこの書が空前のベストセラーとなり、1800年までのあいだにじつに72版[8]を重ねたというから、同時代の人々にとっては十分に現実感覚の裏付けがあり、説得力をもった共感を呼ぶ作品であったことはたしかであろう。

2.「ボン・サンスの人」の基本的な性格

もっとも事情がこのようであるからといってルソーの教育があたかも最初から妥協的な人間の育成を目ざしているかのように考えるのは正しくない。いな、むしろ次のようにいうべきではないのか。ルソーの教育が目ざす理想の人間はあくまでも正しい感覚と健全な判断力とをみずからのうちにそなえた「ボン・サンスの人」であって、こうした人間のとる妥協的な方策もそれぞれの時点ではいずれも実行可能な最善の方策と判断されるものばかりなのだと。あるいはまたこうもいえようか。ボン・サンスはなるほど自然と社会とを媒介するものではあるが、そのようなことができるのもじつはそれがもともと自然人のなかに可能性として存在している環境的世界一般にたいする適応のための手段にほかならないからだと。自然人にとっていかに人為的と判断されるにせよ、現実の社会もまたそのなかで生活していかなければならない環境的世界であることにはかわりがなく、ボン・サンスはそこでもつねに最善の生き方を探りつづけなければならない、ということである。都会に住む自然人についてルソーは語る。「自然は道具を、そして規則を、意見にもとづいてではなく、必要にもとづいて選ぶ。ところで、必要は人間の状況に応じて変わる。自然の状態のうちに生きている自然人と、社会状態のうちに生きている自然人とのあいだには大きなちがいがある。エミールは人の住まないところに追いやられる未開人ではなく、都市に住むようにつくられた未開人だ。かれはそこで必要なものをみつけ、都市の住人たちから利益をひきだし、かれらと同じようではないにしても、かれらとともに暮らさなければならない。

かれが依存することになる多くの新しい関連のなかで、どうしてもかれは判断しなければならなくなるだろうから、とにかく十分によく判断することをかれに教えることにしよう」[9]と。しかし事態がルソーのいうとおりだとしてもいったいどのようにすればこうしたそのつどの状況に適合した判断のできる子どもが育つのであろうか。それこそまさにルソーのいわゆる「自然の教育」の問題にほかならない。

ルソーはまず人間にとってなぜ教育が必要なのかについてつぎのように語る。「わたしたちは弱い者として生まれる。わたしたちには力が必要だ。わたしたちはなにももたずに生まれる。わたしたちには助けが必要だ。わたしたちは分別をもたずに生まれる。わたしたちには判断力が必要だ。生まれたときにわたしたちがもってなかったもので、大人になって必要となるものは、すべて教育によってあたえられる」[10]と。だが教育と一言でいってもじつは三種類のものがある。そしてこの三種類のものがたがいに協力しあうことによってはじめて子どもにとって一番のぞましい教育が実現できるのだ。三種類の教育とはすなわち自然、人間、事物という異なった三者による教育のことである。「この教育は、自然か人間か事物によってあたえられる。わたしたちの能力と器官の内部的発展は自然の教育である。この発展をいかに利用すべきかを教えるのは人間の教育である。わたしたちを刺激する事物についてわたしたち自身の経験が獲得するのは事物の教育である」[11]とルソーはのべている。ところでこの三つの教育のなかで自然の教育はわたしたちの力ではどうすることもできないものである。事物の教育は一部はコントロールが可能である。ただ一つ、人間の教育だけが全面的にわたしたちの自由にできる教育である。したがって子どもの教育において三者の一致がなによりも必要だとすると、わたしたちの自由にできる人間の教育がもっぱら自然の教育や事物の教育にみずからを合わせていくよりほかはない、ということになる。ルソーが教育の目標とは自然の目標そのものだ、というときまさにこのことを意味しているのである[12]。

さて、こうした自然の目標と一致した教育の結果生まれてくる人間こそうえでもすでになんどかふれた自然人にほかならないのであるが、この自然人という語はルソーではとくに社会人に対立する語としてももちいられていることに注意しておこう。「自然人は自分がすべてである。かれは単位となる数であり、絶対的な整数であって、自分にたいして、あるいは自分と同等のものにたいして関係をもつだけである。社会人は分母によって価値が決まる分子にすぎない。その価値は社会という全体との関連において決まる。りっぱな社会制度とは、人間をこのうえなく不自然なものにし、その絶対的存在をうばいさって、相対的な存在をあたえ、「自我」を共通の統一体のなかに移すような制度である。そこでは個人のひとりひとりは自分を一個の人間とは考えず、その統一体の一部分と考え、なにごとも全体においてしか考えない」[13]。ルソーは社会人の典型としてローマ市民をしばしば例に引くのであるが、しかしじつはかれの『社会契約論』こそまさに「社会人」という語でルソーがなにを考えていたか、その内実を明確に説明した著作であったのである。しかしローマはもはや存在しないし、ルソーが『社会契約論』で描いているような理想の共和国も当分のあいだはこの地上で実現しそうもない。したがって教育も公民的・社会的教育は成立しえず、個人的・家庭的におこなわれる自然の教育だけが唯一可能な教育だということになる[14]。しかし自然人はもっぱらみずからのためにのみ生きる存在である。そのような人間はいったい他人にたいしてはどういうありかたをするのであろうか。万一、公民教育の理想とするところと自然の教育の理想とがひとりの自然人のなかで一致することが可能だとすれば、われわれは人間の矛盾をとりのぞくことによって人間の幸福から大きな障害をとりのぞくことができることになるが、ルソーはまずこれに期待をかけようという[15)]。それはわれわれなりのいい方をすれば、自然的なボン・サンスのうちにもすでに社会的といえるような性格がはたして確認できないのかどうかを問うことである、ともいえるであろう。

a．なによりもまず人間であること―平等について

この点に関してルソーがまず強調するのは自然の秩序における人間の平等ということである。「自然の秩序のもとでは、人間はみな平等であって、その共通の天職は人間であることだ。だから、そのために十分に教育された人は、人間に関係のあることならできないはずはない。わたしの生徒を、将来、軍人にしようと、僧侶にしようと、法律家にしようと、それはわたしにはどうでもいいことだ。両親の身分にふさわしいことをするまえに、人間としての生活をするように自然は命じている。生きること、それがわたしの生徒に教えたいと思っている職業だ。わたしの手を放れるとき、かれは、たしかに、役人でも、軍人でも、僧侶でもないだろう。かれはまずなによりも人間だろう。人間がそうなければならぬあらゆるものに、かれは必要に応じて、ほかのすべての人と同じようになることができるだろう。いくら運命の神がかれの場所を変えても、やっぱりかれは自分の地位にとどまっているだろう」[16)]。ルソーはまた十八世紀中葉のフランス社会における極端な不平等と迫りくる大革命を予感しながら、『エミール』をまことにもって歴史的文書の名にふさわしいものとしているつぎのような大変に印象深いことばも書き残している。すこし長いが引用しておく。「…あらゆる人間は生きなければならない。この主張に人はその人間愛の多少に応じて多かれ少なかれ切実な意味をあたえるのだが、自分自身についてそれを主張する者にとっては、これは争いがたいことだとわたしは考える。自然がわたしたちに感じさせる嫌悪のなかで、いちばん強いのは死にたいする嫌悪なのだ。したがって生きるためにほかにどうにも手段のない者にとっては自然によってどんなことでも許されている。有徳な人が生命を軽んじて、自分の義務をつくすため生命を犠牲にすることを学ぶようになるいろいろな原則は、上のような原始的な素朴さからはるかにかけはなれたこと

だ。なんの努力をしなくても善良でありうる民族、そして徳をもたなくても正しい人になれる民族はしあわせだ。もし世界のどこかに悪いことをしなければだれも生きていかれないようなみじめな国、市民たちが必要のために悪者にならなければならないような国があるとするなら、絞首刑にしなければならないのは、悪事をはたらく人間ではなくて、悪事をはたらくことを余儀なくさせている人間だ。

エミールが生命とはどういうものかを知るようになったら、それを保存することを教えるのがわたしの第一に心がけることになる。これまでわたしは身分、地位、財産などの差別をみとめていないが、これからもいままで以上にみとめるようなことはほとんどしないだろう。人間はどんな人間でも同じだからだ。富める者は貧しい者よりも大きい胃袋をもっているわけではなく、いっそうよく消化するわけでもない。主人は奴隷よりも長くて強い腕をもっているわけではない。そして、結局のところ、自然の必要はすべての人にとって同じなのだから、それを満たす手段はすべての人にとって同じであるはずだ。人間の教育を人間にとってふさわしいものにするがいい。人間でないものにふさわしいものにしてはいけない。あなたがたは、ある身分だけにふさわしい人間をつくろうと努力して、その人をほかの身分にあってはぜんぜん役に立たない人間にしていること、そして運命の女神の気が変われば、その人を不幸な人間にするために努力しただけになることがわからないのだろうか。大貴族が乞食になって、みじめな状態におちいりながら、その生まれからくる偏見をもちつづけているくらいこっけいなことがあろうか。貧しくなった金持ちが、貧しい者にあたえられる軽蔑を思って、このうえないみじめな人間になったとみずからを感じることくらい卑しむべきことがあろうか。生活の道としては、一方には公然の悪者という職業があるだけで、他方には「わたしは生きていかなければならない」というすばらしいことばを口にしながら卑屈なことをする下僕の仕事があるだけだ。

あなたがたは社会の現在の秩序に信頼して、それがさけがたい革命におびやかされていることを考えない。そしてあなたがたの子どもが直面することになるかもしれない革命を予見することも、防止することも不可能であることを考えない。高貴な人は卑小な者になり、富める者は貧しい者になり、君主は臣下になる。そういう運命の打撃はまれにしか起こらないから、あなたがたはそういうことはまぬがれられると考えているのだろうか。わたしたちは危機の状態と革命の時代に近づきつつある。その時あなたがたはどうなるか、だれがあなたがたに責任をもつことができよう。人間がつくったものはすべて人間がぶちこわすことができる。自然が押したしるしのほかには消すことのできないしるしはない。そして自然は王侯も金持ちも貴族もつくらないのだ。そこで、もっぱら高い身分にある者として教育されたお大名は低い身分に落ちたときどうするのか。はでな暮らしをしなければ生きていけない金満家は貧乏になったときどうするのか。自分の身をつかうことを知らず、自分の存在を自分の外にあるあるものにまかせている豪勢な能なしはすべてを失ったときどうするのか。そういうことになったとき、自分から離れていく身分をすすんで捨てることができ、運命の打撃にもかかわらず、人間として生き残れる者はしあわせだ。戦いに敗れ、狂乱のはてに王座の残骸に埋もれようとする王者を賞讃したければ賞讃するがいい。わたしはそういう王者を軽蔑する。わたしの見るところでは、そういう者は王冠のおかげで存在するにすぎず、王でなくなればまったく何者でもなくなるのだ。ところが、王冠を失ってもそんなものを必要とせずにいられる者は王者よりも高い地位にあることになる。国王の位などは卑怯者でも、悪人でもばか者でも、だれでもけっこう占めることができるのだが、かれはそこから人間の地位へ、ごくわずかの人しか占めることができない地位へ昇るのだ。そのときかれは、運命にうちかち、勇敢にたちむかう。かれのものはすべてかれひとりの力で得られたものだ。そしてかれは、自分のほかに見せるものがなくなったときにも、無意味な存在ではない。かれは何者かだ」17)。ルソーにおける社会人にたいする自然人、市民にたいする人間の着想がいかに厳しい現実認識のなかでえられたものであるかをあらためて考えさせる文章というべきであろう。もっとも、平等は自然人としての人間の社会性の規定としてはなお消極的な規定にとどまり、ルソーにおける人間を積極的に結合する原理を求めようとすれば良心の自覚とこれを促すものとしての『不平等起源論』ではじめて登場した

「あわれみの心」(la pitié) がはたす役割について是非とも見ておく必要がある。しかし自然人における社会性の自覚はその前提条件として子どもの徹底した自然人としての成長を欠くことができない。ルソーは自然人の独立や自由ということをなによりも強調するのであるが、それは具体的にはいかなることを意味していたのであろうか。つぎにこの点からまず見ておかなければならない。

b．自由と独立

さて、第一節でもみたように、自己保存の要求にもとづくとされるルソーのいわゆる「自己愛」というものは、「自尊心」が神の被造物としての自然の道からはずれたものとして大いに批判の対象とされてきているのにたいして、第二論文の『不平等起源論』[18] 以来、道徳的にはまったく中立の、また神より授かった生命を大切にするという意味では神学的な見地からはむしろ積極的な価値評価をあたえられてさえきているといえるであろう。そして『エミール』においても自己保存のための要求を満足させることがわれわれのまず果たすべき第一の義務であるとしてルソーはつぎのようにのべるのである。「わたしたちの第一の義務はわたしたちにたいする義務だ。わたしたちの原始的な感情はわたしたち自身に集中する。わたしたちの自然の動きはすべて、まず自己保存と自分の快適な生活に結びつく。そこで最初の正義感は、わたしたちがなすべき正義からではなく、わたしたちにたいしてなされるべき正義から生まれる…」[19] と。また『エミール』の別の個所では「自己愛」としての情念と「自尊心」にもとづく情念とを峻別しながらつぎのようにものべている。「わたしたちの情念の源、ほかのすべての情念の初めにあって、そのもとになるもの、人間が生まれるとともに生まれ、生きているあいだはけっしてなくならないただ一つの情念、それは自分にたいする愛（自己愛）だ。それは原始的な、人が生まれながらにもつ情念で、ほかのあらゆる情念に先だち、ほかの情念はすべて、ある意味で、それの形を変えたものにすぎない。この意味では、すべての情念は自然のものといってもいい。しかしそういう形を変えた情念の大部分は、外部的な原因をもつものであって、その原因がなければけっして生じてこない。そしてそういう形を変えた情念は、わたしたちにとって有益なものではなく、かえって有害である。それは最初の目標を変えてその根元にあるものと反対のことをさせる。そこで人間は自然の外に出ることになり、自分と矛盾することになる。

自分自身にたいする愛はいつもよいもので、いつでも正しい秩序にかなっている。人はだれでも、とくに自己を保存しなければならないのだから、なによりも心がけねばならないこと、いちばんだいじなことは、当然、この自己保存ということにたえず心をくばることだ。ところで、なによりもそれに関心をもつということがなければ、どうしてたえず心をくばることができよう。

だからわたしたちは、自己を保存するために自分を愛さなければならない。どんなものよりもいっそう自分を愛さなければならない…」[20]。しかしそうすると「自己愛」はいつどのようにして「自尊心」へと変貌をとげるのであろうか。それは子どもの無力ということと深く関係してくるが、いっぽうでそこには別の微妙な問題もからんでくるであろう。ルソーはこの点に関してとくに乳児期の子どもに言及しながらつぎのようにのべている。「子どもの最初の泣き声は願いである。気をつけていないと、それはやがて命令になる。はじめは助けてもらっているが、しまいには自分に仕えさせることになる。こうしてかれら自身の弱さから、はじめは自分はほかのものに依存しているという感情が生まれるのだが、つづいて権力と支配の観念が生まれてくる。しかし、この観念は、子どもの必要からよりも、わたしたちのしてやることから生じてくるのであって、ここにその直接の原因は自然のうちにあるのではない道徳的な結果があらわれてくる。そこで、この最初の時期から、身ぶりをさせ叫び声をあげさせるかくれた意図を見ぬく必要があることがよくわかる」[21]。またこれとおなじ主旨のことをすこし別の角度からつぎのようにものべている。「苦痛がしばしば一つの必然であるように、快楽がときに一つの必要となることを知らなければならない。だからけっしてかなえてやってはならない子どもの欲望はただ一つしかない。それは自分に服従させようとする欲求だ。したがって、子どもがもとめるすべてのことにおいて、とくにそれをもとめさせる動機に注意をはらわなければならない。子どもに現実の楽しみをあたえることができるものはすべて、可能なかぎり、あたえるがいい。思いつきで、あるいは権力をふるおうとしてもとめているにすぎないものはかならず拒絶することにするがいい」[22]。

しかしそれにしてもなぜルソーはこれほどにまで子どもを「自己愛」の段階にひきとどめおくべきことを強調し、「自尊心」の段階にまですすませることにたいしては警戒的な姿勢をとりつづけるのであろうか。それは一言でいえば子どもの幸福、いな、人間の幸福というものはそもそもその欲望と能力の一致にあり、この両者の不一致に由来するあらゆる不足はつらく感じられ、われわれを不幸にするものだからである。ルソーはいう、「いっさいの欲望は欠乏を前提とする。そして欠乏の感情にはかならず苦しみがともなう。だからわたしたちの欲望と能力とのあいだの不均衡にこそ、わたしたちの不幸がある。その能力が欲望とひとしい状態にある者は完全に幸福といえるだろう」[23]と。また「人間の知恵、つまり、ほんとうの幸福への道はどこにあるか。…それはただ、能力を超えた余分の欲望をなくし、力と意志とを完全にひとしい状態におくことである」[24]といういい方もしている。ところでわれわれにおいて能力以上に欲望を膨らませているものの正体はいったいなんであろうか。それこそうえの「自尊心」を生むものとして『不平等起源論』以来、批判の矢面にさらされてきた想像力というものにほかならない。

ルソーは『エミール』のなかでもつぎのようにのべている。「自然は直接的には自己保存に必要な欲望とそれをみたすのに十分な能力だけを人間にあたえている。そのほかの能力はすべて、予備として人間の心の奥底にとっておき、必要に応じてそれらをのばさせる。この本源的な状態においてのみ、力と欲望の均衡はみいだされ、人間は不幸にならないのだ。潜在的な能力が活動し始めると、あらゆる能力のなかでももっとも活発な想像力がめざめ、ほかのものに先行することになる。想像力こそ、良いことであれ、悪いことであれ、わたしたちにとって可能なことの限界をひろげ、したがって、欲望を満足させることができるという期待によって欲望を刺激し、大きくしていくのだ。ところが、はじめはつい指の先にあるように見えたものは、追いついていけないはやさで逃げて行ってしまう。捕らえたと思うと姿を変えて、わたしたちのはるかかなたにあらわれる。すでに通ってきた国はもはや目にはいらず、わたしたちはそれになんの価値もあたえない。これから行くことになっている国はたえず大きくなり、ひろがっていく。こうしてわたしたちは疲れはて、目的地に着くことができない。そして楽しみを味わえば味わうほど、幸福はわたしたちから遠く離れていく」[25)]。またこれと近いところで「現実の世界には限界がある。想像の世界は無限だ。前者を大きくすることはできないのだから、後者を小さくすることにしよう」[26)] ともべている。したがって子どもに欲しいものはなんでも手に入るという習慣を身につけさせることこそこれとは正反対のやり方だということになるであろう。「すぐに望みがかなえられるので、子どもの欲望はたえず大きくなって、おそかれはやかれ、やがてはあなたがたの無力のために、どうしても、拒絶しなければならなくなる。ところが、そういう拒絶になれていない子どもは、ほしいものが手にはいらないということより、拒絶されたことをいっそうつらく考えることになる」[27)]。それゆえ子どもの依存状態の望ましいあり方はおのずからあきらかである。ルソーはそれをつぎの四点にまとめる。すなわち、一、子どもは自然がもとめることをみたすのに十分な力さえもたないとはいえ、自然によって与えられたかぎりのすべての力は、十分にもちいさせねばならないということ。二、肉体的な必要に属するあらゆることで、子どもを助け、知性においても力においても子どもに欠けているものをおぎなってやること。三、子どもを助けてやるばあいには、じっさいに必要なことだけにかぎり、きまぐれや、理由のない欲望にたいしてはなにもあたえないようにすること。四、子どものことばと身ぶりを注意ぶかく研究して、直接に自然から生ずるものと憶見から生ずるものとを見わけるべきこと、がそれである。そして結論としてつぎのようにのべる。「これらの規則の精神は、子どもにほんとうの自由をあたえ、支配力をあたえず、できるだけものごとを自分でさせ他人にできるだけもとめさせないようにさせることにある。こうすればはやくから欲望を自分の力の限度にとどめることにならされ、自分の力では得られないものの欠乏を感じなくともすむようになる」[28)] と。また別の個所では、「子どもをただ事物への依存状態にとどめておくことだ。そうすれば、教育の進行において自然の秩序に従ったことになる。子どもの無分別な意志にたいしては物理的な障害だけをあたえるがいい。そうすれば、子どもは機会あるごとにそれを思い出す。悪いことをしようとするのをとめたりしないで、それをさまたげるだけでいい。経験、あるいは無力であること、それだけが掟にかわるべきだ。ほしがるからといって、なにかをあたえてはならない。必要な場合にこそあたえるべきだ」[29] などとものべるのである。

c．知識のあり方――プラグマティズム

子どもはものごとの必然を経験から学ぶいっぽう、子どもにとってほんとうに必要なものがそのつど与えられればそれで十分だということであろう。ところでルソーは子どもに与えるべき知識についてもこれと同じ原則にしたがうべきことを強調している。「人間の知性には限界がある。そしてひとりの人間はいっさいのことを知るわけにはいかないばかりでなく、ほかの人間が知っているすこしばかりのことを完全に知りつくすこともできない。まちがった命題の一つ一つに対立する命題はすべて正しいのだから、真理の数は誤謬の数と同じように無限にある。だから、学ぶのに適当な時期を選ばなければならないのと同じように、学ぶことも選ばなければならない。わたしたちの能力で学べる知識のうちで、あるものはまちがっていたり、あるいは役にたたないものだったり、あるいは、それをもっている者の自負心をはぐくむものだったりする。わたしたちの幸福にほんとうに役だつ少数の知識だけが、賢明な人の、したがってまた賢明な人に仕立てあげたいと思っている子どもの、研究の対象となるにふさわしい。存在するものではなく、有用なものだけを知ることが必要なのだ」[30] と。また子どもの知識をこのように制限するもう一つの大きな理由として人は無知によってよりもむしろ知っているつもりのことによって道を踏み外すものだからだ[31]、としたうえそれゆえ「わたしたちの最初の研究から…、その好みが人間にとって自然でないような知識は捨ててしまうことにしよう。そして、本能がわたしたちにもとめさせる知識だけにかぎることにしよう」[32]

などとものべている。またこれらのことが教師と子どもがともに過ごす時間のなかでじっさいにどのような形をとって現れるものであるかについてはつぎのようにいいあらわしている。「「それはなんの役にたつのですか」これが今後、神聖なことばとなる。わたしたちの生活のあらゆる行動においてかれとわたしとどちらが正しいかを決定することばとなる。これがかれのあらゆる質問にたいしてかならずわたしのほうから発せられる質問となる。…もっとも重要な教訓として有用なことのほかにはなにも知ろうとはしないように教えられている者は、ソクラテスのように質問する。その質問の理由を自分で納得したうえでなければ、かれはけっして質問するようなことはしない。相手は質問に答えるまえにその理由をきくだろう、ということをかれは承知している」[33] などと。そして教師も子どももともにその理由を知ることに重要性を認めるような出来事にぶつかった場合でも大事なのはけっしていそいで判断をくださないようにすることだ、としてつぎのようにのべる。「原因のわからない結果にたえず驚きを感じながらも、わたしたちはけっしてなにごともいそいで判断しようとはせず、無知の状態から抜けだす機会をみいだすことになるまで、落ち着いて無知の状態にとどまっている」[34] と。無知の状態にあえてとどまろうとすることは曖昧で不安定な状態をすすんで受けいれるということを意味していようが、われわれにとって真に必要な知識に到達するためにはこうした曖昧な状態に耐えることもまた必要不可欠な条件だというのである。ルソーはこの点に関して別の個所でさらにつぎのようにのべている。「わたしたちは、かれもわたしも、事物について真実を知っていることを自慢にするようなことはしないで、ただ誤りにおちいらないことを誇りとしている。ぜんぜん理由がみあたらないことよりも、正しくない理由で満足することのほうがわたしたちによっぽどはずかしく感じられるだろう。「わたしにはわからない」、これがわたしたち二人にぴったりすることばであって、わたしたちはしばしばこのことばをくりかえしているから、そういうのはかれにもわたしにもすこしもつらく感じられなくなっている。しかし、思わずかれがうかつな答えをしたとしても、あるいはわたしたちにとって便利な「わたしにはわからない」でそれをまぬがれたとしても、それにたいするわたしのことばは同じだ。「ではしらべてみよう」」[35]。無知の状態に耐える心とはいいかえれば経験にたいしてどこまでも開かれた心だ、ということであろう。ルソーはこのような態度をとおしてえられる子どもの知識と精神の特徴についてさらにつぎのようにものべている。「エミールはわずかな知識しかもたない。しかし、かれがもっている知識はほんとうにかれのものになっている。かれはなにごともなま半可に知っているということはない。かれが知っている、そして十分によく知っている少しばかりのことのなかで、なによりも重要なことは、自分はいま知らないがいずれ知ることができるたくさんのことがあるということ、ほかの人は知っているが自分は一生知ることがないもっとたくさんのことがあるということ、さらに、どんな人間もけっして知ることができないことがほかにも数かぎりなくあるということだ。かれはその知識においてではなく、それを獲得する能力において、普遍的な精神をもっている。それは開放的な聡明な精神、あらゆることに準備ができていて、モンテーニュが言っているように、教養があるとはいえなくとも、とにかく教養をうけられる精神だ。かれがするあらゆることについて、「なんの役にたつか」を、そして、かれが信じるあらゆることについて、「なぜ」を、かれがみいだすことができるなら、それでわたしは十分だ。もう一度いえば、わたしの目的はかれに知識をあたえることではなく、必要に応じてそれを獲得することを教え、知識の価値を正確に評価させ、そしてなによりも真実を愛させることにある。こういう方法をとれば、人はあまり進歩はしないが、一歩でもむだに足を踏み出すことはないし、あと戻りしなければならなくなることもない」。また子どもの事物にたいするこのような関心の持ち方から結果する知識の自律的な性格に触れてつぎのようにつづける。「…かれは事物をその本性によって知ろうとはせず、ただかれの関心をひく関係によって知ろうとする。かれの外部にあるものはかれにたいする関連によってのみ評価する。しかしその評価は正確であり、確実である。そこには気まぐれとか、しきたりとかいうことは全然はいってこない。かれは自分にとっていっそう役にたつものをいっそうおもくみる。そして、こういう評価の仕方からけっして離れないかれは、人々の意見に全然たよらない」。そしてこうした生活態度全般から形成されてくるエミールの人柄については最後に以下のように結論づけるのである。「エミールはよく働き、節制をまもり、忍耐心に富み、健気で勇気にみちている。けっして燃えあがることのないかれの想像力は、危険を大きくして見せるようなことはない。かれは苦しいことをほとんど気にしないし、平然と耐え忍ぶことができる。運命に逆らうことを学ばなかったからだ。死ということについては、それはどういうことかまだよく知らない。しかし、反抗せずに必然の掟をうけいれることになれているから、死ななければならないときには、うめき声をあげたり、もだえたりすることもなく、死んでいくだろう。それがすべての人に恐れられているこの瞬間において自然がゆるしていることのすべてだ。自由に生き、人間的なものにあまり執着しないこと、それが死ぬことを学ぶいちばんいい方法だ。

一言でいえば、エミールはかれ自身に関係のある徳はすべてもっている。…

かれは他人のことは考えないで自分を考える。そして他人が自分のことを考えてくれなくともいいと思っている。かれはだれにもなにももとめないし、だれにもなに一つ借りていないと信じている。かれは人間の社会において孤独であり、自分ひとりだけをあてにしている。かれはまた、ほかのだれよりも自分をあてにする権利をもっている。かれはその年齢にあって人がありうるすべてであるからだ」[36]。

d．人間関係の基礎としての友情

ところで子どもの感受性がこのように自分のことだけに限られているあいだは、かれの行動には道徳的なものはいっさい存在しない。しかし、やがて感受性が自分の外にもひろがり、他人にたいしても目が向けられる時期がやってくる。すなわち子どもがほんとうの人間になり、人類を構成する一員となる時期、友や将来の伴侶となるべき人に出会う時期である。「ありあまる生命は外へひろがろうとする。目がいきいきしてきて、ほかの存在をながめ、わたしたちのまわりにいる人々に興味をもちはじめ人間はひとりで生きるようにはつくられていないことを感じはじめる。こうして人間的な愛情にたいして心がひらかれ、愛着をもつことができるようになる」[37]。もっとも、このように友や異性とかんたんにいってもじつは両者のうちどちらが先行してもよいというものではけっしてないのである。ルソーによれば青年期に達した若者にはまずなによりも友情（l'amitié）の経験こそ重要な意味をもってくるという。そしてその理由は異性にたいする愛が人間をややもすると自己中心的にするのにたいし、友情は子どもの心をなによりも人間愛へと向かわせるからなのである。しかもさいわいなことにエミールのように慎重な配慮のもとに育てられた人間において他人にたいして目ざめてくる感情はまず友情の方なのである。「注意ぶかく育てられた青年が感じることのできる最初の感情は、愛ではなく友情である。あらわれはじめた想像力の最初の行為は青年に自分と同じような人間の存在を教えることであって、人類にたいする感情が異性にたいする感情よりもはやくめざめる。そこで無知の状態をひきのばすことにはもう一つの利益があることになる。それはあらわれはじめた感受性を利用して年若い青年の心に人間愛の最初の種子をうえつけることだ。…

はやくから堕落して、女と放蕩に身をもちくずしている青年は不人情で残酷である事実をわたしはたえず見てきた。…それとははんたいに、めぐまれた単純さのうちに育てられた青年は、自然の基本的な衝動によってやさしい愛情にみちた情念をもつようになる。おもいやりのある心はかれと同じような人間の苦しみに動かされる。…青年期は復讐心を燃やす時期でも憎悪を感じる時期でもない。同情、仁慈、寛大の時期だ…」[38)]。またこれと同じ主旨のことをすこし角度を変えてつぎのようにものべている。「なんにも愛していないあいだは、かれは自分自身と自分の必要にしばられているだけだった。愛するようになるとすぐに、かれはその愛着にしばられることになる。こうして、かれをその同類に結びつける最初の絆がつくられる。あらわれはじめたかれの感受性をそこへ導いていきさえすれば、かれはいきなりあらゆる人間を抱擁するなどと思ってはいけない。人類ということばがかれにとってなんらかのことを意味することになると考えてもいけない。そんなことはない、その感受性は、はじめはかれの仲間にむけられるだけだろうし、かれにとっては、仲間とは知らない人ではなく、自分に関係のある人たち、習慣によって親しいものになっているか、必要になっている人たち、明らかに自分と共通の考えかた、感じかたをしていると思われる人たち、自分が悩んだ苦しみにさらされていることが、自分が味わった喜びを感じることがわかっている人たち、一言でいえば、本性の同一性がほかのものにおけるよりもいっそうはっきりあらわれていて、たがいに愛し合おうとする気持ちを、ほかのものよりもいっそう強く感じさせる人たちをさす。天性をいろんなふうに育てていったのちにはじめて、自分自身の感情と他人のうちに観察される感情について多くの反省をしたのちはじめて、かれはその個人的な観念を人類という抽象的な観念に一般化するにいたり、かれをその同類に同化することができる愛情を個人的な愛情に結びつけることができるようになるのだ」[39]。ところで子どもの心をはじめて他人にたいして開かせることとなるこうした友情の成立においてとりわけ重要な役割をはたすのがじつは『不平等起源論』でまず「自己愛」のゆきすぎにたいしてバランスをとるものとして、ついで「自尊心」にたいしてはこれと積極的に対決するものとしてとりあげられた「あわれみの心」(la pitié) にほかならない[40]。ただしルソーはこの「あわれみの心」というものについて自然状態におけるそれと社会状態におけるそれとは実質を大分異にすると考えていたようではある。すなわち自然状態においては「あわれみの心」はもっぱらわれわれにおける自然にそなわった一種の本能としてほかの動物、たとえば馬などとも共通のものとして語られるのにたいして、社会状態ではそれの発動のためには知識や想像力の発達が不可欠の前提となると説かれ、あたかも自然状態の「自己愛」が想像力にうながされて社会状態の「自尊心」へと変化していくのと対応するような関係をこの「あわれみの心」においてもひそかにみとめていたらしいからである。じじつ当初は『不平等起源論』の註として書き記されたといわれている『言語起源論』のなかにもすでにつぎのような記述が見いだされるのである。「あわれみの心は人間の心情に自然にそなわったものではあるが、それを発動させる想像力がなければいつまでも不活発なままにとどまることであろう。われわれはどんなふうにあわれみの心に動かされていくのであろうか。われわれ自身の外へと身を移すことによって、悩んでいる人物と自己を同一化させることによってである。われわれはもっぱらその人物が悩んでいると判断する分だけを悩むことになるのだが、そのさいわれわれはわれわれのことを考えてではなくまさに当の人物のことを考えて悩むのである。こうした人の身になってものを考えるという行動がどれほど多くの既得の知識を前提するものであるかを考えてもらいたいものだ。それについてなんらの観念ももっていないような悩みをわたしはどうすれば想像できるというのか。ひとりの他人が悩んでいるのを見たとしても、もしもその人が悩んでいることすらわからず、その人とわたしのあいだにある共通のものに無知であるならばわたしがどうして悩むことなどあろうか。いちどもものごとについて反省したことのない人間には慈悲深くあることも、正しくあることも、情け深くあることもできないし、また邪悪になることも、復讐的になったりすることもできないのだ。なにごとも想像することのない人間には自分自身のことしかわからない。そうした人間は人類のなかにあってもたったひとりなのだ」41)。また『エミール』では、「…子どもにはほかの者が感じていることは考えられないから、不幸といえば、自分の不幸しかわからない…。しかし感覚の範囲がひろがってきて、想像力の火が点火されると、かれは自分と同じような人間のうちに自分を感じかれらの悲しみに心を動かされ、かれらの苦しみに悩みを感じるようになる…」42) とか、うえに引用した『言語起源論』のいい方にひじょうにちかいいい方でつぎのようにものべている。「こうしてあわれみの心が生まれてくる。これは自然の秩序によれば、最初に人の心を動かす相対的な感情である。感じやすく、あわれみぶかくなるためには、子どもは、自分が悩んだことを悩み、自分が感じた苦しみを感じ、自分もまた感じるかもしれないこととしてその観念をもっているほかの苦しみを感じている、自分と同じような存在があることを知らなければならない。じっさい、わたしたちをわたしたちの外へ移して、悩んでいる生き物に同化させるということがなければ、いわば、わたしたちの存在を捨ててそのものの存在になるということがなければ、どうしてわたしたちはあわれみに心を動かされよう。そのものが悩んでいると判断することによってのみ、わたしたちは悩む。わたしたちのことを考えてではなく、そのもののことを考えてわたしたちはなやむのだ。だから、想像がはたらかなければ、自分の外へ自分を移すことができなければ、だれも感じやすい人間にはなれない」43) と。またさらに「人間の心は自分より幸福な人の地位において考えることはできない。自分よりもあわれな人の地位に自分をおいて考えることができるだけである。…

…人はただ自分もまぬがれられないと考えている他人の不幸だけをあわれむ。

…不幸な人たちの運命はかれ（生徒）の運命になるかもしれないこと、かれらの不幸のすべてはかれの足もとに横たわっていること、無数の思いがけない不可避の出来事が一瞬ののちにかれをそこへ落としこむかもしれないこと、そういうことを十分に理解させるがいい。家柄も健康も富もあてにしないように教えるがいい。運命のあらゆる移り変わりを示してやるがいい。…

…他人の不幸にたいして感じる同情は、その不幸の大小ではなく、その不幸に悩んでいるひとが感じていると思われる感情に左右される」[44]、また「わたしたちに共通の必要は利害によってわたしたちを結びつけるが、わたしたちに共通のみじめさは愛情によってわたしたちを結びつける」[45]、あるいは「人間は生まれながらに国王でも、貴族でも、宮廷人でも、財産家でもあるわけではない。みんなまる裸の人間として生まれてくる。みんな人生のみじめさ、悲しみ、不幸、欠乏、あらゆる種類の苦しみにさらされている。さらにみんな死ぬように運命づけられている。これがほんとうに人間にあたえられたことだ。どんな人間にもまぬがれられないことだ。そこでまず、人間の本性に属することで、なによりもそれと切り離せないこと、なによりもよく人間性を示していることを研究するがいい」[46]などのことばもみえる。ところでこれらいずれの文章においても共通しているのはわたしたち人間を社会的にし、わたしたちの心に人間愛を感じさせるのはなによりもまずわたしたちの弱さの自覚だ、という点である。そしてこの弱さの共有の感覚からやがて第一節でみたような積極的な共生への意志としての「良心」への転換がそう遠いものでないことは容易に見てとることができるであろう。

【註】

1）Cf. Starobinski, *J. Jean-Jacques Rousseau: La transparence et l'obstacle*, Gallimard 1971, pp.46-48, 邦訳、山路昭訳『ルソー｜透明と障害』、みすず書房、 50-53頁参照、なおこの邦訳は1957年版に依っているようだが1971年版では大幅に書き改められている。
2）Pl. IV, *Émile*, p.418, 『エミール』今野一雄訳（岩波文庫）上、271頁
3）Ibid., pp.669-670, 同、中、274-275頁
4）Ibid., p.670, 同、中、275頁
5）Ibid., pp.654-655, 同、中、249-250頁
6）Cf. Henri Bergson, *Écrits et paroles*, P.U.F. Tome I, p.87
7）Ibid., p.640, 同、中、227頁
8）桑原武夫編『ルソー』岩波新書、vii,参照
9）Ibid., pp.483-484, 同、上、369-370頁
10）Ibid., p.247, 同、上、24頁
11）Ibid., p.247, 同、上、24頁
12）Cf. ibid., p.247, 同、上、25頁
13）Ibid., p.249, 同、上、27頁
14）Cf. ibid., p.250, p.251, 同、上、27-30頁
15）Cf. p.251, 同、上、30頁
16）Ibid., pp.251-252, 同、上、31頁
17）Ibid., pp.467-469, 同、上、344-348頁
18）Cf. Pl. III, *Discours sur l'origine de l'inégalité parmi les hommes*, p.154, et Note XV, p.219
19）Pl., *Émile*, p.329, 同、上、141-142頁
20）Ibid., pp.491-492, 同、中、8-9頁
21）Ibid., p.287, 同、上、79-80頁
22）Ibid., p.316, 同、上、385頁
23）Ibid., pp.303-304, 同、上、104頁
24）Ibid., p.304, 同、上、104頁
25）Ibid., p.304, 同、上、104-105頁
26）Ibid., p.305, 同、上、105頁
27）Ibid., p.305, 同、上、119頁
28）Ibid., p.290, 同、上、84頁
29）Ibid., p.311, 同、上、115頁
30）Ibid., p.428, 同、上、286頁

31）Cf. ibid., p428, 同、上、287頁
32）Ibid., p.429, 同、上、288頁
33）Ibid., p.446, 同、上、313-314
35）Ibid., p.485, 同、上、371頁
36）Ibid., pp.487-488, 同、上、374-376頁
37）Ibid., p.502, 同、中、24頁
38）Ibid., pp.502-503, 同、上、24-25頁
39）Ibid., p.520, 同、中、24-25頁
40）Cf. Pl. III, *Discours sur l'origine de l'inégalité parmi les hommes*, p.154
41）Pl. V, *Discours sur l'origine des langues*, pp.395-396
42）Pl. IV, *Émile*, p.504, 同、中、28頁
43）Ibid., pp.505-506, 同、中、30頁、なお、ルソーにおいて自然状態における人間の「自己愛」が社会状態においては想像力の発達により「自尊心」に変化していくように、「あわれみの心」もまた想像力によって一定の拡大が起きると考えられている、という点についての指摘はP.ビュルジュランがすでにおこなっている。Cf. Burgelin, P., *La philosophie de l'existence de J.-J. Rousseau, Slatkine Reprints*, pp.158-168
44）Ibid., pp.506-508, 同、中、31-34頁
45）Ibid., p.503, 同、中、26頁
46）Ibid., p.504, 同、中、28頁

第３節　ボン・サンスの心理的、発生的記述と年齢に見合った必要な配慮 ―自愛の教育からはじめて共生の教育へ（その１）

いうまでもないことかもしれないがここでボン・サンスの教育というのはベルクソンが述べているような意味、すなわち「他のある人たちなら自然によってただちに置かれているようなところ」[1]にまで人為的な手段をもちいて一定の人たちを導いていく、というような意味ではない。すなわち出来合いのこわばった観念によってすっかり絡め取られてしまっている「習慣的精神」[2]にもういちどその本来の自然な柔軟性を取り戻させるために講じられる方策というような意味ではけっしてないということである。ルソーがみずからの課題としているところはむしろ逆であって、それは最初からできるだけ人為を避けて子どもにほんらい生得の可能性として与えられているはずのボン・サンスの芽をいかに育てていくかを探ることにある。ベルクソンにならった言い方をするなら、それは人間がそもそも自然によってただちに置かれているようなところをできるだけ離れないようにしながら子どもを育てていこうとすればどのようなやり方がいちばん適当なのかを探ることである、ということもできよう。ルソーは語っている、「わたしたちは感官をもって生まれている。そして生まれたときから、周囲にあるものによっていろんなふうに刺激される。自分の感覚をいわば意識するようになると、感覚を生みだすものをもとめたり、さけたりするようになる。はじめは、それが、快い感覚であるか、不快な感覚であるかによって、次にはそれらがわたしたちに適当であるか、不適当であるかをみとめることによって、最後には理性があたえる幸福あるいは完全性の観念にもとづいてくだす判断によって、それをもとめたり、さけたりする。この傾向は、感覚がいっそう鋭敏になり、いっそう分別がついてくると、その範囲がひろがり、固定してくる。しかしそれはわたしたちの習性にさまたげられ、わたしたちの憶見によって多かれ少なかれ変質する。この変化が起こるまえの傾向が、わたしたちの自然とわたしが呼ぶものだ」[3]と。もっとも、ルソーがこのように語るからといって自然が習慣とはまったく隔絶したところに置かれるのではない。いな、ルソーはむしろ教育とは子どもに一定の習慣を身につけさせることだとする一般に受け容れられてきた考え方を積極的に承認しさえするのである。ただルソーが問題とするのはそのさい習慣と自然のうちいずれが主導権を取るのかという点である。もしも人為としての習慣が主導権を取るというのならそれはもとよりルソーにとっては問題にならない。ルソーはうえの文章を書くすぐまえのところで植物の成長を例に取り、人為による強制はただちに植物を死に至らしめるものではないし、また植物の垂直に伸びようとするほんらいの傾向を押さえてかなりな程度までわれわれのおもいのままに成長の方向をコントロールできることをみとめるいっぽうで、そうした強制がいったん取り払われるとそれ以後の植物の成長は確実にもとの垂直の方向に復帰するものであることを指摘して次のように述べている、「教育はたしかに一つの習慣にすぎない。ところで、自分の習ったことを忘れ、なくしてしまう人もあり、またそれを覚えている人もあるではないか。この違いはどこからくるのだろうか。自然ということばを、自然に従った習慣に限定しなければならないとするなら、このようなめんどうな話をしないでもすむ」4）と。自然に従った習慣だけが真に子どもの身についた知識となることができる、ということであろう。次にルソーの主張する子どもの各発達段階に即した教育を見ていくことにしたいとおもうが、それらはすべてルソーの生きた十八世紀中葉のフランスの貴族社会で一般的におこなわれていた子育ての批判からまずはじめられているという点を指摘しておきたい。ルソーの目には同時代の教育はことごとく子どもの自然を無視し、子どもにたいしてもっぱら親たちの都合や価値観だけを一方的に押しつけるものとして映っていたからである。

1．0歳～3歳

a．発育の生理と心理

この時期の子育ての問題点としてルソーが第一にあげているのは貴族の若い母親たちが一般に子育ての煩わしさを嫌って子どもが生まれるとすぐに乳母に預けてしまうという風習のことである。ルソーによればこの風習には二つの考えなければならない点が含まれている。第一点目は乳母は自分に預けられた子どもの養育に関してさしあたっては愛情ぬきのたんなる義務感しか抱くことがないということに由来する問題である。第二点目は乳母による養育がなんとか無事に運んだとしても子どもがやがて乳母の手から離されてふたたび母親のもとに返されてきたときに起こる問題である。まず、第一点目に関してであるが、子どもの養育がたんなる義務感だけからおこなわれた場合、それはいきおい養育する側の乳母の負担にならないことが優先されるためにややもすれば子どもの発育面にたいする配慮に欠けたものになりがちだということである。ルソーはかれの時代の育児の問題点を指摘したビュッフォンの次の文章をまず引用する。「子どもが母の胎内を出るとすぐに、すなわち体を動かしたり、手足をのばしたりする自由が得られるとすぐに、人は子どもに新たな束縛をあたえる。産衣にくるみ、頭を固定し、足をのばさせ、腕を体のわきに垂れさせて、ねかせておく。あらゆる種類のきれやひもを体にまきつけ、そのために体の向きをかえることができなくなる。息もできないくらいしめつけられていなければしあわせだ。体を横むきにねかされて、口からでてくる液体がひとりでに流れでるというふうになっていればしあわせだ。子どもはよだれが流れでるようにするために頭をふりむける自由さえあたえられないだろうから」5)。またルソーはこれにコメントするかたちで次のようにもつけくわえている。すなわち「生まれたばかりの子どもは、手足をのばしたり、動かしたりする必要がある。長いあいだ、糸玉のようにちぢこまっていた麻痺状態から手足を解放する必要がある。なるほど、子どもは手足をのばさせてもらえるが、それを動かすことをさまたげられる。頭も頭巾でしめつけられる。まるで、子どもが生きているように見えるのを、人は心配しているようだ」とか、またさらに「子どもの手足を動けないようにしばりつけておくことは、血液や体液の循環を悪くし、子どもが強くなり大きくなるのをさまたげ、体質をそこなうだけのことだ」6）などとも。そして結論として自分たちの社会に発育不全の子どもや発達に障害をかかえた子どもが数多く生まれているのは要するに大人の都合だけの観点から子どもの養育がおこなわれていることの結果に他ならないと断定している7)。乳児期における子どもの自然を無視した育児の方法が子どもの生理にたいしていかに深刻な影響をおよぼしその発育を阻害することがあるか、これは具体的な中身はともかく時代をこえてわれわれもたえず思い返し続けなければならない問題というべきであろう。

もっとも、乳母ははじめのうちこそ「よくない母親」だったとしてもやがては習慣のおかげで母親の愛情を持った「よい乳母」となってくれる場合もあるであろう。しかしそのような場合でもそこにまたあらたな不都合が生じてくるとルソーはいう。それは育児にあまり手間がかからなくなった段階で実の母親がふたたび自分の懐に子どもを取り戻そうとするときに起きる問題であって、子どもは母親によりも乳母のほうにはるかに強い愛着を示すということである。そしてそのようなさいに取られる一般的な方法は乳母をまったくの使用人としてあつかい、そのことによって子どものなかに乳母にたいする軽蔑の念を起こさせることであったらしい[8)]。ところでルソーはこうしたやり方にたいしては次のようにコメントするのである。「乳母にとってかわって、自分の怠慢を残酷な行為によってつぐなったと考えている母親は、思いちがいをしているのだ。恩知らずの乳飲み子をやさしい息子にすることはできずに、そういう女性は子どもに恩知らずな行為を教えているのだ。その乳で自分を養ってくれた者と同様に、自分に生命をあたえてくれた者も、いつかは軽蔑することをおしえているのだ」[9)]と。しかしここで考えておかなければならないのは子どものこころにおいて再生されるこのような忘恩のメカニズムではないであろうか。ひとたび忘恩な態度を乳母にたいしてとることを学習した子どもがなぜ同じ態度を生みの親にたいしてもとるようになるのであろうか。一言でいえばそれは乳母との関係を通して子どものなかに形成されつつあった人間にたいする信頼が正反対の不信に変わってしまったからではないであろうか。今日的な言い方をするならA. H. マスローのいわゆる安全欲求（the safety needs）[10)]が子どもにおいて充足されはじめた矢先にそれが暴力的に蹂躙され、かえって反対にK．ホーナイが主張したような基底的な不安（the basic anxiety）[11)]へと変質してしまったからではないだろうかということである。やや大げさな言い方をあえてするなら子どもの乳母との親密な関係を引き裂くためになされた心ない言動が乳母と子どもの個人的な関係を超えて子どものなかに対人不信という子どもの人生全体にまで尾を引く可能性すら考えられる一定の構えを子どもの性格のなかに刻み込んでしまったのだということもできるであろう。

b．感覚と運動

さて子どもの身体的精神的な発達にたいして重大な影響を及ぼすと考えられる当時の乳幼児期の子どもにたいする扱い方に含まれているこうした問題点を指摘したあとルソーは次にこの段階の子どもに固有な心身の特性とそれにふさわしい対処の仕方について自分の考えを述べていく。まず生まれたばかりの子どもは自分でみずからの欲求を満たすことができないので泣くことによって他人に助けを求めるという点にふれて次のように述べる。「人間の最初の状態は欠乏と弱さの状態だからその最初の声は不満と泣きごとだ。子どもは欲求を感じてもそれをみたすことができず、叫び声をあげて他人のたすけをもとめる。腹がすき、のどが渇けば泣く。寒すぎても暑すぎても泣く。身を動かしたいのにじっとしておかれると泣く。ねむたいのに動かされると泣く。かれの気にいらない状態にあればあるほど、それを変えてもらいたいとしきりにせがむ。子どもはただ一つの言語しかもたない。いわば、ただ一種類の不快しか感じないからだ」[12]と。ところでこのような子どもの泣くという行為にたいしては同時に注意深い観察が必要である。それは子どもの泣き声は最初のうちこそ懇願であり、自分自身の弱さから、自分が他人やものに依存しているという感情をもつが、やがて奉仕してもらうようになると、そこからははんたいに命令と支配の観念が生まれがちだからである[13]。しかし子どもはおとなの主人ではないし、ものは子どもの言うことがわからない。それゆえ子どもにたいしては早くから、人にもものにも命令を下さないようにしつけていくことがたいせつだということになる。ルソーは子どもがなにか目に見えるものをほしがるような場合、もしもわれわれがそれを与えてもよいとおもったならば、子どもにそれを持ってきてやるよりも、子どもをそこへ連れていくといったような心がけが必要だとしている[14]。

しかもこうしたやり方はこの時期における子どもの心身の発達の見地か

らもたいへん理にかなったことなのだ。子どもは口をきく前から、人の言うことを理解する前から、すでに多くのことを学ぶものであるが、それはすべて子どもなりの経験、すなわちかれらの感覚を通してである。ところで感覚は子どもの知識の最初の素材となり、適当な順序にしたがって経験させておくならば将来記憶がそれを同じ順序で悟性にたいして提供するように準備することになるであろう。それゆえ感覚の段階でまず感覚とその感覚を生じさせたものとのあいだの関係を的確に把握させるということには重要な意味があることになる。ところでわれわれ人間はほんらい、われわれ自身の運動によってはじめてわれわれ以外のものが存在することを知り、また同時に空間の観念も獲得していくのであるが、生まれてまもない子どもは歩くことももものを掴むこともできないほど無力である。それゆえこうした理由からもまず最初のうちはできるだけ子どもを動かしてやり、またいろいろなところへ移動させて場所が変わったということを感じさせながらものに近づけてやるというようなやり方は大いに必要だということになるのである[15]。

この時期の子どもにきかせるべきことばもうえのような状況と考え合わせるならばおのずからあきらかである。「子どもには最初、やさしい、はっきりした音声をたまに聞かせ、同じことばをしばしばくりかえし、またその音声があらわすことばはすぐに子どもに見せられる感覚的な対象にだけ関連することばであるようにしたいものだ」とルソーは述べている。またルソーはこのあとすぐに次のような痛烈な皮肉のこもった文章を続けているのであるがこれもまた批判をとおして自説を展開していくというルソーの方法の一面を示すものであろう。「わたしたちが意味もわからないことばで容易に満足する困ったくせは、人が考えているよりもずっとはやい時期にはじまる。生徒は教室で先生のわけのわからない駄弁に耳を傾けている。それは、産衣にくるまれていたころに乳母のおしゃべりを聞いていたのと同じことだ。言われていることをなに一つ理解できないように育てるというのは、まことに有益な教育法だとわたしには思われる」と[16]。

２．3歳～12歳

ａ．消極的な教育

ものがいえるようになると子どもはそれまでほど泣かなくなってくる。ことばで苦しいと言えるようになれば泣き声でそれを言う必要がなくなるわけでそれはきわめて当然な変化だといえる[17]。しかしこのことに加えて子どもにおけるもう一つの発達が子どもの泣く必要をより少なくしていることも否定できないであろう。それはかれら自身にも力がついてくるということ、そして自分でより多くのことができるようになるにつれてそれだけ人にたよる必要がなくなってくるということである。また自力の発達とともにそれを正しく使うことを可能にする知識や自己同一性の意識が発達してくる。ルソーは述べている、「この第二の段階において、正確にいって個人の生活がはじまる。ここで人は自分自身を意識することになる。記憶があらゆる瞬間における自分の存在の同一性という感情を拡大する。かれはほんとうに一個の同一の人間となり、したがってすでに幸福あるいは不幸の感情をもつことができる。だからこれからはかれを一個の精神的な存在と考える必要がある」[18]と。

ところでこの時期の子どもに周囲の大人が払わなければならない配慮としてはとくにどのようなことがあるのであろうか。ルソーは逆説的な言い方でそれは世間でおこなわれていることとはまさに反対のこと、すなわち子どもの理解力を超えるようなことはあえてなにも教えようとはせずそのかわり存分に体を鍛えてやることであると断言する。「初期の教育は純粋に消極的でなければならない。それは美徳や真理を教えることではなく、心を不徳から、精神を誤謬からまもってやることにある。あなたがたがなに一つしないで、なに一つさせないでいられるなら、あなたがたの生徒を、右手と左手を区別することも知らせずに、健康で頑丈な体にして十二歳まで導いていけるなら、あなたがたの授業の第一歩からかれの悟性の目は理性の光りを見るだろう。なんらの偏見ももたず、なんの習性ももたないかれは、あなたがたの授業の効果をさまたげるようなものをなに一つもたないだろう」、[19]とか「肉体を、器官を、感官を、力を訓練させるがいい。しかし、魂はできるだけ長いあいだなにもさせずにおくがいい。いろいろな考えを評価する判断力が生まれるまえのあらゆる考えを恐れなければならない。外部からの印象を押しとどめ、さえぎらなければならない。そして悪が生まれてくるのをふせごうとして、はやく善を育てようといそいではいけない。理性が光をあたえなければ、善もけっして善とはならないからだ。あらゆるおくれは利益となると考えるがいい」[20]、またさらにはこれをもうすこし敷衍するかたちで「わたしが引きはじめた図面どうりに、世間一般にみとめられている規則とまったく反対の規則にしたがっていくなら、あなたがたの生徒の心を遠いところにむけさせないで、たえずかれを別の場所、別の風土、別の時代に、大地の果て、さらに天のかなたに、さまよわせるようなことはしないで、いつもかれ自身のうちにとどめ、直接かれの身にふれるものに心をむけさせるように努力するなら、あなたがたはやがて、かれが知覚、記憶、さらに推論の能力さえもそなえているのをみいだすことになる。それが自然の秩序なのだ。感覚する存在が行動する存在になるにつれて、かれはその力に相応した判断力を獲得する。そして自己保存に必要な力をこえた力とともにはじめて、その余分の力を他の用途にもちいさせるために役立つ思索能力がかれのうちに発達してくるのだ。だからあなたがたの生徒の知性を養おうとするなら、その知性が支配する力を養うがいい。たえずかれの体を鍛えさせるがいい。かれを強壮頑健にして、賢明で理性的な人間にするがいい。労働させ、行動させ、走りまわらせ、叫ばせ、いつも運動状態にあるようにさせるがいい。力においては大人にするがいい。そうすればやがて理性においても大人になるだろう」[21]などとも述べている。理性が発達してからでないと理解できないような事柄についてはやくから教えこもうなどとするかわりにまず体を鍛えること、そして体を動かすための感覚を訓練することがなによりも大切だということ、理性はそのような感覚の発達の基礎のうえにはじめて花を開かせることができるというのである。ルソーはまた肉体、感覚、理性と当時行われていた教育のやり方との関係についてはつぎのような言い方をしている。「人間が行う最初の自然の動きは、…周囲にあるすべてのものと自分をくらべてみること、かれがみとめる一つ一つのものについて自分に関係のありそうなあらゆる感覚的な性質をためしてみることだから、かれが最初に研究することは自己保存に関連した一種の実験物理学なのだ。ところが、人間はこの世における自分の地位を知るまえに、その研究から遠ざけられ、理論的な研究をさせられる。繊細で柔軟な器官を、それがはたらきかけるべき物体に適合させることができるとき、まだ純粋な感覚が幻想からまぬがれているとき、そのときこそ、その固有の機能をはたすことができるようにそれらを訓練しなければならないのだ。そのときにこそ、事物がわたしたちにたいしてもっている感覚的な関係を知ることを学ばなければならないのだ。人間の悟性にはいってくるすべてのものは、感覚を通ってはいってくるのだから、人間の最初の理性は感覚的な理性だ。それが知的な理性の基礎になっているのだ。わたしたちがついて学ぶ最初の哲学の先生は、わたしたちの足、わたしたちの手、わたしたちの目なのだ。そういうもののかわりに書物をもってくることは、わたしたちに推論を教えることにはならない。それは他人の理性をもちいることを教える。たくさんのことを信じさせるが、いつまでたっても、なに一つ知ることを教えない」[22)]と。要するに体を鍛えながら同時に感覚を磨いていくこと、それだけがこの時期の子どもにもっともふさわしい過ごし方だ、ということであろう。

b．感覚の訓練と共通感覚の教育

しかし感覚を磨くということは、ただそれを使用するということを意味するだけではない。ルソーによればそれは感覚によって正しく判断することを学ぶことを意味している。それはいわば感じ方を学ぶことであって、われわれは学習したようにしか、ものに触れたり、見たり、聞いたりすることはできないからなのである。もっとも、一方では、こうした判断とはなんの関係ももたず、純然たる身体的な運動のように見えるものもあるであろう。泳ぐこと、走ること、飛び跳ねること、ものを投げることなどがいちおうそうであるといえるかもしれない。しかしわれわれがたんに腕や足を動かしているにすぎないように見えるときでもじっさいには目や耳も同時に働かせてはいないであろうか。ルソーは言う、「だから、力だけを訓練してはいけない。力を指導するすべての感官を訓練するのだ。それぞれの感官をできるだけよく利用するのだ。それから、一つの感官の印象をほかの感官によってしらべるがいい。大きさをはかったり、数をかぞえたり、重さをはかったり、くらべてみたりするがいい。どの程度の抵抗を示すか推定したあとでなければ力をもちいないようにするがいい。結果を推定することがいつも手段をもちいることに先だつようにするがいい。不十分な、あるいはよけいな力をけっしてもちいないように子どもに関心をもたせるがいい。そういうふうに自分が行うあらゆる運動の結果を予見し、経験によって誤りを正す習慣を子どもにつけさせれば、行動すればするほどますます正確になってくることは明らかではないか」[23]と。複数の感覚に導かれながら試行と錯誤を通して無駄のない的確な体の用い方を学習していくこと、これが重要な点なのである。

ところでこのようにいくつかの感覚が組み合わせられ、相互によく調整されて、事物の性質をその事物のあらゆる外面的な様相の総合によってわれわれに教えてくれるようになるとそこにこれまでになかったようなあらたな感覚の次元が開かれてくる。ルソーのいわゆる第六感（le sixième sens）、ないし共通感覚（le sens commun）の成立である[24]。この感覚は特定の器官をもたず脳においてのみ存在しうる純粋に内部的な感覚であるが、それはつうじょう、知覚ないし観念と呼ばれているものにほかならない。そしてルソーによればこのような感覚の成立をまってはじめてその後の子どもの知識の基礎がかたちづくられたことになるのだ。なぜなら感覚でとらえられたかぎりの事物のすがたがそのまま意識にうつしだされるだけではいまだ対象のたんなる受容としてのイマージュ（des images）にすぎず、まだ他のイマージュとの関係をなんらもってはいないのにたいし、複数の感覚の総合としての観念（des idées）はそもそもそのような総合を可能にするわれわれの側の一定の能動性をすでに前提しているし、またいったん観念が成立するとそれは必然的に他の観念と関係づけられるべきものとしてあたえられることになるからである。われわれは「思い浮かべているときは見ているにすぎない。理解しているときはくらべているのだ」（Quand on imagine on ne fait que voir, quand on concoit on compare.）[25]とルソーはのべているが、こうした比較の素材となるべき観念が形成される時期こそまさにこの年齢においてだ、というのである。ルソーはいくつかの観念の総合によって複合された観念をつくりあげていくことにほんらいの知的ないし人間的な理性の役割があるとすれば、いくつかの感覚の総合によって観念をつくりあげていくこうした機能のことをとくに感覚的あるいは小児的理性（la raison sensitive ou puérile）と呼んで区別するのであるが、ルソーはそうすることによってわれわれの知識の広がりや精神の的確さがすべてこうした観念の数やそれの明快さ、鮮明さにもとづくことを強調しておきたかったからであろうと考えられる[26]。

c．その他配慮すべき事項ー所有の観念、子どもの嘘、外国語教育、天分の発見など

さて、以上幼児期から少年期へかけての子どもに関して、とくに注意を払わなければならない点としてルソーがあげているものを見てきたが、これ以外にもいくつか指摘している重要な問題があるのでこれをつぎにあげておきたい。

まずその第一番目のものとしてはこの時期の子どもに所有の観念を原理から理解させておくことの重要性をルソーが説いている点である。ルソーがわれわれの自己保存の要求をかならずしも利己的な自尊心と同じには考えず、むしろそれが神より授かった命を大切にしようとすることであるかぎりではわれわれの義務でさえあると考えていることはすでに見たとおりであるが、そのためには人間関係に関する知識を与えるよりも前にものとの基本的な関係を理解させておかなければならないとルソーは考える。家庭教師ジャン－ジャックが手伝ってエミールにそら豆を育てさせるエピソードは大変有名である。「わたしはかれの作男になる。かれに力がついてくるまでのあいだ、わたしはかれに代わって畑をたがやす。かれはそこにそら豆を植えて、その土地を占有する。…

わたしは毎日そら豆に水をやりにくる。そら豆がのびてくるのを見てうれしくてたまらない。わたしは、これはあなたに所属するものです、と言ってかれの喜びをさらに大きくする。またそのとき、この所属するということばを説明して、わたしは、かれがそこに時間を、労働を、労苦を、要するにかれの体をついやしたこと、その土地にはかれ自身に属するなにも

のかがあるのであって、相手がだれであろうとかれは断固としてそれを要求できる、それはちょうど、かれがいやがるのにひきとめようとする他人の手から自分の腕をひきぬくことができるのと同じことである、ということをわからせる」[27]。所有の考え方がこのような方法によって労働による最初の占有者の権利にまでさかのぼるものであることをおのずから子どもにわからせようというわけである。

第二点目は子どもの嘘に関するものである。ルソーは嘘を二つに分ける。一つは過去の事実に関するもので、あったことをなかったと言ったり、なかったことをあったと言ったりする嘘である。しかし子どもが他人の援助を必要としていて、しかもたえず他人の好意を感じているかぎり、この種の嘘は子どもに自然でないことは明白である。なぜなら子どもは他人を欺いてもなんの得にもならないばかりか、他人がありのままに事実を見てくれることにむしろはっきりと利益を感じとるからである。子どもには他人の思い違いが自分の損になることがわかるからである。しかし嘘にはもう一つべつの種類のものがある。それは未来にかかわるものであって、守る意志のない約束をしたり、一般的には子どもがもっているのとは反対の意向を表明するときに生じるものである。服従の掟は子どもにもつらいものである。したがって子どもは子どもなりにできるだけ人に知られないやり方でそれをまぬがれようとするし、罰をまぬがれたり、小言をまぬがれたりといったさしせまった利益のほうが、真実を語るという遠い将来の利益よりも優先させることになるからである。いな、たんにそれだけではない。子どもの約束というものはこの時期の子どもの発達段階からいってもそもそも無意味なものなのである。なぜなら子どものかぎられた視野は現在を超えて遠くまで進むことができないので、約束をしながらも子どもには自分がしていることを本当にはわかっていない、というのが実態だからである。「将来にたいする約束をするとき、子どもはなに一つ約束しているわけではない。そしてまだ眠っているかれの想像力は、二つの異なる時期にかれの存在をひろげることはできない」[28]とルソーは述べている。

つぎに第三点目としてこの時期の子どもにたいしておこなってもあまり意味のないこととしてルソーがあげている外国語教育について見ておこう。

ルソーはそうした教育の無意味な理由としてことばはすぐれて文化であるが、この時期の子どもにはさしあたり一つの文化しか受け容れることができないからだ、としている。「言語の勉強がことばを学ぶこと、つまり、それをあらわす文字や音を学ぶことにすぎないなら、そういう勉強は子どもにふさわしいかもしれないとわたしはみとめよう。しかし言語は、記号を変えることによって同時にそれが表現する観念を変える。頭脳は言語に即して形づくられ、思想は慣用の語法の色合いをおびる。理性だけは共通のものだが、それぞれの国語によって精神は特殊の形態をもつ。…

そのいろいろな形態の一つを習慣が子どもにあたえる。そしてこの唯一の形態を子どもは理性の時期にいたるまでもちつづける。二つの形態をもつためには、観念を比較することができなければならないが、観念をもつ能力がほとんどない子どもにどうしてそれを比較することができよう」[29]とルソーは言うのである。

最後にこのように体育をもっぱら重視し、知育のほうはできるだけ遅らせるという教育法の利点として子どもの天分が見つけやすくなるということを指摘しているところを引いておこう。「この方法の有効性を確証するもう一つの点は子どもの個別的な天分にたいする配慮ということである。子どもにどのような精神的な手当がふさわしいのかを知るためにはその天分を十分に知っておかなければならない。精神にはそれぞれに固有の形があって、それに合わせて導かれなければならないのだ。そしてあたえられる配慮の成功いかんは精神がほかの形によってではなく、その形によって教育されることにかかっているのだ。慎重な人よ、長い時間をかけて自然をうかがっているがよい。最初のことばを話しかける前にあなたの生徒をよく観察するがよい。まず生徒の性格の芽がのびのびと姿を現してくるがままにしておくがよい。性格の全体をよりよく観察するためにはいかなる点においてであろうとそれに逆らうようなことはしないように。この自由な時間が子どもにとって無駄に過ごされたとお考えになるであろうか。まったく反対に時間はもっとも正しく用いられたことになるのだ。なぜならこのようにしてより大切な時期に一瞬たりとも無駄にしないことをあなたは学ぶことになるのであるから」[30]。

3．12歳～15歳

ルソーはこの時期の子どもを人生におけるもっとも幸福な時期にいるものとして位置づける。なぜなら先にも見たようにルソーは人間の幸福というものはその力と欲望のバランスにある、とするのであるが、「望むことよりもより多くのことができる」[31] 唯一の例外的な状態にある存在がこの時期の子どもであると考えるからである。もっとも、食生活の変化により子どもの成長の時期が早くなり、また子どもを取り巻く環境も比較にならないほど変化を遂げてしまっている昨今の状況からすると、いかにエミールのような例外的な環境を想定するにしても多少この時期はもう少し早めに考えるほうが自然なのかもしれない。すくなくとも十五歳の子どもも含めて「この時期は青年期には近づいているが、まだ思春期には達していない」[32] などという言い方は今日ではもう不可能なのではなかろうか。とはいえルソーがいうように子どもが絶対的にもっとも大きな力をもつ時期ではないにしても、相対的にはもっとも大きな力を獲得してくる時期[33] というものをかれらが青年期に達するまでの一定の期間において考えるということ自体にはなんらの問題もないのではなかろうか。

a．子どもの好奇心と有用性の原則にもとづいた教育

ところで子どもがその必要よりも力がはるかに発達するこうした時期こそ、ルソーによれば子どもが自然について学んだり、また仕事をおぼえたりする時期なのである。ルソーはいう、「同一の本能が人間のさまざまな能力を刺激する。のびていこうとする体の活動についで知識をもとめようとする精神の活動があらわれる。はじめは子どもは体を動かしているだけだが、ついでかれらには好奇心が湧いてくる」[34] と。もっともこうした好奇心もそれが正しく導かれないならばけっして実りゆたかなものとなることはできないであろう。その第一の理由は人間の知性の有限性にある。再度の引用をいとわずにこれに関係するルソーの文章をかかげておこう。「人間の知性には限界がある。そしてひとりの人間はいっさいのことを知るわけにはいかないばかりでなく、ほかの人間が知っているすこしばかりのことを完全に知りつくすこともできない。…だから、学ぶのに適当な時期を選

ばなければならないのと同じように、学ぶことも選ばなければならない」。しかしなにを基準に選ぶのか。うえにつづいてルソーはいう。「わたしたちの能力で学べる知識のうちで、あるものはまちがっていたり、あるいは役にたたないものであったり、あるいは、それをもっている者の自負心をはぐくむものだったりする。わたしたちの幸福にほんとうに役だつ少数の知識だけが、賢明な人の、したがってまた賢明な人に仕立てあげたいと思っている子どもの、研究の対象となるにふさわしい。存在するものではなく、有用なものだけを知ることが必要なのだ」35) と。また、少数の、子どもの現在の生活にとってほんとうに役だってくれる知識だけを修得するように導いてやること、これが唯一教える側の責任だ、ということを強調するつぎのような文章もある。「子どもにはその時期に有益なすべてのことを教えるようにするがいい。それだけで、かれの一日の時間は十二分に利用されていることがわかるだろう。…わたしたちのほんとうの教師は経験と感情なのであり、けっして人間は人間にふさわしいことをかれがおかれている関連の外で十分によく感じることはないからだ。子どもは自分が人間になるように生まれついていることは知っているし、人間の状態についてかれがもつことのできるあらゆる観念はかれの知識をひろめる機会となる。しかし、人間の状態についての、かれの能力をこえた観念にたいしては完全に無知でいなければならない」36)。また、このほかにも無知をおそれるいわれのないことを強調する、「無知はけっして悪を生みださなかったこと、誤謬だけが有害であること、そして人はなにか知らないためにではなく、知っていると思っているために誤ること、そういうことを忘れずに、たえず心にとめておくがいい」37) のような文章や、知識はわれわれの本能がわれわれに求めさせるものに限るべきことを強調する「…わたしたちの最初の研究からさらに、その好みが人間にとって自然でないような知識は捨ててしまうことにしよう。そして、本能がわたしたちにもとめさせる知識だけにかぎることにしよう」38) のような文章もある。

しかしこのようにわたしたちに役にたってくれてしかも有限なわたしたちの知性にふさわしい知識とは具体的にはどのような知識なのかということがつぎに問題となるが、ルソーが最初に示す例はわたしたちの予想をはるかにこえた一見突拍子もないものであることをみとめざるをえないのではなかろうか。なぜならそれはこれまでの子どもの体を中心にし、そのなかで子どもがみずからの体の動きにたいして事物が示す必然性をもっぱら学びとってきたきわめて限定された生活空間に関するものからとつぜん太陽と大地の関係に関わるものへと大きく飛躍するものだからである。エミールに同じ場所で日没と日の出を体験させるあのひじょうに美しい風景の描写をもういちどここでとりあげたいところだがその余裕はいまはない[39]。もっともルソーの文脈からいってもこうした大人たちの感動を呼ぶ光景もまだエミールの心を動かすにはいたらず、感情や趣味はまったく問題にならないのでひたすら明快に、単純に、そして冷静につづけていけばよいのであるが。「いまのばあいには、昇る太陽をかれとゆっくりとながめ、その方向にある山々とその近くにあるほかのものに注意をむけさせ、それらについてなんでも好きなように話させたあとで、夢でも見ている人のようにしばらくのあいだ沈黙していて、それからこう言ってやる」だけでよいのである。「わたしは、きのうの夕方、太陽があすこに沈んだこと、そしてけさはあすこに昇ったことを考えている。どうしてそういうことが起こるのだろう」[40]、と。ルソーはまた子どもをこのように自然現象にじかに触れさせるとともにその理由を自分で理解するまであくまでもがまんづよく待っていてやらなければならないこと、それが知識をほんとうに子どものものとしてやるために欠くことのできないプロセスであることを強調するつぎのような文章も書いている。「あなたがたの生徒の注意を自然現象にむけさせるがいい。やがてかれは好奇心をもつようになるだろう。しかし、好奇心をはぐくむには、けっしていそいでそれをみたしてやってはいけない。かれの能力にふさわしいいろいろの問題を出して、それを自分で解せるがいい。なにごとも、あなたが教えたからではなく、自分で理解したからこそ知っている、というふうにしなければいけない」[41]と。しかしそれにしてもなぜ太陽と大地なのか。それはエミールが体験可能な、そしてかれがそこで生きていかなければならない世界の全体を意味しているからである。自分はいったいこれからどのような世界のなかで生きていかなければならないのか、この現実の世界がエミールにとっていかに広大なものであろうとそれはやがてかれの主要な関心事となってくるであろうことは確実なことだからである。また、知識の有用性という見地からはルソーはこうした大地と太陽に関する知識がとくにわれわれ人間が方位を決定するうえで重要な意味をもっていることに注目しているように見える。見える、というようなやや控えめな言い方をするわけはルソー自身この点に関しては必ずしも明確な見解の表明をおこなっているわけではなく、もっぱらうえのような知識がやがて子午線を確定してみようとする子どもの好奇心へと発展する可能性に言及したり、みずからの住まいと行き慣れた場所と太陽の位置から地図を作ろうとするにいたる可能性に触れたり、磁石を使ったおもちゃの話から偶然それが南北を指すことを子どもが発見するというエピソードをもってきたり、またパリの北郊モンモランシー近くの森で教師が生徒と一緒にわざと道に迷うという状況を設定したうえ森と町の位置関係と正午の太陽が作る影から自分たちのいる位置を生徒に考えさせるというあの有名な話をならべているだけだからである。しかしこれらはいづれも人間が世界におけるみずからの位置を確定することに結びついた話ばかりであって、ルソーがかれのいわゆる宇宙誌の有用性を主としてどのあたりに見ていたかを間接的に明らかにしているものと考えたいのである[42]。

b．社会参加に向けて―職業教育、分業、交換

しかし自分がおかれている世界の全体像についておおよそのところがつかめたならばつぎにふたたび身の回りのことに立ち戻り、あらかじめこれからなにが必要となってくるかについて子どもに理解しやすい形で分からせておかなければならない。そしてここにこれまでルソーが極力避けてきた書物を介しての子どもの知識の獲得ということが初めて目指されることになる。しかしそれにしても子どもに与えられる最初の書物とはいったいどのような書物なのか。それは『ロビンソン・クルーソー』だ、とルソーは言う。なぜなら「偏見にうちかち、事物のほんとうの関連にもとづいて判断を整理するもっとも確実な方法は、孤立した人間の地位に自分をおいて考えてみること、そして、なにごとにおいても、そういう人間が自己の利害を考えて自分で判断をくだすように判断することだ」[43]とルソーは考

えるからである。ルソーはまた「まず事物がそれ自体どういうものであるかを子どもに教えるがいい。それから、それがわたしたちの目にどう映るかを教えることだ。そうすれば子どもは意見を真実とくらべることができ、俗衆を超えたところに身をおくことができるだろう」[44]、とか「自分の利益、安全、維持、快適な生活、そういうものとのはっきりした関連によってこそ、わたしの生徒は自然のあらゆる物体と人間のあらゆる労働を評価しなければならない。そこで、かれの目には鉄は金よりも、ガラスはダイヤモンドよりもはるかに高価なものと見えなければならない」[45]などという言い方もしている。ところでこうしたルソーのことばの背景には処女論文『学問芸術論』以来の人間の文化にたいする根深い不信があることは否定できないが、ルソーはこれに関連してさらにつぎのような皮肉たっぷりな文章も書き残している。「さまざまな技術にはそれらの現実の有用性に逆比例して一般の評価があたえられている。この評価はほかならぬそれらの無用性に正比例してきめられるが、これは当然のことだ。もっとも有用な技術はもっとも儲けの少ないものだ。労働者の数は人間の必要に比例しているし、すべての人に必要な労働はかならず貧乏人が支払うことのできる価格しかもたないからだ。ところが、職人ではなく、芸術家と呼ばれ、有閑人や金持ちのためにだけ仕事をしているあの重要な人物たちは、かれらのつくりだすたわいのないものに勝手な価格をつけているし、そういうくだらない作品の値うちは人々の意見のみによって決まるので、価格そのものがその値うちの一部をなすことになり、それが高価なものであればあるほど評価も高まることになる」[46]と。ルソーにとってはあくまでも「あらゆることにおいて、その効用がもっとも一般的でもっとも不可欠な技術こそ、…もっとも尊敬されてしかるべき」[47]ものなのだ。そしてそれこそルソーによればロビンソン・クルーソーの孤島での生活が教えてくれていることなのである。

ロビンソン・クルーソーをエミールにどのように読んでもらいたいかについてルソーはつぎのように述べている。「この物語は、あらゆるがらくたをとりのけると、その島の近くでのロビンソンの遭難にはじまり、かれを島から救い出しにきた船の到着で終わっているが、これは、いま問題にしている時期のあいだ、いつもエミールを楽しませるとともに教えるものとなるだろう。かれはそれに夢中になって、たえずロビンソンの城や山羊や農場のことを考え、同じようなばあいに知っていなければならないあらゆることを、書物でではなく、事物に即してくわしく学び、自分がロビンソンになったつもりで、毛皮を身にまとい、大きな帽子をかぶり、大きな刀をもち、…挿絵に見るようなあらゆる奇妙なもちものをもった自分の姿を見る、といった調子であってもらいたい。あれこれのものがなくなったとき、どうしたらいいかと心配したり、主人公の行動を検討して、なにか忘れていないか、もっとうまくやることはできないものかしらべ、かれの過失に慎重な注意をはらい、それを教訓にして、同じようなばあいに自分はそういう過失をしないようにする、といったふうになってもらいたい」48)と。城とはロビンソンが洞窟を利用して作った住まいのことであり、山羊とは森のなかで偶然見つかった野生の山羊のことであり、農場とは難破船からとりだしてきた布袋のなかにわずかに残っていた小麦と稲がたまたま発芽したのをみつけて栽培することになった畑のことである。ルソーはこうした三つのことに言及することによって人間の生活にはまず衣食住の三つの要求を最低限満たす必要のあることを示そうとしていることはあきらかであるが、しかしロビンソンの生活が同時に明らかにしているようにたった一人でそうした必要を満たすことは通常はほとんど不可能にちかい。現実の生活においてはことなった産業技術がそれぞれたがいに異なった人々によって、しかもそれぞれの分野でさらに細分化される形で分担されているゆえんである。すなわち一つは農業のために必要な技術であり、もう一つは冶金、そして第三番目は建築の技術である。そしてこれらのなかでも一番重要なのが農業であり、ついで冶金、建築の順になるとルソーはいう49)。いうまでもなく農業はわれわれに穀物をもたらしてくれる植物の栽培をはじめ肉や毛皮をもたらしてくれる動物の飼養などがそのおもな仕事である。そしてそうした農業に必要な道具を提供するのが冶金技術であり、ついでこれがわれわれの第三番目の要求である住まいの確保にさいしても大いにその力を発揮することになるのだ。ロビンソンにならってエミールはこの時期教師とともに人間に必要なすべての技術をひととおり経験することになるのであるが、かれが生きていくのはロビンソンのように自然のなかではなく人間社会の分業組織のなかにおいてである以上、そうした組織の仕組みをまず理解しておかなければならないし、またみずからの天分に見合った仕事はなになのかをまえもって見定めておかなければならない。ルソーは「まず、人間をたがいに必要なものにしている産業と機械的な技術にあらゆる注意を集中させるがいい。仕事場から仕事場へと連れてあるきながら、どんなことでも自分で仕事をせずにただ見学するようなことはけっしてさせてはならない。そして、仕事場で行われているすべてのこと、あるいはとにかく、そこで見たすべてのことの理由を完全に知ったうえでなければそこから出てくるようなことはけっしてさせてはならない。そのためには、あなたがた自身が働いて、あらゆるところで手本を示してやるがいい。かれを親方に仕立てあげるために、いたるところで弟子になるがいい。そして、一時間の労働は一日の説明を聞いてかれが覚えるよりも多くのことをかれに教えると考えていい」[50)]などと実地体験の重要性を指摘したうえ、こうした体験がおのずから子どもに天分を自覚させるにいたる点にふれてつぎのように述べている。「こういうふうに、知る必要があるすべてのことをかれの目のまえにくりひろげることによって、わたしたちは、かれの趣味や才能をのばし、かれの天分（son génie）がめざしていることにむかって第一歩を踏みださせ、そして自然を助けるためにひらいてやらなければならない道をわたしたちに示してくれるような状態に子どもをおくことになる。

こういう限られてはいるが正確な知識の連鎖からもたらされるもう一つの利益は、知識をそのつながりにおいて、その関連において子どもに示し、すべてをその正しい位置において子どもに評価させ、多くの人が自分の心がけている才能を重く見て、自分が捨ててしまったことを軽く見るという偏見をふせぐことだ。全体の秩序を十分によく見ている者は、それぞれの部分があるべき位置を知っている。一つの部分を十分によく見ていて、それを根底から知っている者は、学者（un savant homme）になれるかもしれない。しかし前者は分別のある人（un homme judicieux）になる。そして、あなたがたもよく覚えているように、わたしたちが獲得しようとしているのは知識（la science）ではなく、むしろ判断力（le jugement）なのだ」[51]と。

しかし社会の分業体制を理解し、そのなかでのみずからの位置が把握できるようになったとしても、自分がつくる物と他人がつくる別種の物との正しい交換が保証されていなければ十分安心して社会生活をおくることはできないであろう。すなわちこうした交換はつねに対等におこなわれなければならないが、それはじっさいにはなにによって保証されているのであろうか。結論からいえばそれは貨幣ということになるが、つぎのように説明すれば子どもにも十分に理解できるものとなるはずだという。「ちがった性質のもの、たとえば織物と小麦を直接に比較するのはむつかしいことだ。ところが共通の尺度、すなわち貨幣をつくりだせば、製造業者と百姓とはかれらが交換したいと思っているものの価値をその共通の尺度にくらべてみることが容易にできる。ある量の織物がある金額にひとしく、ある量の小麦もまた同じ金額にひとしいとするなら、商人はかれの織物とひきかえにその小麦をうけとれば、公正な交換をしたことになる」[52]と。しかしルソーはこのあと説明はこれ以上すすんではならず、またこうした制度の道徳的な結果の説明にたちいってもならない、とつけくわえている。そしてその理由として、どんなことにおいても、誤用について述べるまえに効用について十分に述べる必要があるからだとしたうえ、要するに子どもの頭で十分に理解できる範囲のことで、将来、市民社会のよい秩序、悪い秩序を正しく判断するために是非とも必要な関係につねに接近させるよう気配りを忘れさえしていなければそれでよいのだ、としている[53]。

【註】

1）H. Bergson, *Écrits et paroles I.* p.85
2）Ibid., p.87
3）Pl. IV. *Émile*, p.248, 今野一雄訳『エミール』（岩波文庫）上、26頁
4）Ibid., p.248, 同、上、26頁
5）Ibid., p.253-254, 同、上、34頁
6）以上二つ引用はいずれもIbid., p.254, 同、上、34頁
7）Cf. ibid., p.254, 同、上、34-35頁

8）このあたりはすべてCf. ibid., p.257, 同、上、38-39頁
9）Ibid., p.257, 同、上、39頁
10）Cf. A. H. Maslow, *Motivation and Personality*, Harper & Brothers 1954
11）Cf. Karen Horney, *The neurotic personality of our time*, Routledge & Kegan Paul, Ltd., 邦訳『現代の神経症的人格』「ホーナイ全集」第二巻、誠信書房
12）Pl., *Émile*, p.286, 同、上、77頁
13）Cf. ibid., p.287, 同、上、79-80頁
14）Cf. ibid.,p.287, 同、上、80頁
15）Cf. ibid.,p.287, 同、上、80頁
16）Ibid., p.293, 同、上、88頁
17）Cf. ibid., p.299, 同、上、97頁
18）Ibid., p.301, 同、上、100頁
19）Ibid., pp.323-324, 同、上、132-133頁
20）Ibid.,p.324, 同、上、133-134頁
21）Ibid., p.359, 同、上、186-187頁
22）Ibid., pp.369-370, 同、上、203頁
23）Ibid., p.380, 同、上、219頁
24）Ibid., p.417, 同、上、270-271頁
25）Ibid., p.344, 同、上、163頁
26）Cf. ibid., p.417, 同、上、271頁
27）Ibid., pp.330-331, 同、上、143頁
28）Ibid., p.336, 同、上、150-151頁
29）Ibid., p.346, 同、上、165-166頁
30）Ibid., p.324, 同、上、134頁
31）Ibid., p.426, 同、上、284頁
32）Ibid., p.426, 同、上、283頁
33）Cf. ibid., p.427, 同、上、285頁
34）Ibid., p.429, 同、上、287頁
35）Ibid., p.428, 同、上、286頁
36）Ibid., p.445, 同、上、312-313頁
37）Ibid., p.428, 同、上、287頁
38）Ibid., p.429, 同、上、288頁
39）Cf. ibid., pp.430-431, 同、上、292-294頁
40）Ibid., p.432, 同、上、292頁
41）Ibid., p.430, 同、上、289頁
42）Cf. ibid., pp.434-451, 同、上、294-320頁

43）Ibid., p.455, 同、上、326頁
44）Ibid., p.458, 同、上、330-331頁
45）Ibid., pp.458-459, 同、上、331-332頁
46）Ibid., p.456-457, 同、上、328-329頁
47）Ibid., pp.459-460, 同、上、333頁
48）Ibid., p.455, 同、上、326-327頁
49）Cf. ibid., p.460, 同、上、333頁
50）Ibid., p.456, 同、上、328頁
51）Ibid., pp.465-466, 同、上、341-342頁
52）Ibid., p.462, 同、上、336頁
53）Cf. ibid., p.462-463, 同、上、336-337頁

第3節　ボン・サンスの心理的、発生的記述と年齢に見合った必要な配慮 —自愛の教育からはじめて共生の教育へ（その2）

4．15歳以降の青年期

生活に必要なものを手に入れるためにはひとりで努力するよりも多くの人々と協力しあい、またたがいに得意な分野を分担しあっていくほうがはるかに効率的であることを学んだエミールはしだいに社会生活の必要に目覚めていくことになるが、この時期をもういちど子どもの成長の見地からとらえなおしていえば、それはまさにたんなる感覚の段階からすぐれて社会的な感覚としてのボン・サンスの習得の段階への移行期でもあるということができるであろう。ところでこの感覚とボン・サンス、ならびに両者のからみについてはベルクソンがまことに興味深いことを語っているのでそれからまず見ておくことにしたい。「わたしたちの感覚（sens, サンス）の役割は一般的に言って物質的な対象をわたしたちに認識させるというよりもそうしたものの有用性をわたしたちに知らせるところにあります。わたしたちはさまざまな味覚を味わい、匂いを嗅ぎ、暑さと寒さを、光と陰を区別します。けれども科学はわたしたちにこれらの性質のいずれもがわたしたちがそれらを知覚するような形式においては対象に属していないと教えています。そういった性質はただその色彩豊かな言語でもってわたしたちに事物がわたしたちにたいして有している不都合ないし便宜を、それらがわたしたちにたいしておこなってくれるかもしれない奉仕を、それらがわたしたちにおかさせることになるかもしれない危険をつたえているだけなのです。つまりわたしたちの感覚はなによりもまず空間のなかでわたしたちを方位づけるのに役だってくれているということなのです。いいかえれば、感覚は科学にではなく生活に向けられているということです。ところでわたしたちはたんに物質的な環境のなかにだけでなく同時に社会的な環境のなかでも暮らしています。一方で、わたしたちのすべての運動が空間のなかにつたえられ、そのことによって物理的宇宙の一部が揺り動かされるとしますと、他方で、わたしたちの行動の大部分はよきにつけあしきにつけその直接的あるいは間接的な結果をまずわたしたち自身にたいして、ついでわたしたちをとり巻く社会にたいしておよぼしていく、ということです。そうした結果を予見すること、あるいはむしろそうした結果を予感すること、行動の領分において重要なものを付随的なもしくは関係のないものから区別すること、さまざまな可能な手段のなかからもっとも多くの、しかもたんに想像可能なというようなことでなくあくまでも実現可能な利益をもたらしてくれるような手段を選びだすこと、そのようなところにこそボン・サンスの役割があるように思われるのです。したがってボン・サンスはなるほどひとつの感覚（サンス）ではありますが、しかしほかの感覚がわたしたちを事物との関係のなかにおくのにたいしてボン・サンスはわたしたちの人びととの関係において重要な役割をはたしているということになります」。1）ところでルソー自身は子どもにおける感覚を磨く段階から社会感覚としてのボン・サンスを獲得する段階へのこうした移行をどのように認識していたであろうか。ルソーはかれの同時代の青年の教育がかれらに生きることを教えるつもりでじっさいには子どもの発達段階を無視した観念的な教育に終始している点を批判したあとつぎのように述べている。「わたしもわたしのエミールに生きることを教えた。わたしは自分自身とともに生きることをかれに教えた。そしてさらにパンを手に入れる方法を教えたのだ。だがそれだけではたりない。世の中で生きるには、人々とつきあうことを知らなければならない。かれらの心をつかむ道具を知らなければならない。市民社会における個別的な利害の作用と反作用を計算しなければならない。そして出来事を正しく予測して、計画がめったに狂わないようにしなければならない。あるいは、とにかく、成功するためにいつでも最善の方法をとったことにならなければならない」2）と。

a．第二の誕生

しかしながらこうした市民としての健全な判断力が子どものなかに育ってくるためにはその前提としてこの時期にさしかかった子どもにおける心身の両面にわたる著しい変化について正しい認識をもつことが是非とも必要なこととなる。「これまでのわたしたちの心づかいは子どもの遊びごとにすぎなかった。ここではじめて、それはほんとうに重要な意味をもつことになる。ふつうの教育が終わりとなるこの時期こそ、まさにわたしたちの教育をはじめなければならない時期だ」[3)]とルソーは述べている。それはこの時期が子どもにとってまさにルソーのいわゆる「危機の時代」[4)]ないし「第二の誕生」[5)]のそれにあたり、かなり短いとはいえ、長く深刻な影響を将来におよぼす時期だからにほかならない。「わたしたちは、いわば、二回この世に生まれる。一回目は存在するために、二回目は生きるために。はじめは人間に生まれ、つぎには男性か女性に生まれる」としたあとルソーはとくに男の子についてつぎのように述べる。「暴風雨《あらし》に先だってはやくから海が荒れさわぐように、この危険な変化は、あらわれはじめた情念のつぶやきによって予告される。にぶい音をたてて発酵しているものが危険の近づきつつあることを警告する。気分の変化、たびたびの興奮、たえまない精神の動揺が子どもをほとんど手におえなくする。まえには素直に従っていた人の声も聞こえなくなる。…子どもは指導者をみとめず、指導されることを欲しなくなる。

気分の変化を示す精神的なしるしとともに、顔かたちにもいちじるしい変化があらわれる。容貌が整ってきて、ある特徴をおびてくる。頬の下のほうにはえてくるまばらな柔らかい毛はしだいに濃く密になる。声が変わる。というよりも声を失ってしまう。かれは子どもでも大人でもなく、そのどちらの声も出すことができない。目は、この魂の器官は、これまではなにも語らなかったが、ある言語と表情をもつことになる。燃えはじめた情熱が目に生気をあたえ、生き生きとしてきたそのまなざしにはまだ清らかな純真さが感じられるが、そこにはもう昔のようにぼんやりしたところがない。目が口以上にものを言うことをかれはもう知っているのだ。かれは目を伏せたり、顔を赤らめたりすることができるようになる。なにを感じているのかまだわからないのに、それに感じやすくなる。理由もないのに落ち着かない気持ちになる。こういうことがすべてすこしずつあらわれてきて、あなたがたにはまだ十分に余裕がある場合もある。しかし、子どもの激しさがとうてい押さえることができなくなり、興奮が熱狂に変わり、瞬間的にいらだったり、感動したりしたら、わけもわからず涙を流すようになったら、かれにとって危険になりはじめた対象に近づくと動悸が高まったり、目を輝かせたりしたら、女性の手がかれの手にふれると身をふるわせるようになったら、女性のかたわらにいるととりみだしたり、臆病になったりしたら、そのときは、オデュッセウスよ、おお、賢明なオデュッセウスよ、気をつけなければいけない。おんみがあれほど用心して閉じておいた袋の口はあいてしまったのだ。もうかぜはふきはじめている。ちょっとのあいだでも舵を放してはいけない。でなければなにもかもだめになってしまう」6）と。

ところでこのように青年期にさしかかった子どもにおいてわたしたちがさらに知っておかなければならないのは、これまでの時期とはちがって自己愛が自尊心に変化することをもはや防ぐことはできない、という点であろう。そしてそのことが端的にあらわれるのがかれらの恋愛においてなのである。ルソーは恋愛における自尊心の芽ばえの不可避なことについてつぎのように述べている。「本能にもとづく好みははっきりと決まってはいない。一方の性が他方の性にひきつけられる。これが自然の衝動だ。よりごのみ、個人的な愛着は、知識、偏見、習慣からつくられる。わたしたちに恋愛が感じられるようになるためには、時と知識が必要なのだ。判断をしたあとではじめて人は恋をする。くらべてみたあとではじめて人はよりごのみをする。その判断は気がつかないうちに行われるのだが、とにかく、それは現実に行われるのだ」7）と。また別の個所では「特別の愛着をもてば、相手からも特別の愛着をもたれたいと思う。恋愛は相互的なものでなければならない。愛されるには愛すべき人間にならなければならない。特別に愛されるためには、ほかの者よりもいっそう愛すべき者にならなければならない。ほかのだれよりも愛すべき者にならなければならない。少なくとも愛の対象の目にはそう映らなければならない。そこではじめて、自分と同じような人間に注目することになる。そこではじめて、自分をかれらにくらべてみる。そこから競争心、嫉妬心が生まれてくる」8）などとも。もっともルソーが恋愛をこのように自尊心と結びつけて理解しようとしているとしても、だからといってルソーが恋愛をもっぱら否定的な視点より見ようとするのではない。ルソーはうえの最初の文章に引き続いてつぎのように述べている。「ほんとうの恋愛は人がなんと言おうと、いつも人々から敬意を寄せられるだろう。恋愛の興奮はわたしたちの心を迷わせるにしても、恋愛はそれを感じている者の心からいまわしい性質を失わせることにならないにしても、そういう性質を生みだすことさえあるにしても、それにしても恋愛はいつも、すぐれた性質のあることを示しているのであって、それなしには人は恋愛を感じることはできないのだ。理性に反したことと考えられている選択は、じつは理性から生じてくるのだ。愛の神は盲目だといわれている。この神はわたしたちよりもするどい目をもっているからだ。そしてわたしたちにみとめられない関連を見ぬいているからだ。…恋は自然から生まれるなどとは、とんでもないことだ。それは自然の傾向を規制するもの、そのブレーキになるものだ。恋を感じればこそ、愛する対象を除けば異性はなんの意味もない存在となる」[9]と。ここで恋人の選択にさいしてはたらく理性とはきわめて実際的な場面においてはたらく直感ないし勘のようなものと考えられるからこれはむしろ恋愛におけるボン・サンスといってもよいのではなかろうか。いづれにせよ青年が自分にとってもっともふさわしい伴侶を選ぼうとするさいに恋愛は外見に反してかえってかれの的確な指針となってくれるということであろう。とはいえこうした恋愛から結婚へとすすむ段階にいたるまでにはエミールはなおいくつかの予備的な段階を通過していかなければならないし、またかれのように自然の順序にしたがって成長を遂げてきた青年の歩みが世間の青年たちのそれとくらべてどのような違いを見せるかという点にも十分な注意を払わなければならないであろう。

まず世間の青年たちについてはルソーはつぎのようにコメントしている。「先ばしった知識をあたえられ、それを実行に移す能力をひたすら待ちこがれている、世なれて洗練された子ども、文化的な子どもは、その能力が生じてくる時期について思いちがいをするようなことはけっしてない。そういう子どもは、待っているどころではない、その時期をはやめ、はやくから血を沸きたたせて、欲望を感じるずっとまえから、欲望の対象がどういうものであるべきかを知っている。自然がかれを刺激しているのではなく、かれが自然をせきたてているのだ。自然はかれを大人にするとき、かれに教えることはもうなにももたないのだ。かれは大人になるずっとまえから、気持ちのうえでは大人になっていたのだ」[10] と。一方、エミールのほうはどうか。かれの場合、情念はその発達していく期間が可能なかぎりひきのばされ、あらわれてくるにつれて整理されていく余裕があたえられてきているからそれに秩序と規則をあたえるのはもはや人間ではなくどこまでも自然だということになる[11]。ルソーはエミールのようなケースについてはつぎのように描写する。「自然の正しい歩みはもっと段階的に徐々に行われる。すこしずつ血が熱くなり、精気がつくりあげられ、体質ができあがっていく。製作を指導する賢明な職人はすべての器械を入念に完成してから、それらをもちいさせる。長いあいだの落ち着かない気持ちが最初の欲望に先だち、長いあいだの無知が欲望の対象について思いちがいをさせる。なにかわけがわからずに欲望を感じている。血が発酵し沸きたつ。ありあまる生命は外へひろがろうとする。目が生き生きしてきて、ほかの存在をながめ、わたしたちのまわりにいる人々に興味をもちはじめ、人間はひとりで生きるようにはつくられていないことを感じはじめる。こうして人間的な愛情にたいして心がひらかれ、愛着をもつことができるようになる」[12] と。この引用文の一部は先に『エミール』における「ボン・サンスの人」の基本的な性格について見たさいにすでにいちどとりあげたことがあるが、要するにエミールのように注意深く育てられた青年が最初に感じることのできる感情は、異性にたいする愛にさきだち、自分の身近に出会う人々にたいする友情であり人間愛だ、というのである。そしてそのような経過をたどる理由はめぐまれた単純さのうちに育てられた青年というものは、自然の基本的な衝動によってまずなによりもやさしい愛情にみちた情念を周囲の人々にたいしてもつようになるということ、そしてひとたびおもいやりのある心の持ち主となったかれは自分と同じような人間の苦しみにたいしてふかく共感できるようになっているからにほかならない[13]。

b．青年に芽ばえ始めた社会感覚としての共感の能力を育む一善き行いの体験をつませること

それゆえ大切なのはあらわれはじめたこの感受性にいっそうの刺激をあたえ、それをさらに育んでいくことである。ルソーは語っている。「こうし

た感受性を導いていく、というよりはそうした自然の傾向に従っていくためには、わたしたちはいったいなにをしなければならないのか。青年の心にみちあふれている力がはたらきかけることのできる対象、心をのびのびとさせ、ほかの存在のうえにひろげ、いたるところで自分の外に自分をみとめさせる対象をかれに示してやることではないか。心をしめつけ、内部に集中させ、人間の自我を緊張させるような対象を注意して遠ざけることではないか。つまり、ことばをかえていえば、親切な心、人間愛、同情心、慈悲ぶかい心など、おのずから人を喜ばせることになる、やさしく人をひきつけるあらゆる情念を刺激し、羨望の念、憎悪心など、人にいやがられる残酷な情念、いわば感受性を無意味にするばかりでなく、否定的にして、感じている者の心を苦しめることになるあらゆる情念を呼び起こさないようにすることではないか」[14] と。ところでルソーによればこうした芽ばえはじめた青年の社会性を育てていく実際面での方策としてはつぎの三つに要約できるという。すなわちまず第一点目は、人間の心というものは自分よりも幸福な人の地位に身を置いて考えることができず、ただ自分よりみじめな人の地位において考えられるだけなので、青年にはほかの人たちの輝かしい身分を感嘆させるようなことはせず、むしろそうした場合でもそれをかれらにおける人間としてみじめな側面から示してやること[15]。第二点目は人はただ自分もまぬがれえないと考えている他人の不幸だけにしか同情をよせることができないものであるから、不幸な人たちの運命はいつかかれの運命になるかもしれないこと、かれらの不幸のすべてはかれの足もとにも横たわっていること、無数の思いがけない不可避な出来事が一瞬ののちにかれをそこへ落としこむかもしれないことなどを十分に理解させるようにつとめること[16]。第三点目は他人の不幸にたいして感じる同情は、その不幸の客観的な大小ではなく、その不幸に悩んでいる人が感じていると思われる感情に左右されるものなので、いいかえればわたしたちが不幸な人に同情するのは、その人が同情すべき状態にあると考えられるかぎりにおいてであるので、わたしたちが自分と同じ人間の悩みや苦しみをどのくらい重くみるかは、けっきょくのところそうした人々にたいしてどれだけわたしたちが注意と尊敬をはらっているかその程度のいかんによるということを理解させること[17]。この以上の三つの点であるというのである。そしてルソーはこれにつづけてさらに言うのだ。「人類を構成しているのは民衆だ。民衆でないものはごくわづかなものなのだから、そういうものを考慮にいれる必要はない。人間はどんな身分にあろうと同じ人間なのだ。そうだとしたら、いちばん人数の多い身分こそいちばん尊敬にあたいするのだ。考える人にとっては、社会的な差別はすべて消えうせる。かれは下僕のうちにも輝かしい人のうちにも同じ情念、同じ感情をみとめる。もちいる言語のちがい、上っ面のよしあしをかれらのうちに区別するだけだ。もしなにか重要なちがいがかれらを区別するとしたら、ごまかしのおおいほうが不利になる。民衆はあるがままに自分を示し、愛想がよくない。ところが社交界の人たちはどうしても自分を隠さなければならない。あるがままの自分を示すとしたら、嫌悪をもようさせるにちがいないのだ」[18]と。また民衆に関してはさらにつぎのようにも述べている。「この階級の人たちを研究してみるがいい。ことばづかいはちがっても、かれらはあなたがたと同じくらいの機知とあなた方以上のボン・サンスをもっていることがわかるだろう」[19]と。これらの文章はいずれも青年のなかに育ちはじめた共感能力が他人のなかにも自分とおなじ人間の運命を見いださせ、そうした運命の共有の自覚からついには万人平等の見方へと導くものであることを指摘しているのであるが、とくに一般の民衆を礼讃しているところなどにはわたしたちにおもわずモンテーニュをおもいおこさせるものがあるであろう。モンテーニュはかつてつぎのような文章を書き残していたのである。「もっともばかにしてはならない身分は、その単純さのために最後列にたたされている人々のそれであるとおもう。そしてかれらのもとに見られる交際のほうが、ずっと正常であるようにおもわれる。農夫たちの心もちやことばのほうが、一般にわれわれの哲学者たちのそれよりもずっと真の哲学の掟にかない、かつととのっているとわたしはおもう」[20]と。

いずれにせよ共感能力の獲得とともにエミールはあらたな段階、道徳的な秩序の段階へとすすむことになる。ルソーはこの段階についてまずつぎのように述べる。「ここでそういうことを語るべきだとするなら、心の最初の動きから良心の最初の声が聞こえてくることの、愛と憎しみの感情から善悪の最初の観念が生まれてくることの証明をわたしはこころみたい。「正義」と「善」はたんに抽象的なことば、悟性によってつくられるたんなる倫理的なものではなく、理性によって照らされた魂がほんとうに感じるものであること、それはわたしたちの原始的な感情の正しい進歩の一段階にほかならないこと、良心とかかわりなしに、理性だけではどんな自然の掟も確立されないこと、そして、自然の権利も、人間の心の自然の要求にもとづくのでなければ、すべて幻影にすぎないこと、そういうことをわたしは証明したい」[21]と。とはいえ、ルソーのこうした意向は『エミール』の本文中では実現されておらず、さきに第一部においてみたようにこの著作のなかで一種のエピソードのかたちで挿入されることとなった「サヴォアの助任司祭の信仰告白」のなかで別立てで展開されているのであるが、それはつまるところここでは人間の発達過程に関連させて、感情と知識の秩序と進歩を示せばそれでよいとルソーが考えたからにほかならなかった[22]。ただしここでうえに引用した文章につけくわえられた註としてさきにみた共感のもつ倫理性とも関係してくるつぎのような注目すべき文章をルソーは書きとめている。「他人にしてもらいたいと思っていることを他人にもしてやれという教訓も、良心と感情のほかにはほんとうの根拠をもたない。このわたしが他人の身になって行動する正確な理由はどこにあるのか。とくに自分が同じような場合にたちいたることはけっしてないことが道徳的に確実にわかっているときには、そういう理由はどこにあるのか。それに、この格率を完全に忠実にまもることによって、他人にもわたしにたいしてそれをまもらせることができるようになるとだれが責任をもっていえるのか。悪人は正しい人の正直と自分自身の不正から利益をひきだす。かれは自分を除いて世の中のすべての人が正しい人であれば大いにけっこうなことだと思っている。こういう取りきめは、人がなんといおうとよい人間にとって大して有利なことではない。けれども、あふれでる魂の力がわたしをわたしと同じ人間に同化させ、いわばわたしをその人のなかに感じさせるばあいには、その人が苦しんでいることを欲しないのは、自分が苦しまないためなのだ。わたしは自分にたいする愛のために、その人に関心をもつのだ。だからうえの教訓の根拠は、どんなところに自分が存在すると感じてもわたしに快適な生活を願わせる自然そのもののうちにあるのだ。そこでわたしは、自然の掟の教えがたんに理性にもとづいているというのは正しくないと結論する。それにはもっと強固で確実な基礎がある。自分にたいする愛から派生する人々にたいする愛は、人間の正義の原理である。倫理学ぜんたいの要約は、福音書のなかの掟の要約によってあたえられている」[23]と。自愛を原理とする生き方がわたしたち人間においていかに根源的なことがらであるかについてあらためて考えさせると同時に、こうした自愛を原理とする生き方から共生を原理とする生き方へと転換していくさいに共感ということがいかに決定的な役割をはたすものであるかについてこの文章いじょうに明瞭に表現することはできないであろう。

さてこころのなかにようやく芽生えはじめた共感の能力によってエミールはいまや人が苦しんでいるのを見れば、自分も苦しむことができる優しい心の持ち主に育っているのであるが、しかしそれは不幸な人々を見てその救ってあげられる不幸をただあわれむだけで満足するむなしい残酷な同情心にとどまるようなことはけっしてあってはならないし、またエミールのように育ったばあいにはけっしてそのようなものにとどまることはないであろう。それはあらゆるみじめな人々にたいして関心を寄せているかれにとっては、そういう人々の不幸をなくす手段にたいしても同様に無関心ではいられないからである。ルソーはいう、「友人たちが仲が悪いのを見れば、エミールは仲なおりをさせてやろうとする。悲しんでいる人々を見れば、かれらの苦しみの理由をたずねる。二人の人間が憎みあっているのを見れば、かれらの憎しみの原因を知ろうとする。押さえつけられている者が権力者や財産家に迫害されて嘆いているのを見れば、その迫害がどういう形で行われているかをしらべる」[24]と。またべつのところではこの共感と実践との関係について当時の身分社会という条件下において可能な慈善というものと考えあわせながらつぎのようにもいいあらわしている。「乳母たち、母親たちは、子どもにあたえる心づかいを通して子どもに愛着をもつ。社会的な徳の実践は人の心の底に人類愛をもたらす。人はよいことをすることによってこそよい人間になる。これ以上に確実な方法をわたしはしらない。あなたがたの生徒に、かれにできるあらゆるよい行いをさせるがいい。貧しい人々の利害はいつもかれの利害になるようにするのだ。財布だけでなく、かれの心づかいによって貧しい人々を助けさせるのだ。かれらのためになることをし、かれらをまもり、自分の体と時間をかれらに捧げさせるのだ。かれを貧しい人々の代理人にならせるのだ。かれは一生のあいだこれ以上に高尚な職務をはたすことはあるまい。これまで人に耳をかたむけてもらえなかったどれほど多くのしいたげられた人々が正しい裁きをあたえられることだろう。かれは徳の実践があたえる断固たる勇敢さをもってそういう人々のために正しい裁きをもとめるのだ。貴族や財産家の門をあけさせるのだ。必要とあれば、王座の下に行って不幸な人々の声を聞かせるのだ。そういう不幸な人々は、貧しいためにあらゆる道をとざされ、ひどい目にあわされながらも、罰せられはしないかという心配のために訴えて出る勇気さえなくしているのだ」[25]と。もっとも、ルソーはこのように述べたあと「かれはおこがましくも国政にくちばしをいれ、貴族や高官や国王のところへでかけていって賢者を気どり、法の擁護者をもって任じ、裁判所の判事や弁護士のところへいって請願することになるのだろうか。そういうことはわたしには全然わからない」[26]としたうえ、ようするにエミールはあくまでも自分の年齢にふさわしい有益なことを、よいこととわかっていることを勇敢にそして大胆に行えばそれでよいのだとしている。

　ところでエミールが援助を求めている人々にたいしてどのような手をさしのべようとするかについてはもっぱらかれ自身の判断にゆだねるのはよいとしても、エミールをみまもる教師の立場としてルソー自身は慈善のあり方を基本的にどのようなものでなければならないと考えていたのであろうか。青年の心に生まれはじめた自尊心を自分以外の者にふりむけさることによって、それを他人の痛みや苦しみにたいする共感にかえることに成功しているかれはその後の発展についてもいまやはっきりとした展望をもつにいたっているのである。「自尊心を他の存在のうえにひろげよう。わたしたちはそれを美徳に変えることになる。そして、この美徳が根をもたない人間の心というものはないのだ。わたしたちの心づかいの対象が直接わたしたち自身に関係することが少なければ少ないほど、個人的利害にもとづく錯覚を恐れる必要は少なくなる。この利害を一般化すればするほど、それはいっそう公正になる。そして、人類にたいする愛とは、わたしたちにあっては、正義にたいする愛とは別のものではないのだ。そこで、エミールが真実を愛することを望むなら、真実を知ることを望むなら、なにかするときにはかれをかれ自身から遠いところにひきとめておくことにしよう。かれの心づかいが他人の幸福に捧げられることになればなるほど、それはいっそう賢明なことになるだろう。そして、かれは良いこと悪いことについて思いちがいをすることが少なくなるだろう。けれども、えこひいきや正しくない先入見だけにもとづいた盲目的な好みをかれに許すようなことはけっしてしまい。しかし、なんのためにかれはある者に害をあたえて他の者のためにつくすようなことをするのか。だれの手にもっとも大きい幸福のわけまえが落ちるかはかれにはどうでもいいことなのだ。すべての人の最大の幸福に協力することになりさえすればいいのだ。私生活の関心を別にすればそれが賢者の第一の関心だ。人はみな人類の一員であって、ほかの個人の一部ではないのだから」。[27] また、共感がもっている落とし穴に言及する形でつぎのようにものべている。「同情が変じて弱みにならないようにするために、だから、それを一般化し、全人類のうえにひろげなければならない。そうすれば、正義と一致するかぎりにおいてのみ人は同情をもつことになる。あらゆる徳のなかで正義は人々の共同の幸福にいちばん役にたつものなのだから。道理からいっても、わたしたちにたいする愛からいっても、わたしたちの隣人よりも人類にたいしてはさらに大きな同情をもたなければならない。そして、悪人にたいする同情は人間にたいしてひじょうに残酷なことになる」[28] と。最大多数の最大幸福こそなによりもまず目指さなければならない正義であり、共感もそうした正義にかなうものとして最終的には人類一般を目指すものでなければならない、というのである。このあたりまでくるとルソーが説くボン・サンスの教育論のなかにおいても哲学においてと同様、ルソーとカントの距離が俄然縮小してくるのをわれわれとしてもみとめないわけにはいかないのではなかろうか。

c．この段階で習得させておくべき社会や人間についての政治学的倫理学的な知識ならびにその理解の前提として人々の伝記などから学ばせておくべきこと

ルソーは青年が恋愛を経験するようになると自尊心の目覚めはもはや不可避だとする見解を表明していることはすでにみたとおりであるが、これはじつをいえばなにも恋愛にかぎったことではなく青年期に達すればいっぱんにだれにでもおこることなのである。すなわち幼少年期においてはわたしたちは自分のことだけを考えておればよかったのにたいして、青年期に到達して自分と同じ人間に注目するようになるとしだいにかれらと自分とをくらべないわけにはいかなくなってくるからである。「わたしのエミールは、いままでは自分のことしか考えていなかったが、かれと同じ人間に注目するようになると、すぐに自分をかれらにくらべてみることになる。そして、この比較がかれのうちに呼び起こす最初の感情は、第一位を占めたいということだ。これは自分にたいする愛が自尊心に変わる地点、そしてそれに関係するあらゆる情念があらわれてくる地点だ」[29]とルソーは述べている。したがって問題はいったいどのような情念がかれの性格において支配的になるのか、そして人々のなかでじっさいにどのような地位を具体的にめざすことになるのかという点である。いうまでもなくエミールのばあい支配的な情念となるのはなによりもまず人間的なやさしい情念であり、好意と同情にみちた情念であって、けっして残酷で、人をうらやんだり、人のものをほしがるような情念でないことは十分に期待できることなので、ここであらたに必要になることがあるとすれば、それはそのような心情を具体化するにあたってじっさいに役だってくれる人間社会についての知識をエミールにあたえることだということになるであろう。ルソーはここで『人間不平等起源論』や『社会契約論』の議論にふたたび立ち戻ってつぎの三点をまず教えることからはじめなければならない、としている。

すなわち第一点目としては「その地位の獲得をめざすかれを導いていくために、人間に共通の偶有性によって人々の姿を示してやったのちに、こんどは、たがいにちがう点によって人々の姿を示してやらなければならない。ここで、自然的な、また社会的な不平等の程度が示され、社会秩序ぜ

んたいの一覧表が示されることになる」[30]とルソーはのべて人間に共通な運命を教えることでわたしたちに根源的な平等の観念をえさせる一方、自然的にも存在するものとしてみとめざるをえないわずかな差異と社会的な不平等のあいだには大きなひらきのあることについて論じた『人間不平等起源論』の一節を要約する。第二点目は「人間を通して社会を、社会を通して人間を研究しなければならない。政治学と倫理学を別々にとりあつかおうとする人々は、そのどちらにおいてもなにひとつ理解しないことになるのだ。まず原始的な関係に注目して、どうして人間はその影響をうけなければならないか、そして、そこからどういう情念が生まれてくるかをみる。逆に、情念が発達することによってその関係が複雑になり、緊密になることがわかる。人間を自由独立にするのは腕力ではなく、むしろ節度をわきまえた心である。少数のものにしか欲望を感じない人は少数の人にしか執着をもたない。ところが、わたしたちの無益な欲望を肉体的な必要とたえず混同しながら、肉体的な必要を人間社会の基礎としている人々はいつも結果を原因と考え、かれらのあらゆる推論においてまちがってばかりいる」[31]と表現して、人間は社会生活のなかに組み込まれるようになるにしたがってたがいに比較し合うようになり、その結果自然的には存在するはずのないようなあらたな欲望が人為的に生みだされ、それが人間の相互依存関係を必要いじょうに強めていることを理解させようとしたこれもまたうえとおなじく『人間不平等起源論』におけるもう一つの議論の要約をおこなうのである。第三点目としては「自然の状態には現実的な事実にもとづく破棄することのできない平等がある。自然の状態にあっては人間同志のたんなるちがいが一方を他方に従属させるほど大きいことはありえないのだ」と述べたうえ「社会状態には架空のむなしい権利の平等がある。この平等を維持するための手段そのものがそれをぶちこわしているのだ。そして弱者を押さえつけるために強者にあたえられている国家権力は、自然が両者のあいだにおいた一種の均衡を破っているのだ」[32]というううえの二点にくらべてすこしわかりにくいことばをつづけているのであるが、これはじつは『社会契約論』における当時のいわゆるアンシャンレジームの分析の要約にほかならず、たてまえや名目はともかくとして現実の法体系の根底にあるものがけっきょくのところいつも弱者にたいして強者を助け、もたざるものにたいしてもてるものを助けるための、いいかえれば力が権利であるとするところの暴力の論理にすぎないことをあきらかにしようとするものである。ただし、これらのことを十分に念を入れて青年に理解させるためには、その前提としてまず人間の心を知ることからはじめさせなければならない、[33] ともルソーはいう。

さて、ルソーの人間の心についての見解であるが、結論からさきにいえばそれは個人としてはいつも生まれながらの善良な性格を保持しつづけているのにたいして、集団のメンバーとなったとたんにそれは悪しきものに転じるということにつきるであろう。「青年がいっしょに暮らしている者にたいして好感をもつことができるようにその仲間を選んでやることをわたしは望みたい。また、世の中というものを十分によく知ることを学ばせ、そこで行われているあらゆることに嫌悪を感じさせたい。人間は生まれつき善良であることを知らせ、それを感じさせ、自分自身によって隣人を判断させたい。けれども、どんなふうに社会が人間を堕落させ、悪くするかを見させ、人々の偏見のうちにかれらのあらゆる不徳の源をみいださせ、個人の一人一人には尊敬をはらわせるが、群衆を軽蔑させ、人間はみんなほぼ同じような仮面をつけていること、しかしまた、なかには顔を覆っている仮面よりもずっと美しい顔があることをしらせたい」[34] とルソーはしるしている[35]。とはいえ青年を人間嫌いにさせることなく人間の不徳についての認識をえさせるということはじつは至難のわざなのだ。ルソーはうえの文章につづけて述べている。「青年があんまりはやくから観察者になると、他人の行動をあんまりこまかく見ているようにかれを仕込むと、あなたがたはかれを、人の悪口を言ったり、あてこすりを言ったりする人間にすることになる、早急に断定的な判断をくだす人間にすることになる。かれはなにごとにおいてもいまわしい解釈をもとめ、なにかよいことでさえいい目で見ないことにいとうべき喜びを感じることになる。とにかくかれは不徳をながめることになれ、恐怖を感ぜずに悪人を見ることになれてしまう。人々があわれとも思わずにかわいそうな人たちを見るのになれてしまうのと同じだ。やがては一般的な不正はかれに教訓をあたえることなく、むしろ、弁解の口実をあたえることになる。人間がこんなふうなら、自分もそれとちがったものになろうとすべきではない、とかれはつぶやくことになる」[36]と。青年に人間を見せようとするのであればそれはけっして仮面をとおしてではなくあくまでもありのままの姿でなければならないが、しかしまたあるがままの人間を見せることで青年をけっして人間嫌いにするようなことがあってもならないのだ。あるがままの人間を見せるのはあくまでもかれが人々をあわれみ、かれらと同じような者にはなりたくないと感じさせるためでなければならない[37]。はたしてこの困難な課題にこたえてくれるような方策は存在するのだろうか。

もちろん、それはある。しかしそのためには、これまでとってきたような道とは反対の道を、すなわち自分の経験をとおしてではなく、むしろ他人の経験をとおして青年を教育しなければならない。「人々がかれをあざむくならば、かれは人々を憎むだろう。しかし、自分は人々からはなれたところにいてかれらがたがいにだましあっているのを見るとしたら、それをあわれと感じるだろう」[38]とルソーはのべている。それはあたかも舞台における俳優たちの演技を見物するように遠くから人々の争いをながめるための手段を講じることにほかならず、そしてこれこそルソーによればただひとつ歴史教育だけがなしうることなのである。ただし歴史と一言でいっても個性的な人物たちが数多く登場する古代ギリシャ、ローマのそれとルネッサンス以降の特徴のない人物たちしか登場しない近世のそれとを同列にあつかうことはできないし、またギリシャ、ローマの歴史をとくに重視するとしてもそれらはまたさまざまな描き方で描かれていることをみとめないわけにはいかない[39]。どのような種類の歴史書を選べばよいのであろうか。

さて問題は人間の心というものを知ることであるが、この点に関してもまたルソーはモンテーニュにならうのがいちばんだとしてエセーからつぎの文章を引用する。「伝記を書く人々は、事件よりも意図に、外に現れる事柄より内から発する事柄の方に、より多くの関心をもつものであるから、それだけ彼らはわたしにふさわしい。だから、なにごとにかけてもプルタルコスこそは、わが党の士である」[40]。伝記においては、人間はどんなに姿をかくそうとしてもむだで、歴史家はどこにでもついてくるものであるからである。「歴史家はその人間に息つくひまもあたえない。見ている者の鋭い目をさけるための片隅もあたえない。そして、その人間がうまく身をかくせたと思っているときにこそ、歴史家はいっそうよくかれを知らせることになるのだ」[41]、とか「人の面影は重大な事実には見られないし、性格は偉大な行動にはあらわれない。天性が明らかにされるのはつまらないことによってなのだ」[42] などと記して、プルタルコスがこうした点でいかにすぐれた才能を発揮した歴史家であったかについてルソーは最大限の讃辞を呈している。とはいえ当面ルソーの関心の中心となるのはプルタルコスらの伝記作家たちがとりあげているそうした英雄たちのさまざまなエピソードのなかでもとくにかれらの虚栄心や野心を端的にあらわしているものにかぎられよう。エミールを歴史に近づけようとした目的もまずもってここにあったからである。

ところで英雄たちの伝記というかたちで歴史の舞台を目の前にしたときエミールの最初の反応とはどのようなものであるだろうか。ルソーはそれをつぎのように想像してみせている。「幕があいて、はじめて世の中という芝居を目にしたときのエミール、というよりもむしろ、舞台裏に位置を占めて、俳優たちが衣装をつけたりぬいだりするのをながめ、観客の目をだます粗雑な魔術の道具である綱や滑車の数々を見ているエミールを思い浮かべてみよう。最初のおどろきにつづいて、すぐに、自分と同じ人間を恥ずかしく思う心とかれらにたいする軽蔑の念がわきあがってくるだろう。そんなふうに全人類が自分自身にだまされ、そういう子どもじみた遊びごとをして自分をいやしめているのを見て、かれは憤慨するだろう。自分の同胞が夢みたいなことのためにたがいにつかみあっているのを見て、人間であることに満足できなかったために猛獣に変わっているのを見て、かれは悲しくなるだろう」[43] などというように。そしてルソーがつぎにまず言及するのは、部下の将軍キネアスの諫止にもかかわらずみずからの際限のない領土的野心にしたがってつぎつぎと諸国をその手中におさめていったエペイロスの王ピロス（Pyrrhos, 前319－前272）が、占領地アルゴスでの戦闘中、相手方の若い一兵士の母親が息子を助けようと屋上から投げた瓦が頸部に命中してついに非業の死を遂げる話である[44]。むろん、征服者がすべて殺されたわけではない。王位の簒奪者がみんな計画に失敗したわけではない。普通の人々の目からすれば幾人かは幸運であったようにさえみえるかもしれない。しかし、とルソーはいうのだ、「表面的なことに足をとめないで人間の幸福をその心の状態によってのみ判断する人は、かれらが成功したばあいにもみじめであることを知るだろう」[45]と。それはかれらが幸運にめぐまれるにつれてかれらの心をさいなむ欲望と心配も同時にひろがりをみせ、大きくなっていくからにほかならない。これはプルタルコスからの引用ではないがローマ初代皇帝のアウグストゥス（Augustus, 前63－後14）の例に言及する形でルソーはつぎのような文章を書いている。「アウグストゥスはローマの市民を服従させ、競争者を滅ぼしたのちに、四十年にわたってこれまで存在した最大の帝国を支配した。しかし、…すべての敵を征服したとしても、そのむなしい勝利がなんの役にたったろう。あらゆる種類の苦しみがたえずかれの周囲に生まれていたではないか。もっとも親しい友人たちがかれの生命に危害をくわえていたではないか。身近な者のすべての恥ずべき行いや死に泣かなければならなかったではないか。この不幸な男は世界を治めようとした。しかも自分の家を治めることもできなかったのだ。…」[46]などなどと。

いじょう二つの例はいずれも人間の虚栄心ないし野心というもののむなしさを端的にあらわすものであるが「しかし、自分を知り、死者の犠牲において賢明になるために歴史を研究しようとする者にたいしては、人間のあらゆる情念のたわむれは同じような教訓をあたえる」[47]としてクレオパトラとの出会いの結果その運命が大きく転換することになったアントニウス（Antonius, 前82頃－前30）にも言及している。むろん、エミールにはそうした情念のほんのわずかな体験もまだないし慎重に育てられてきているかれにはこれからもそうした体験をまねようとすることもないであろう。なぜならエミールにはいま人々を知ろうとする大きな関心と、かれらを判断するにあたっての十分な公平さとが、人間のあらゆる情念を理解できる程度の感受性と、情念にとらえられずにすむ程度の心の平静さとが、ようするに人々を十分にただしく観察するための準備があるだけだからである[48]。

もっとも、致命的な過ちに陥る心配はまずないにしても人として免れることのできないかずかずの失敗はエミールといえどもくりかえすことであろう。そんなときもっともふさわしい手当の方法はそれをとがめだてるのでなくその状況に見合った寓話を読ませることだ、とルソーはいう。なぜなら過ちをおかした者を寓話のなかの別の仮面のもとに批判することにすれば、かれの心を傷つけることなく寓話の真実とみずからの体験の本質とをどうじにまなばせることになるからである。賞讃のことばにだまされたことのない子どもにはラ・フォンテーヌの烏と狐の寓話は理解できないであろうが、「へつらい者にだまされたばかりのまぬけ者には、烏はばか者にすぎないことがすばらしくよくわかる」[49] からである。

d．そして宗教教育へ

さて、人間の心に関してまず伝記や寓話といった古典の知恵に学ばせるという議論をおえると周知のとおりルソーはエミールの宗教教育へと最終的に進んでいくことになるのであるが、これはあえて教育論とは別立てにしたエピソード『サヴォアの助任司祭の信仰告白』の形で人間の認識や実践の問題とからませた理性の限界内における宗教の問題として論理的批判的に展開しようとしていることは本論のはじめの部分でもみたとおりである。それゆえここで補足しておかなければならないことがあるとすればそれは宗教教育の方向をとくにそうしたとくべつな方向へとルソーをしてとらしめることとなった理由だけであろう。しかしつぎに掲げるかれのことばだけでもこの点に関してはすでにかなりな部分を答えてくれているといえるのではなかろうか。「子どもは父親の宗教のなかで育てられることになる。どんな宗教であっても、その宗教だけが正しく、ほかの宗教はすべて常軌を逸したこと、不条理なことにすぎないということを、子どもはいつも十分に証明してもらっているのだ。この点においては、論証の力は、そういうことを人々が論証している国に完全にいぞんしている。トルコ人はコンスタンティノープルにいて、キリスト教をひじょうにこっけいなものだと思っているが、パリへいってマホメット教がどんなふうに見られているか知ればいいのだ。憶見が勝利を占めるのはなによりも宗教の問題においてなのだ。しかし、あらゆることにおいて憶見の軛をはらいのけようとしているわたしたち、権威をいっさいみとめまいとしているわたしたち、どこの国へいってもエミールが自分自身で学べないことはなにひとつかれに教えたいとは思っていないわたしたちは、どんな宗教のなかでかれを育てたものだろう。自然の人間をどんな宗教に加入させたらいいのか。答えはまったくかんたんだ、という気がする。わたしたちはかれをあの宗派にもこの宗派にも加入させまい。そんなことはしないで、理性をもっともよくもちいることがかれを導いていくことになる宗派を選べるような状態にかれをおいてやることにしよう。」[50)]

なお、『サヴォアの助任司祭の信仰告白』の記述をおえるとルソーはふたたびエミールの現実の生活にたちもどりさきにも見たように世の中の習慣とどのように向かい合うかに言及する一方、人々との円滑な共生に必要な心得としての礼儀や趣味の問題などについても論じているのであるがいまはとりあげない。また、エミールのもっともふさわしい伴侶として登場することとなるソフィ－のひととなりや教育についての検討も別の機会にゆずりたいとおもう。

【註】

1）LE BON SENS ET LES ETUDES CLASSIQUES, *Écrits et paroles I* , p.87
2）Pl.IV, *Émile*, p.543, 今野一雄訳『エミール』中（岩波文庫）87頁
3）Ibid., p.490, 同、中、7頁
4）Ibid., p.489, 同、中、6頁
5）Ibid., p.490, 同、中、7頁
6）Ibid., pp.489-490, 同、中、6-7頁
7）Ibid., p.493, 同、中、12頁
8）Ibid., p.494, 同、中、13頁
9）Ibid., pp.493-494, 同、中、12-13頁
10）Ibid., pp.501-502, 同、中、23-24頁
11）Cf. ibid., p.500, 同、中、22頁
12）Ibid., p.502, 同、中、24頁
13）Cf. ibid., p.502, 同、中、24-25頁
14）Ibid., p.506, 同、中、30-31頁

15）Cf. ibid., pp.506-507, 同、中、31-32頁
16）Cf. ibid., pp.507-508, 同、中、32-34頁
17）Cf. ibid., pp.508-509, 同、中、34-35頁
18）Ibid., p.509, 同、中、35-36頁
19）Ibid., p.510, 同、中、36-37頁
20）Michel de Montaigne, *Essais*, II. XVII, Sur la présomption, p.284（Reproduction en fac-similé de l'exemplaire de Bordeaux 1588, Slatkine）, p.314（Traduction en français moderne par A.Lanly, Slatkine）訳文は関根秀雄訳『モンテーニュ随想録』（全訳縮刷版、白水社刊）1197頁参照。
21）Pl. IV. *Émile*, pp.522-523, 同、中、56-57頁
22）Cf. ibid., p.523, 同、中、57頁
23）Ibid., p.523, 同、中、312-313頁
24）Ibid., pp.545-546, 同、中、90頁
25）Ibid., pp.543-544, 同、中、88頁
26）Ibid., p.544, 同、中、88頁
27）Ibid., pp.547-548, 同、中、93頁
28）Ibid., p.548, 同、中、93-94頁
29）Ibid., p.523, 同、中、57頁
30）Ibid., p.524, 同、中、57-58頁
31）Ibid., pp.524-525, 同、中、58頁
32）Cf. ibid., p.525, 同、中、58頁
33）Ibid., p.525, 同、中、59頁
34）Ibid., p.525, 同、中、60頁
35）『社会契約論』において提示されている未来の共和国をあくまでもルソーの理想をあらわすものとの解釈にたてばうえのような言い方はただちにルソーの真意を伝えるものとすることはできないという反論ももちろんありうるであろう。しかし『社会契約論』の文脈からいえば共和国とは各人が自由に自然の恵みを享受しえていた過去の楽園である自然状態にもはや復帰がのぞめないいじょう（なぜなら地上にはすでに自然が養いうる以上の人口過剰の状態がつづいているから）、集団生活の制約のなかで自然権の回復をめざすよりほかないと考えたルソーのあくまでも次善の策にすぎないものであった。いいかえればルソーがほんとうに求めていたのは全体主義的な性格の共和制なのではなく、あくまでもそこにおいて回復されると考えられる自然権であった、ということである。ルソー自身の心情においてほんとうにいきづいていたもの、かれのなかにつねに消えることなく存在しつづけていた人間の理想的な生き方とはあくまでも自己完結的な自由な個人としての生き方であり、それがまず自然状態における人間のあり方として過去へと投影され、ついで未来の共和国のなかにわず

かなりともその回復の希望をつなごうとしたと考えたいのである。いずれにせよわたしはルソーのなかにふかく根をおろしている個人主義的な考え方からいっときも目を離すべきではないと考えている。

36） Ibid., pp.525-526, 同、中、60-61頁

37） Cf. ibid., p.525, 同、中、59頁

38） Ibid., p.525, 同、中、59頁

39） Cf. ibid., pp.528-529, 同、中、65頁

40） Ibid., p.530, 同、中、67頁、 Michel de Montaigne, *Essais*, II.x, Sur les livres, p.354（Reproduction en fac-similé）、pp.86-87（Traduction en français moderne）, 邦訳前掲書、762頁

41） Ibid., p.530, 同、中、67頁

42） Ibid., p.531, 同、中、69頁

43） Ibid., p.532, 同、中、70-71頁

44） Cf. ibid., p.533, 同、中、71-72頁

45） Ibid., p.533, 同、中、72頁

46） Ibid., pp.533-534, 同、中、72頁

47） Ibid., p.534, 同、中、73頁

48） Cf. ibid., p.536, 同、中、76頁

49） Ibid., pp.540-541, 同、中、83頁

50） Ibid., p.558, 同、中、108-109頁

第2部
ボン・サンスの根源を問う

第1章 生命の飛躍《エラン・ヴィタル》とボン・サンス

第1節　ベルクソンのボン・サンス

十九世紀の末から二十世紀の初頭にかけて活躍したフランスの哲学者アンリ・ベルクソンは、いわゆる生の哲学者の仲間に入れられることが多い。そしてその主な理由は、かれが第三番目の主著、『創造的進化』において、普遍的な生命進化の立場より知性や本能を見直し、生命そのものの把握というところからいえば、われわれ人間においてはかなり退化してしまっているとはいえ、知性よりもむしろ本能的な側面の方にこそ注目しなければならない、としているあたりからであろう。そしてここで用いられているエラン・ヴィタル（生命の躍進）という概念が大変光彩を放つところから、この概念がベルクソン哲学全体を象徴する概念としても一般に採用されてきたといえる。しかしこの著作とあい前後する他の三つの著作や講演などをよく調べてみると、そこには意外にも、モンテーニュにはじまり、デカルトにおいて最初の本格的な検討が加えられることとなったフランス的ボン・サンスの伝統の息づいているのがみとめられるであろう。むろん、時代的にいって、近代的な自然科学の勃興期に、その将来の帰趨を、みずからのきわめて具体的な歩みに即しながら見通そうとするなかで捉えられたデカルトのボン・サンスと、いわば自信過剰に陥り、自身の限界を超えて人間性や生命の領域にまで侵入し、そこでもなおこれまで成功を収めてきた手法を傲岸にふるいつづけようとする近代科学にたいして、その妥当する領域を明確にするとともに、逸脱面にたいしては倫理的なコントロールを加えていくことが急務となりつつあった十九世紀末という時期においてとらえられるボン・サンスとでは、その注目点や方向性がかなりちがったものになっていることはいうまでもない。すなわちデカルトにおいては、かれ自身が創始者のひとりとして着手することとなった数学的自然科学の研究における一歩一歩の歩みを保証してくれるとともに、そうした研究にたずさわろうとしているかれ自身の生活をも同時に確保してくれるような能力として、ボン・サンスがきわめて具体的な相においてとらえられたのであった。しかるにベルクソンでは、すでに市民権を獲得している自然科学を、いったん、それを成立させてきた知性という、本来からすれば物質的世界にもっぱらその妥当する範囲が限定されているはずの能力にまで還元する一方、かような知性は、生命と直接しうる本能的なものによってもういちど補われなければ、人間は生命体としてはバランスを欠いたものになる、として元来、そうした知性と本能的要素の両側面を根本的に含みもっていると考えられるボン・サンスがあらためて見直されることとなったのである。そしてエラン・ヴィタルとはあとでみるように、こうしたボン・サンスが進化の見地よりもういちど捉えなおされたものにほかならない、という言い方があながち不可能ともおもえないほど両者は近しい関係にあることが分かるであろう。

しかしベルクソンがボン・サンスにふたたび関心を持つことになった背景としては、たんに時代の主知主義的な傾向を批判するという一般的な課題があっただけではないであろう。ベルクソンは諸科学、とくに心理学や生理学における主知主義にたいして大いなる闘いを挑む一方、常識ないし社会通念としてことばの中に貯蔵された既成概念にたいしても批判をくり返し、ことばにとらわれない、経験にたいして開かれたこころとしてのボン・サンスの社会的、実践的な意義についても強調しているからである。これはベルクソンがヨーロッパにおける少数民族としてのユダヤ系の人であったということと深く関係していると考えられるが、この点についてもあとで触れるつもりである。

1. 純粋持続と自由

ベルクソンは不思議な著作家である。かれは処女作の『意識の直接与件に関する試論』（慣例にしたがって以下『時間と自由』と呼ぶ）（1889年）から『物質と記憶』」（1896年）、『創造的進化』（1906年）、そして最後の『道徳と宗教の二つの源泉』（1932年）にいたるまで、一貫して、それぞれのテーマに関連する学問領域の最新の知識を批判的に摂取することを通して、みずからも独自な、そして純粋に理論的な見解を読者にたいして提示する一方、また同時に、かれらのなかに実践的な関心を呼び覚ましつづけることにもなったからである。

まず、『時間と自由』から見てみよう。この著作がもっとも関連する領域は心理学である。心理学が自然科学の手法を取り入れ、意識現象も物質を扱う場合と同様、あくまでも数量化の手続きを通してその理解を目指す、という、今日この学問においてますます顕著にみられるようになっている傾向にたいして、ベルクソンは早くもここで、その妥当範囲に関して疑問を呈したのであった。すなわち心理学においてこうした傾向を代表していたのは当時はフェヒナーなどを中心とするいわゆる精神物理学の立場に身をおく人たちであったが、ベルクソンは、意識はすくなくとも、表層と深層の二層に分けて理解する必要のあることを説くとともに[1)]、前者においては数量化をおこなってもさほど無理がないのにたいし、後者においては深いところに進めば進むほど量的な物差しによってはつかまえることの困難な、質的な側面がますます顕わになってくる、とした[2)]。すなわち意識の数量化の許す範囲とは、われわれの身体が一定の広がりを有するように、それと並行する感覚的な側面のことであって、こうしたレヴェルの意識であれば多数の部分に分けることも可能であるし、また逆に、かような部分の集合体として意識をとらえることも必ずしも不可能ではない。しかしわれわれの多少とも奥深いところで生まれる、例えば喜びや悲しみ、憎しみや愛といった感情のレヴェルになると意識は広がりの要素を次第に喪失して、不可分で刻々に変化していく質的な流れとして現れてくるようになる。ここには部分と呼びうるようなものはもはやみとめることができず、相互に浸透し合う時間の前後の契機があるだけである。極端な言い方をすれば、そこでは、各瞬間は二度とくり返すことのないわれわれの実存の流れと一つになり、もはや喜びや悲しみといった一般的なことばで言い表すこともできないほど、それぞれの感情がわれわれの独自な過去からなるパーソナリティと一体化しているのである[3)]。

ところで以上のべたことは、われわれの意識は内面化すればするほど空間的な性質を喪失して時間的となっていく、と言い換えることもできるであろう。しかし時間ということに関しては、誤解のないように、ここで注意しておかなければならないことが一つある。すなわちそれは、時間と一口にいっても実際には「流れゆく時間」と「流れた時間」の二種類のものがあり、両者は厳格に区別しなければならない、という点である。ベルクソンによれば、意識の深いところで経験される、うえでみたような流れこそ、真に時間と呼ぶにふさわしいものであるのにたいし、われわれが日常、時計などで表示している時間は実は真の時間とはいえず、むしろ本当の時間が空間上に残していくところの、いわば時間の影とでもいうべきものなのである。あたかも数学や物理学において空間を運動する物体の動きが、その物体が空間上に残していくと考えられる軌跡によって表されるように、われわれは通常、時間を時間そのものとしてでなく、時間がその上を経過していくと考えられる、仮想空間内の一本の線として理解している[4)]。しかしエレアのゼノンの議論において、アキレウスや亀の運動が空間内に残されたかれらの軌跡を量的に操作することによってはついに説明がつかなかったように、意識の直接経験においてとらえられる時間をそのような線分の形で説明することはとうていできることではない[5)]。意識はその深いレヴェルにおいてはどこまでも刻々に色合いを変えながら連続的に変化し、たえずみずからを新たにしてしていくところの一つの過程であって、時間の原型はまさにこうしたところにこそ求められねばならないのである。ベルクソンの「純粋持続」とは、まずなによりも、かような意識の流れとしての時間を指すものであった。そして自由とは、まさに、かような流れの中にふたたび身を置き戻すこと、「純粋持続」の中に身を翻すことだとされたのであった。なぜならわれわれにとって重要な意味をもつ決心というものは、いつもかような持続の中からおのずと出現してくるように見えるからである。しかし「純粋持続」を捉えるということは、実際には決して容易なことではない。なぜならわれわれには生活があり、生活のためにはまず外部の世界に、自然や社会に目をむけねばならないからである。

さて、われわれ人間の場合、みずからの生存を保持するための営みは、通常、単独になされるのではなく、あくまでも社会的な協働を通してであるため、まず、社会への適応が自然への適応に先立って行われなければならない。そしてそのためには、われわれの自我をまず社会化し、社会において一定の役割を担いうるように訓練する必要がある。われわれの内部における社会的自我の形成は、生活の必要からして避けがたいことといわねばならないのである。しかしこの社会的自我こそ、また、一方でわれわれを本当の自我から遠ざけ、本当の時間を忘却させる元凶ともなるものなのだ。

社会的役割とは例えば、男女の役割分担の歴史がそれぞれの文化において存在しているし、世襲的な身分制度や職業が廃止されてからも、それぞれの社会は、時代のニーズに合わせる形で多様な職業を生み出してきている。また、身分や職業の区別とは異なるが、社会を今日においても階級やさまざまな階層に分けて理解しようとする見方があり、これも多くの人びとによって一般に受け容れられているところであろう。しかしベルクソンについて考えようとする場合、とくにかれの父親がポーランド出身の、母親もスコットランド出身のユダヤ系の人であり、その出自がヨーロッパの伝統的なマイノリティであった、という事実もこれらのことと併せて視野に収めておく必要があるであろう[6)]。ユダヤ人であるとは、今日、身分や職業、階級のいずれを表すものでもないが、しかし多数を占めている人びとがこのことばをかれらにたいして用いるとき、遺憾なことながら、依然としてユダヤ人がこれまで担わされてきた社会における一定の劣等価値を伴った役割のイメージがそこに重ねあわせられていることが多いようである。現代の社会心理学者アルベール・メンミはユダヤ人であることを受け容れることがヨーロッパに住むユダヤ人の子弟にとってどれほど衝撃的で抑圧的な経験であるかについて語っているが[7)]、ベルクソンが社会的自我に反発するとき、かれの思いの中に外部のユダヤ人でない人びとの社会意識によって強制されるそうしたみずからを抑圧するものとしての自我像がなかった、とはいえないであろう。

ところで社会的自我や自我像がどのようなものであれ、それがいったん受け容れられ、固定化してくると、内面の世界と自我との間の乖離が次第に深刻化していかざるをえないことになる。自我はいちど受け容れてしまった自我像にたいしては、それが積極的なものであれ、否定的なものであれ、固執するようになる一方、そうした自我像は逆に、内面の変化や発展にたいしては目を向けなくさせる働きをするものだからである。心理療法家のいわゆる防衛のメカニズムとはまさにこのことに他ならないであろう。

ところで心理療法（サイコセラピイ）というものとの関係で、偶然の一致とも思われない点が一つある。それはベルクソンの「純粋持続」と心理療法家の、例えばカール・ロジャーズなどが心理療法の目標として掲げるクライエントの到達すべき境地とされているものとがきわめて類似している、という点である。すなわちロジャーズは、かれの有名な論文『十分に機能している人間』[8)]のなかで、「もしも自分の理想どおりにセラピストとして成功するならば、どのような人間がセラピイのなかから展開してくるだろうか」とまず問い、次の三点を挙げている。すなわち第一点目は、このような人間はみずからの経験にたいして開かれている（open to his experience）だろう、ということ、第二点目は、かれは実存的に生きるだろう、ということ、第三点目は、生きていくうえでの個々の状況において、かれはそれぞれの瞬間に「正しいと感じられた」ことをなし、またそうすることが一般に行動を導く有能で信頼できるガイドであることに気づく、ということだとしている。

ところでベルクソンとの類縁性ということでここでとくに注目したいのは第二点目である。なぜならロジャーズは、セラピイの結果、十分にこころの全体が機能するようになった人間が実存的であるとは、その人間にとってまず、瞬間、瞬間がいつも新しい状況であり、「次の瞬間に自分がどのような状態にいるのか、どのように行動するのかはまさにその瞬間から生まれでてくるので、先のことは自分にも他人にも予測することはできない」という点に求められる、としていて、これはベルクソンにおける「純粋持続」の経験とほぼ一致している、と考えられるからである。そしてこれについてはロジャーズは、たんにクライエントの内面において将来、期待しうる変化として述べるだけでなく、実際、セラピイの最終段階にある大勢のクライエントの証言するところでもあった、として一人のクライエントのおこなった次のような証言も挙げている。「わたしはわたし自身を統合し、再組織する仕事を完了したのではなくて、ただ、混乱しているだけですが、しかし落胆してもいません。というのは、いまは、わたしがこうしたたえざるプロセスである、ということを知っていますし、…それは非常に素晴らしいもので、ときには動揺することもありますが、深いところでは自信を感じるようになり、また行きつく先がどこであるかをいつも知っているとはかぎりませんが、あきらかにどの方面に向かって進んでいるかが分かるのです」。これはわれわれの経験のプロセスを既成の自我像によってコントロールしようとするのとはまったく反対に、その経験の「参加者」となり、「観察者」になることであって、正しい自我像はかえってそうした経験からこそ生まれ出てくるようにしなければならない、ということであろう。

ところでロジャーズがいうように、こうした実存的な生き方というものが実は、各クライエントにおいてセラピイの困難に満ちたプロセスを経てようやくほの見えて来るにすぎない理想的な境地だとすれば、同様の闘いのプロセスがベルクソンにおいても「純粋持続」の発見に先立って存在していたと考えてはいけないのだろうか。『時間と自由』ではもっぱら心理学における意識の把握の仕方にかかわることとして議論の大部分が展開されているので、読者はややもすると心理学におけるものの見方を改めさえすれば、「純粋持続」というものが簡単に捉えられるように思いがちであるが、わたしは「純粋持続」はむしろ、ロジャーズのクライエントにおけるように、あらかじめ取り込んだ間違った自我像による抑圧との困難な闘いを通してようやくにして到達せられた境地ではなかったかと想像する。そして『時間と自由』ではそうして到達せられた実践上の到達点を、今度は実際上のプロセスからはあえて切り離して、もっぱら理論のことばで記述し直そうとしたもの、と考えたいのである。しかしこの点に関しては確かな資料は欠いているのでこれ以上踏み込むことは差し控えよう。次に、ロジャーズの「十分に機能している人間」の特性の第二点目とのからみでベルクソンについて以上のようなことが言えるとすれば、第一点目や第三点目についてはどうなるか、についてもすこしみておきたい。

まず第三点目からいえば、ベルクソンにおいても自我の根底を流れる「純粋持続」と合体すること、すなわち本来の自分に立ち戻り、そのような自分の思いのままになすわざこそ自由に他ならないのであるから、この点がまた、見事に一致しているといわざるをえない。ベルクソンの自由とは「まこと」（la sincérité）である、としたのはウラジミール・ジャンケレヴィッチ[9]であるが、ひとたび「純粋持続」としての自分を生き始めた人ならつねにそのような自分の内面に耳を傾け、そうした自分から出てくる行為をもっぱら信じて生きていくことができるからである。

しかし第一点目の「十分に機能している人間」がつねに「経験にたいして開かれている」というテーゼに関してはすこし問題が残るように思われる。それは『時間と自由』においてベルクソンは、「純粋持続」に立ち返るとは、外の世界といわば癒着したようになっている意識を、いったん、そこから切り離し、あたかもデカルトにおけるコギトのように、純粋意識に立ち返ることでもあるかのように述べているからである。しかし空間的なものから離れた純粋に時間的なものとはいったいなんであるか、外の世界から切り離されたところで成立する自由とはいったいなんなのか、という疑問がここであらためて浮かび上がってくるのではなかろうか。

ところでこうした疑問も、先刻、「純粋持続」が実際には、広がりをもつ感覚から奥深い意識へとわれわれが注意を向け変えるだけで、簡単に到達できるとはとても言いうるものではなかったように、ここでもベルクソンが必ずしも現実のプロセスに即して事態を記述しているのではないところから来るように思われる。つまり、ここでもまた、自由な決心のありようを、持続を記述するさいと同様、その深層の心理にかかわる側面のみを取りだしてきて示されるため、実際の決心にさいしての、当面する問題との対決の場面がすっかり捨象されてしまっている、ということである。むろん、決心がわれわれにとって重要な意味を持つものであればあるほど、われわれはそれだけますます、みずからの内面の動きにたいして防衛機制が働くことのないよう、十分、注意深くならなければならないであろう。しかし自由といい、決心といっても問いはまず、われわれの意識を超えたところから、われわれの意識が外部の現実の世界とまさしく出会うところから発せられてくるのである。そしてそうした問いにたいして対応するためには、みずからの内なる意志を問うよりも前に、問いそのものにたいしてまず、十分な注意が向けられねばならない。しかしこうしたところまで見ていこうとすれば、『時間と自由』のような問題の取り上げ方ではもはや限界がある、といわざるをえないであろう。ところでベルクソンにおいて第二の著作『物質と記憶』執筆の動機の一つにまさに以上のような事情があった、とは考えられないであろうか。もっとも、この著作で扱われる外部世界とは、さし当たっては生物としての個体をとりまく環境的世界という意味以上には出ず、現実の世界という観点からいえば、それ自身、依然としてかなり抽象的な世界ではあるが。

2．純粋記憶

しかしその点はともかく、いちおう実践と深く関わるテーマを扱いつつも、それをあくまでも理論的な立場からみていこうとする態度は、この『物質と記憶』という著作においても変わることはない。デカルトが『情念論』において魂と身体の関係の仕方について理論的な考察を試みたのと同じように、ベルクソンが『物質と記憶』でしようとするのも同じ心身結合の現実を理論的に解き明かすことだからである。すなわち『時間と自由』が、外の空間的世界と意識における真の時間としての「純粋持続」を峻別することによって、ベルクソンもまた、二元論の立場に立つように見えたのであるが、これだけではかれのいわゆる「外界」との交渉の中で生きていかなければならないわれわれの現実の説明ができない。したがって理論的な見地からいっても、そうした交渉の場面における心身結合のありようを解き明かすことが次の課題とならざるをえない。しかし『時間と自由』の「純粋持続」が、われわれの決心というきわめて実践的な場面においてもっとも際立つものであったのと同様、というよりかむしろすでに述べたように、まさにそうした場面においてこそ同時並行的に、外界との緊密なかかわりというものが必要になってくるので、心身関係の具体相に迫ろうとする場合にも、なによりもまず、そうした実践における外界との交渉過程の分析を通してそれを行っていくよりほかはないのである。換言すれば、『物質と記憶』において知覚、身体、記憶を相互に関係づけることによって、理論的に再構成されていくように見える心身結合の具体相としてのベルクソンのいわゆる「生への注意」というものも、実際には、現実の「生への注意」の分析の手続きが先行している、ということである。

「生への注意」についてベルクソンが論じているところでとくに注意しなければならないのは、「類似の知覚」と呼ばれるものと、「差異の知覚」と呼ばれるものとが対置されているところではないか、と思われる[10)]。「類似の知覚」とは例えば牛や羊などの草食動物が一定の牧草を自分たちの食物として知覚するとただちにそれに反応するように、対象の知覚と身体的行動が瞬時に結びつくような場合であるが、人間の場合、それらは主としてことばの学習、とりわけことばの学習を通して習得される一般概念によって行われている、ということができる。例えばわれわれの同一の関心にたいして応えてくれる対象は、その客観的な材質がなんであろうと、すべて同一の一般概念によって、すなわち同じ名称で呼ばれることとなり、また一方、そのような対象にたいしてはつねに同一の反応が予想されるのである。言い換えれば、われわれは一般概念というものを通してもっぱら、みずからに都合のよいもの、有益なもの、あるいは反対に都合の悪いもの、有害なものを選別している、ということである。

ところでこの選別ということからいえば、うえのような有益なものや害になるものを包み込んでいるわれわれの環境的世界もまた、全体としての宇宙よりすれば、一つの選別の結果与えられている、と考えることができる。ベルクソンはこの事実を浮き彫りにするために、まず、われわれの変化する知覚野には、つねにそれを中心にものが遠近法的に展開されている一点が存在しており、そしてそれこそまさにわれわれの身体にほかならないことに注目させる。すなわち知覚というものは、ものごとについての純粋な客観的認識などでは決してなく、なによりもこの身体のためにその可能な行動の世界を照らし出すきわめて功利的な認識である、ということなのである。したがって、身体の行動に当面必要がない宇宙からの情報は、そのためすべて、われわれから遠く隔たったものとして知覚野からは閉めだされる仕組みになっている[11)]。しかし知覚野というものをたんに空間的に理解するだけでなく、例えば、われわれの聴覚や視覚などの感覚器官がとらえることができる音や光の波長の範囲といったものにまで拡げて考えてみる場合にも、同様に種としての選別、ないし選択ということをみとめることができるのではなかろうか。事実、ベルクソンも『物質と記憶』第四章では意識をふたたび持続の立場から捉えなおす一方、物質界も振動のシステムと見なして、選択を異なったリズム同士の出会いから結果するものとする見方も示していることは周知の通りである。

以上、「生への注意」における「類似の知覚」から、それの展開と考えられる知覚論への道筋を簡単にふり返ってみたのであるが、それでは「差異の知覚」についてはどのような展開がみとめられるであろうか。しかし「差異の知覚」に入る前にもう一つ見ておかねばならない重要な点がある。それはうえの「類似の知覚」においてもすでにそうであるが、ベルクソンは差異の問題を知覚の問題としてよりもむしろ、主として過去の保存の問題、すなわち記憶の問題として取り扱う、という点である。すなわちまず「類似の知覚」であるが、ここで重要な役割を果たす一般概念は、その実質においては主として脳を中心とする神経組織において形成され保存される一種の運動図式、ないし「習慣的記憶」に他ならないものである、とされている。むろん、記憶と呼ばれるかぎりはやはり、日付をもった過去の再現としての記憶、すなわち思い出こそ、記憶本来の姿でなければならないであろう。ベルクソンは後者を「表象的記憶」として前者から区別する。そしてこれら二種類の記憶について学課の暗誦を例に、一方の反復を通して身体内部にマスターされていく習慣の体系と、他方の、それぞれ独自な状況のなかで行われた音読の記憶として、その違いを鮮やかにするのである[12)]。すなわち、前者が相互に類似した、反復される部分をもっぱら保存するのにたいして、後者は、まさにわれわれの経験の個性的一回的な側面を保存し再現する記憶である、ということができる。しかし記憶が経験の個性的一回的な側面を保存し再現するのであれば、当然、知覚においてもたんに「類似の知覚」だけでなく、そのときどきの知覚において個性的な側面を捉える知覚、すなわち「差異の知覚」がまず存在していなければならない。そしてうえの日付をもった記憶とはまさにこの「差異の知覚」が記憶として保存、再現されるものに他ならないであろう。

しかしわれわれはベルクソンが記憶論として展開している事柄について決して見誤ってはならない。すなわち「習慣的記憶」にしても「表象的記憶」にしても、それら自体としてよりも、むしろ、それらがわれわれの現実の知覚を構成する重要な要素であるかぎりにおいて、とりわけ注目しなければならない、ということである。ベルクソンも述べているように、「習慣的記憶」はそれ自体としては人間における本能ともいうべき知覚にたいする反射的な行動を、すなわち「衝動の人」として身体の自動運動に身を委せるときの極端な状況を説明するにすぎないものであるし、日付をもった記憶としての「表象的記憶」も、それ自体としては「夢見る人」としての、これまたもう一方の極端な意識状態を説明するにすぎない。われわれの現実の知覚はむしろ、両者がほどよく混ぜ合わさったところに[13]、すなわち一方の「習慣的記憶」と、他方の「表象的記憶」とが、言語学でいわゆる内包と外延の関係において、ダイナミックに関係し合うところで成立している、というべきなのである[14]。しかしそれではベルクソンは以上のことをなぜ直接に知覚の分析として行わなかったのであろうか。しかしこのような問い方は必ずしも的確であるとはいえない。なぜならかれの記憶論は、『物質と記憶』の第一章を読めば明らかなように、まさに知覚の分析の過程そのものの中からおのずから展開されることとなったからである。うえの学課の暗誦の例などはむしろ、実際の知覚における構成要素をもっとも端的に示すためのベルクソンの苦心の工夫とさえ考えなければならない。なぜなら、ここではそのつど経験が、記憶の位相へと変換されることによって、かえって、知覚の構成要素がより鮮やかに浮き彫りにされることとなっているからである。

むろん、「習慣的記憶」と「表象的記憶」の議論は記憶論としてもかなり深いところまで検討が進められている点は否定できない。例えばベルクソンは「表象的記憶」に関してそれの脳との関係を問い、伝統的な記憶の大脳局在説にたいして失語症のケースなどを踏まえて反論を行い、脳は記憶の保存器官であるよりもむしろ記憶をそこで選択し、再現して現実の知覚につなげていく器官としての役割に注目している。そして「習慣的記憶」は表象としての記憶のイメージを選択するさいの枠組み、ないし図式となって機能する、とされる。もっとも、脳が表象としての記憶を保存しないのであれば、逆にそれはどこに保存されるのか、という疑問が残るわけであるが、これが実は記憶は身体から独立に、それ自身を保存する、とする『物質と記憶』の有名な純粋記憶説にまで発展させられることになるのである。われわれの経験したことは、細大漏らさず、一切が、この記憶のなかに刻一刻と保存されていく。われわれがこうした記憶の存在に疑問をもつのは、忘却という事実が否定できないように思えるからであるが、ベルクソンは忘却はたんに記憶の再現能力の衰退とのみ考えるべきであって、記憶自体の消失ではない、とする見解を明らかにしている。

しかしわれわれの知覚の背後に全記憶の保存を想定したりするのは、『物質と記憶』におけるいわば、理論的な側面であって、実践との関連でいえばあくまでも「類似の知覚」と「差異の知覚」がそこで相即し合う、実際の知覚こそ中心に置かれねばならない。むろん、うえにも見たように、「類似の知覚」も「差異の知覚」も切り離して捉えられた場合、それぞれ一方の紋切り型の反応と、他方の行動を放棄した夢想の状態として、これらもまたたんに理論的に考えられる理想的極限を表すものにすぎない。言い換えれば、これらの両極もまた、現実の知覚の構成要素として、その分析を通じてようやく明らかになるものにすぎない、ということである。しかしこうした分析によって実践の見地から見ても非常に重要なことが一つ明らかになる。すなわちそれは、「類似の知覚」の紋切り型の反応にたいして、「差異の知覚」がそれに適当な修正をほどこし、前者の反応に柔軟さを与えている、という点である。もしもわれわれの行動が「類似の知覚」にもとづいてのみなされるとすれば、それは動物の本能と変わらないものとなって、行動の範囲は非常に限局されたものとならざるをえない。そこには本能が生得的なのにたいし、われわれにおける「類似の知覚」は習慣によって後天的に形成される、という違いがあるだけであろう。それゆえこうした見地からいえば、われわれの知覚において重要な役割を果たしているのは「類似の知覚」よりもむしろ「差異の知覚」である、とさえいわねばならないのである。先に見た「経験にたいして開かれている」という言い方が知覚においても当てはまるとすれば、それはまさにこの「差異の知覚」、やがては日付をもった記憶にも発展していくこととなる、知覚におけるこの個性的な側面を捉える働きである、ということになるであろう。

3．ボン・サンス

ところで『物質と記憶』に続く『創造的進化』や『道徳と宗教の二つの源泉』という残りのもう二つの著作は、これまで見てきたような理論と実践の関わり、という見地からするとき、どのような点が浮き彫りにされるであろうか。しかしながらこの問題に入るに先立って、われわれは『物質と記憶』が出版された前年の1895年に、ベルクソンが行った重要な講演の記録に触れておかなければならない。なぜなら、ここには最初の二つの著作はおろか、後の二つの著作をもその射程に収めた議論が展開されているからである。この講演は本書の付録としても収めておいたように『ボン・サンスと古典の学習』[15]（以下『講演』と略す）と題されている。

わたしがこの『講演』でまず注目したいのは、ベルクソンが、理論と実践を峻別する西洋哲学の伝統にたいして、異議を申し立てている点である。「明確な区別にとりつかれているわれわれの哲学は、知性と意志、道徳と認識、思索と行為のあいだに非常にはっきりとした一線を画す。そして実際、それらこそまさしく人間性が発展するさいに進んでいくところの二つの異なった方向に他ならない。しかし行為と思索には純粋意志でも、純粋知性でもない共通の源泉が存在しているように思われる。そしてそれがボン・サンスというものなのである。実際、ボン・サンスとは行為にたいして理性的な性格を付与するとともに、思索にたいしてその実践的な性格を付与しているところの、まさに当のものではないであろうか」[16]と。ところで実をいえば、ベルクソンはさきに見た『物質と記憶』の「生への注意」を、ボン・サンスという語で言い換える場合もあるのであるが[17]、それは、ベルクソンにおいてはこの語がきわめて狭い意味で使用される場合であって、ベルクソンが別のところでたんに「知性のバランス」[18]と言い表すだけのものと同じものである、ということができる。しかるに『講演』において使用される場合の「生への注意」やボン・サンスは、人間性のかなり広い領域をカバーし、ある意味で、ベルクソンの哲学の全体をその背後から支えるものと考えても、どうやら間違いはない、と思えるほどのものなのである。念のために『講演』におけるボン・サンスをもう一度見ておこう。

ベルクソン自身が最初に行っているのは、感覚（le sens）とボン・サンス

(le bon sens) との比較である。すなわち、先刻も見たように、感覚や知覚と呼ばれるものは、一般に、それらの対象についての客観的な認識をもたらすというよりもむしろ、そうした対象がわれわれにたいしてもつところの、有用性や有害性についての知識をまず与えるものである。そしてこの点は、デカルトの感覚についての見解とまったく軌を一にするといえる。そして一方、ボン・サンスであるが、これは、感覚や知覚に導かれてわれわれのとる行動が、われわれ自身や周囲の人びとにおよぼす結果を予見させるものとされ、この意味でボン・サンスはすぐれて社会的な感覚だ、とされている。言い換えれば、われわれの個人的な行動は、つねにボン・サンスの監視下におかれている、ということになる。しかし実をいうと、こうした言い方よりもむしろ、ボン・サンスから各個体に属する側面のみを取り出してくるとき、感覚や知覚となる、という言い方のほうがより実態に即した的確な言い方ではないであろうか。知覚や感覚は、ボン・サンスの全体としての機能からのいわば抽象であって、ボン・サンスのほうがむしろ現実的、具体的な感覚である、と考えられるからである。ベルクソンは以下、われわれのさまざまな知のあり方と比較しながら、そのつど、ボン・サンスの特色を浮き彫りにしようとするのであるが、後に明らかになるように、こうした比較の対象となるものはすべて、ある意味ではいつも、ボン・サンスの働きの一部、ないし働きの結果として捉えることができるものであることが分かるであろう。

ベルクソンが感覚や知覚に引き続いてボン・サンスの比較対象としてもってくるのは、科学や芸術における天才である。すなわち例えば科学における天才を取り上げてみると、かれらにはしばしば厳密な証明や実験に先立って真偽についての微妙な予感のようなものがみとめられるとし、これは遅滞なく次々と物事を決めてゆかねばならないわれわれの日常生活において、すべての詳細が把握しきれていなくとも、そのつど状況の全体を照らし出し、ためらいを取り除き、困難を一刀両断にするボン・サンスの働きにきわめて類似している、とする。そしてその理由として、天才が自然に関してついに一定の見通しを持つにいたるとすれば、それはかれにおいて自然との「長い仲間づきあい」があるからであるが、ボン・サンスにもそれと同様な、たえず覚醒しつづけている精神的な営みが、一種の不断の調整作用のようなものがあるからである、としている。しかしこの点についてもまた、実際の順序からすれば、むしろ、ボン・サンスにおいて、そうした事態の変化にたいして不断に対応できる能力が根本に存在しているからこそ、天才の活動も初めて可能になる、というようにあらためて捉えなおすべきものであろう。そしてこのような見地に立つことが許されるならば、三番目にベルクソンが取り上げている、いわゆる社会通念としての「常識」との比較はきわめて理解しやすいものとなる。すなわちベルクソンは、ボン・サンスにとって、言語が通常、内に蔵している出来合いの考え方としての「常識」ほど警戒しなければならないものはない、とする。そしてその理由はなによりも、「常識」というものが、なるほどもとはボン・サンスの生き生きとした活動の果実として成立したものであったにせよ、それは間もなく木から落ち、干からびてしまい、その柔軟さを欠いたこわばりのなかで、もっぱら精神活動の残滓をとどめるにすぎないものとなってしまっているからなのである。そしてこの意味では、デカルトが『方法序説』でくり返し批判した百科事典的な博識もまた、たんなる既成の知識の寄せ集めとしては、現実にたいする対応能力をすこしももたない、ということになる。ベルクソンはそのような博識よりもむしろ「学ぼうとする意志をともなった無知の自覚」、経験にたいして開かれたこころ、としてのボン・サンスの方をはるかに大切にしなければならない、とするのである。

ところで、うえの天才との関連で指摘された決断の速やかさや、その本性として有している自発性の見地からすれば、ボン・サンスはまた、本能に類似している、ともいわれる。ただ、本能と異なるところは、ボン・サンスが用いる手段の多様性やその形態の柔軟性にあり、そしてなによりも知的な自動運動からわれわれの身を守るために、ボン・サンスが行う「徹底した監視」にある、とされる。もっとも、これは別な言い方をすれば、ボン・サンスとは臨機応変な本能である、といっても差し支えがない、ということであって、日本語でいわゆる「勘のよさ」と称せられているものに大変近いものであることが分かる。すくなくともボン・サンスは一方で、本能的な性格を併せ持っていることは疑いえないところであろう。

ベルクソンが本能とともに、ボン・サンスの比較対象としているのは科学である。それはボン・サンスの現実にたいする配慮や、事実とあくまでも接触を保ちつづけようとするところが科学とも共通だからである。もっとも、科学が「普遍的な真理」をひたすら追求するのにたいして、ボン・サンスはたんに「当面の真理」を目指すにすぎない、という違いがあるし、科学はいかなる経験的な事実も、推論のいかなる帰結もゆるがせにしないのにたいして、「ボン・サンスは選択する」という違いもある。要するに対象の広さというところからいえば、ボン・サンスは本能よりも範囲が大きく、科学よりは小さい、ということである。ただしこのことは逆に、ボン・サンスを限定していけばその極限において本能に到達することができ、ボン・サンスを拡大すれば科学となる、ともいえる、ということであって、本能も科学もある意味でボン・サンスのなかに可能的に含まれている、という言い方もできるのである。本能は行動と一体化した知であるのにたいし、科学は実践からひとまず独立した知である、ということができるが、しかし科学の根底にはデカルトが『方法序説』第六部で述べているように、人間を「自然の主人であり、所有者」となさんとする意志が働いており、この点はベルクソンも終始、主張してやまなかった点であった。とくにすぐ後で見るように、『創造的進化』においてベルクソンは、生物の環境にたいする適応の一方の形式が本能であるとすれば、知性による適応がまさに人間の場合であるとし、それのもっとも進んだ形態として科学を捉えていることは周知の通りなのである。

ところでうえで、ボン・サンスがすぐれて社会的な感覚である、との指摘をベルクソンが行っている点について見たのであるが、ベルクソンの哲学が本格的にこの問題の検討を行うのはいうまでもなく、かれの最晩年の著作『道徳と宗教の二つの源泉』においてである。しかし実をいえば、ベルクソンは、この著作における議論をすでに先取りするかのように、『講演』のなかでも、まず、理想や習慣とボン・サンスの関係として、次いで正義とボン・サンスの関係として取り上げているのである。すなわちベルクソンによれば、ボン・サンスには科学にも発展していく側面があるとしても、それ自体としては、あくまでも科学と異なる一つの顕著な特色を持つ点を挙げなければならない、とし、そしてそれこそ「生への注意」にほかならないとする。むろん、ここで使用される「生への注意」という概念は、うえにも述べたように、もはや『物質と記憶』で使用されるそれと同じではない。『物質と記憶』におけるよりもそれははるかにカバーする範囲が広く、また、最初からわれわれの社会生活を前提としている。すなわちここでの「生への注意」とは、別のことばで「現実感覚」と言い直すこともできるものであって、個人の行動を社会的な見地より調整する機能をすでに含みもっている、といえる。すなわち、ベルクソンはまず、ボン・サンスの最大の敵は、ものごとをすでに身についてしまった、一定の紋切り型でしか見ることのできない「習慣的精神」と、現実から遊離してもっぱら理想のみを追求しようとする「空想的精神」であるとする。言い換えれば、ボン・サンスは一方で、もっとも良きものへの熱烈な憧憬を保持しつつも、他方で、世間的な事情が許す範囲についての正確な見通しをつねに見失うことのないバランスの精神だ、ということである。ボン・サンスは漸進主義の立場をとる「進歩の精神」だ、という言い方もされるゆえんである。またさらに、われわれが正義というものを具体的に考えようとする場合に、なによりもまず、こうした漸進主義的な「進歩の精神」をこそ思い浮かべなければならない、ということでもあろう。なぜなら正義というものも、たんに理論的、抽象的に解されているあいだは、はなはだ無力なものであって、むしろいわゆる「正義の人」に受肉した正義として、具体的、現実的な場面で捉えられて、はじめて実際に力となることができるからである。正義は、あくまでも生きて働くものでなければならないのである。ベルクソンは正義は、さまざまな事柄のなかに入りゆこうとつねに注意を払いつつも、行動とその予想しうる結果をたえず秤にかけ、良きものをより大きな悪しきものでもって購うことをなによりも恐れる、としている。つまり、正義が本当の意味での「正義の人」のなかで実現されるさいには、ある種の繊細な感覚、実践的な真理についての一つの見方、ないし感触のようなものにならなければならない、ということである。それは「正義の人」がみずからにたいして要求しなければならないこと、また、かれが他の人びとから期待しうることについて正確な範囲を教えてくれるものであって、あたかも確信に満ちあふれた本能がなすように望ましいものに向けてまっすぐにかれを導いていく、とされる。

4．エラン・ヴィタルと愛

さて、以上のような、ベルクソンによるボン・サンス理解を踏まえて、かれが四つの主著のなかで取り上げたそれぞれのテーマとの関連をあらためて考え直してみるとき、どのようなことが明らかになるであろうか。まず、理論と実践がその起源としてのボン・サンスでは一つになる、という考え方は、ベルクソンのどの著作においても確認できる点であろう。すなわち『時間と自由』や『物質と記憶』は、うえのボン・サンス論とのからみでいえば、個体のレヴェルにおけるベルクソン的な無知の自覚、すなわち内外の経験にたいして開かれていることの意味に注目している、といえるであろう。しかしすでに見たように、こうした経験も、前者では、われわれの自由な行動と一体化しているし、後者では、いわゆる可能的行動として、これもまた行動と不可分な関係にある、といえるのである。また、次に見る『創造的進化』では、生命の起源に哲学者の直観によって見通される根源的な衝動としての「生命の躍進《エラン・ヴィタル》」ないし「意識一般」も、その物質との闘いの最前線においては、一方の無機物から道具を製作し、それを使用する知性と、他方の有機体内部に形成された道具を使用する本能となって現れる、とされるし、『道徳と宗教の二つの源泉』の偉大な神秘家たちの内面で体験される情動としての愛は、「閉ざされた社会」として成立している人間社会を全人類に向かってふたたび開かせるすぐれて実践的な性格を同時に有しているのである。もっとも、この後の二つの著作において、理論と実践がそれぞれ一つのものに収斂する理由は、前の二つの著作のように、ボン・サンスの経験にたいして開かれた性格ということだけに結びつけて理解することはできない。結論から先に言えば、『創造的進化』については、ボン・サンスが本能と科学の中間に位置づけられた点に、また、『道徳と宗教の二つの源泉』についてはボン・サンスが「正義の人」に受肉した正義として理解されている点に、それぞれさらに関連づけて考えるのが妥当であるように思われる。

内外二種類の経験に同時に開かれていることがボン・サンスの大きな特質の一つである、というところから、最初の二つの著作において切り離されていた経験をようやく総合的かつ普遍的に理解しうる道が開けてきたのであるが、ボン・サンスを本能や科学との関係で捉えようとする見方も、もとは、このボン・サンスにおける二種類の経験をそれぞれの方向に延長させることによってえられた発想であった、といわねばならないであろう。しかし一方の科学的な側面のみならず、もう一方の本能的な側面をも同時に射程に入れながら、考察を進めようとすれば、ボン・サンスという形でいつまでも議論をつづけていくことには無理が出てくるのではなかろうか。それよりもむしろ、ここで、なぜ、人間なら誰にでも具わっているとされるボン・サンスが、知性的であるとともに本能的でもあるのか、ということについて、その理由を新たに問う必要が出てくるのではなかろうか。また、これをうえのわれわれにおける内外の経験の位相に引き戻して考えるとき、知性的活動に連なる外部世界の受容に比べて、内的世界の受容には非常に困難や努力をともなう理由も明らかにされねばならないであろう。いずれにせよこうしてみると、ベルクソンにおいてボン・サンスは、それ自身としてはほんの見え隠れする程度にしか表面には現れてこないものの、深いところでかなり重要な位置を占める概念であることが分かるであろう。次にボン・サンスと『創造的進化』の生の躍進《エラン・ヴィタル》の関係について見ておこう。

ボン・サンスが知性と本能の両面を備え持っているとすれば、それを生んだ生命自体に両者が可能性として含まれていたからである、とするのが『創造的進化』を貫く基本的な考え方ではないかと思われる。むろん、ボン・サンスの本能的な側面は、知性ほど顕在化しているとはいえない。理由は、生命はその基本的な傾向を実現するために、分化という方法をとらざるをえなかったからである。つまり、人間の置かれている進化の道筋は主として知性を伸ばす方向、言い換えれば、外界と適応するさいに、もっぱら無機の物質を素材とする道具の製作によってそれを行う方向であったのにたいし、膜翅類、とくに蟻や蜜蜂では、そうした道具をあらかじめ有機体のなかに具えるとともに、有機化の延長としての本能にもっぱらそれらの使用を委ねる方向を取ったのである。もっとも、それはあくまでも傾向としてそうだ、ということであって、ボン・サンスにおいて顕著に現れるように、知性の方向においても本能的なものが消滅することなく存在し続けているし、逆に、本能の側においても、すくなくともその知性との分岐点に近いところでは、かなり知性に近い性格を具えていたと想定できる、とするのがもう一方におけるベルクソンの考え方でもあるからである[19)]。しかし本能をとくに本能に固有な側面において、また、知性を知性に固有な側面において捉えることは、両者の目指した方向性の違いを鮮明にするためにはまず必要な手続きとなる。

すでに述べたように、本能も知性も道具を使用するが、前者は生得的に有機体内に与えられているものを用いるのにたいし、後者は無機物質を後天的に加工することによって用いる。したがって前者においては、もしも意識が覚醒することがあるとすれば、それは生命の有機化や、その延長としての行動と一体化しているので、まさしく生命そのものを把握する、といえるのにたいし、後者は意識は目覚めてはいるが、それはもっぱら外界を照らし出すのみであって、みずからの内的生命についてはかえって無自覚である、ということになる。本能は生命に直接触れてはいるが実際には無意識であり、知性は覚醒しているが、みずからの外部に疎外された意識である、というのが実態なのである[20)]。もっとも、知性的存在には、言語というものがあるお蔭で、みずからの内面の世界にもある程度分け入ることは不可能ではない。すなわち、ベルクソンがこの点で注目するのは、憶えはじめた幼児のことばにとくに顕著にみとめられることばの可動性（la mobilité des mots）である。すなわち幼児のことば、いわゆる喃語の特徴は、習い憶えたばかりの一つのことばによって次々と異なった対象が指示されていくところにある。実際、子どものことばを聞いていると、「ことばはどんなことばであれ、どんなものでも指示しうる」[21)]というのが実感ではなかろうか。しかし言語のこうした可動性は幼児期の子どものそれには限らないのであって、実は言語自体が有している一般的な性格でもあるのである。そしていま、われわれがとりわけ注目しなければならないのは、言語のこうした可動性が外界に存在しているものの間を次々とわたりあるくことを可能にするばかりでなく、やがてものからもののイメージへ、またイメージからすっかり具体的な内容を取り除かれた抽象的な観念へと、内面的世界における対象をも次々に移動しながら、それらを指示し、意識化していくことができるという点であろう。知性は言語のこのような働きによってようやく有用性の立場を離れ、利害関係を離れて、純粋に理論的な立場に立つことも可能になるのである[22]。もっとも、いくら知性にたいしてこのように内面の世界が開かれているといっても、そこにおける知性のやり方は相変わらず外界でしか通用しないやり方のままであろう。『時間と自由』で捉えられたような、たがいに異質な要素が相互に浸透しあう流れとしてみずからの内面を捉えることは依然として不可能なままであろう。なぜなら知性が心を安んじてわが家でのように落ち着けるのは、無機の物質、とくに固体を扱うとき以外にはないからである。知性がそれゆえ、外界にたいする関心から自由になり、純理論的になる場合でも、内なる生命を捉え損なうことになるのは、ある意味では仕方がないことなのである。しかしここで諦める必要はない。なぜなら知性にはわずかではあるが、本能がそれをとりまく暈のような状態でその名残りを止めているからである。そしてそうした本能の名残りを強化する努力を通じ、いったん、疎遠になった生命との関係をふたたび取り戻すこともまったく不可能なことではないのである。そしてベルクソンが有名な「直観」という用語を使用するのは、周知の通り、まさにここにおいてなのである。ベルクソンはいう、「知性はみずからの作品である科学を介してわれわれに物理的な作用の秘密をますます完全に明らかにしてくれるであろう。しかし生命に関しては、それは生命をもたないものについて用いる用語への翻訳しかもたらしてくれないし、また、もちろん、みずからもその通りであるとしかいわない。それは生命の周囲をめぐり、外部より生命にたいして可能な限り多数の視点をとりながら、生命の中に入り込むことはせずに、かえって生命をみずからの中に引き込んでしまうのだ。けれども直観、すなわち、有用性の見地から自由になり、自己を意識し、みずからの対象について反省し、その対象を際限なく広げていくことのできる本能が、われわれを導いていくのはまさしくこうした生命の内奥そのものなのである」[23]と。ベルクソンはこうした直観の具体例として、ここでは通常、知覚のかたわらにそっと目立たないかたちで存在しているにすぎない「美的な能力」を挙げている。「われわれの目は生物の線をみとめるが、それらはたがいに並置されていて、相互に組織化されてはいない。生命の意図、各線を通して走っていて、それらをたがいに結合し、一つの意味を与えている単純な運動は見落とされてしまう。芸術家が一種の共感によって対象の内部に身を置き戻し、直観の努力を通して空間がかれとモデルとの間に置いている障壁を低くすることによってふたたび捉えようとするのは、まさしくこうした生命の意図なのである」[24]と。むろん、芸術家が捉える生命の範囲も個物に限定されてはいる。しかし物理学者が、外部知覚によってしるしづけられている方向を徹底的にたどりつくすことによって、個別的な事実を一般的な法則にまで延長するように、われわれは芸術家と同じ方向をとりながら、やがて生命一般をその対象とする哲学を考えることも決して不可能なことではない、とベルクソンはいうのである。

しかし、われわれはここでいったん立ち止まって、考えておかなければならない点が一つある。それは直観がこのように有用性を離れた本能であるとしても、もとはあくまでもわれわれの行動に関わる能力として与えられたものである、ということである。すでに『時間と自由』の「純粋持続」においても、一方の観られるべき対象としての性格と、自由として行ぜられるべき性格とに分裂するように見えたが、ここでも事情はまったく同じだということができるであろう。すなわち、たとえ直観ということばで言い直されようとも、それは、われわれにとってはまずなによりも、ボン・サンスの構成要素として存在するということであって、具体的にはどこまでもうえの知性とつねに連れだって働くものと考えなければならないのである。そしてボン・サンスからいちおう内面において経験される部分だけが取り出されてくるさいに「純粋持続」が浮き彫りになる、と考えることができたのと同様に、本能もまた、ボン・サンスにおける知性と協働する側面から切り離されることによってはじめて直観となる、と考えたい。ベルクソンが「純粋持続」からさらに生命一般に対象を拡げるさいにも、その観照的側面と同時に、実践的側面を強調するゆえんであろう。『創造的進化』の第三章には進化の先頭に立つものとしての人間の意識の次のような勇壮な記述が試みられている。「われわれの所有のうち、外面性から離れていると同時に、知性的なるものがもっとも浸透していないものにわれわれ自身を集中しよう。われわれ自身のもっとも深いところにあって、みずからの生命のもっとも内的と感ぜられるところをさがそう。そのときわれわれは純粋持続に、過去が絶対的に新しい現在によってたえず成長しながら、ひたすら前進を続けている持続にふたたびもぐりこむことになる。けれどもそれと同時に、われわれはみずからの意志のバネがその極限まで緊張するのを感じるのである…」[25]と。本来、行動的なボン・サンスをあらためて分析にかけ、それをあえて理論の立場から見直そうとするとき、その一方に現れるのが直観であり、そしてもう一方に知性が残る、という言い方ができるのではなかろうか。すくなくとも、ベルクソンが理解するようなボン・サンスの見地より『創造的進化』の議論をもういちど見ていくとき、そのような言い方も決して不可能ではないように思えるのであるが、いかがなものであろうか。

最後に『道徳と宗教の二つの源泉』（以下『道徳と宗教』と略す）とボン・サンスの関係について見ておこう。ここでもまず注目されるのは、ベルクソンがわれわれの実践に深く関わるいくつかのテーマを掲げながらも、かれはそれらにたいしては、あくまでも理論的な見地より取り組むとしている点であろう[26]。しかし一歩退いてこの著作を眺めてみると、他の著作と同様、この著作における理論的検討の対象となっているものもまたすべて、ボン・サンスの分析の結果、明らかになったものであることが分かるであろう。先刻見た、『講演』における議論とのからみでいえば、それはすでに述べたように「正義の人」のあり方、すなわちかれらにおける、一方であくまでも理想を追求しつつも、他方、世間の事情が許す範囲についての的確な判断をつねに見失わないでいる、という、あのあり方の、さまざまな角度からの分析がこの著作における議論の中身となっている、ということである。ところでこの「正義の人」は周知の通り、『道徳と宗教』においては、ベルクソンのいわゆる「偉大な神秘家たち」、とりわけイエスを中心とするユダヤ・キリスト教の伝統のなかに現れた予言者たちとして示される。そしてわれわれとしてはとくに、かれらにおける一見、狂気と見紛うほどの激しい道徳的な感情の噴出の事実が強調される一方で、その心情を人びとに訴えかけていくさいには、いかにそれをかれらに受け容れやすい形に変換されていくかについても語られている点に注目したい。神秘家たちもまた、ベルクソンによれば、「ボン・サンスの人」だからである[27)]。「偉大な神秘家たちの内的な発展をその到達点において捉えるとき、かれらがなぜ、病人と同一視されたのかがいぶかられる。たしかに、われわれは不安定になりがちな均衡状態のなかで暮らしており、精神の平均的な健康も身体のそれと同様、定義し難いものではある。しかししっかりと腰を下ろした、例外的な知的健康というものが存在しているのであって、これはたやすくそれと認められるものなのである。この知的健康は行動にたいする意欲や、状況にたいして適応と再適応をくり返す能力、柔軟さと結合した毅然たる態度、可能と不可能についての予言的な識別力、単純さを尚び、複雑さに打ち克つ精神、要するに高次のボン・サンスによって明らかになる」[28)] とベルクソンは述べている。

しかしこうした「偉大な神秘家たち」の高次のボン・サンスを分析していくとき、その具体的な契機として今度は、どのようなものを取り出すことができるであろうか。ところでこの問題を考えるにあたっては、一見、たいへん逆説的ではあるが、ボン・サンスの最大の敵として『講演』が挙げていた一方の「習慣的精神」と、もう一方の「空想的精神」についての考え方が大いに参考になるのではないかと思われる。

すでにみたように、『物質と記憶』が狭義のボン・サンスを取り上げたさい、一方の極限に身体に形成される習慣を、そしてもう一方の極限には日付をもった記憶をおき、それぞれ「衝動の人」と「夢見る人」に対応させて、ボン・サンスはまさに、両者の中間領域においてダイナミックに成立する機能である、とされた。ところで社会生活において要請される本来の能力としてのボン・サンスについてもこれと一種のアナロジーが成り立たないであろうか。すなわちボン・サンスの構成要素としてのどちらか一方が欠けるとき、その機能は緊張を失って「習慣的精神」あるいは「空想的精神」へと頽落するのである、と。「習慣的精神」とは、社会的には常識や慣習にもっぱら従う精神であり、個人は社会の一般的に受容されている価値体系のなかにすっかりからめ取られて、一切の自由を失っている状態を指す。とくに少数民族のように、一般社会から差別を受けている集団のメンバーにとっては、こうした状態にとどまることはただちに抑圧を意味しよう。うえでも見たように、ベルクソンの問題意識のなかにこうした点が強く働いていたことは、ほぼ間違いのないところではなかったか、と思うのである。しかし「習慣的精神」からの脱却のために、たんに理想社会を思い描くだけでは結局、「空想的精神」に終わってしまい、なんの力にもならないであろう。しかしそれではいかなる道があるというのか。ところで人びとが社会通念からなかなか自由になれないのは、社会通念を離れてはみずからの精神のよりどころがどこにもない、と考えるからである。しかし水草には水面上でたがいに支え合って得ている安定のほかに、それぞれの水草が水底の土壌に根を下ろすことによって得ている安定があるように、社会通念からの自由が不安定な孤立状態を必ずしももたらさず、積極的な自由に転じうる可能性がただ一つだけ残されている、とベルクソンはいう[29)]。そしてそれこそデカルトが進んだのと同じ道、われわれ自身の内面への復帰の道なのである。ベルクソンは『道徳と宗教』では芸術家や科学者において働く創造的な情動の存在を指摘するとともに、「偉大な神秘家たち」においては、それはとくに各社会が習慣の体系として持っている排他性を打ち破って、構成員をたんなる「同胞」としてのあり方から「人間」に変えていくところの神的な愛である、とする[30)]。なぜならベルクソンによれば、人びとは通りすがりのダンスに誘い込まれていくように、神秘家の呼びかけに応じ、かれらの愛によって開かれたこころを知らず知らずのうちに模倣するものだからである[31)]。いずれにしても、神秘家においては、既成社会の秩序を超える愛の立場を一方に踏まえることによって、みずからの所属する集団を相対化する視点が獲得されている、という点は非常に重要であって、かれらの現実にたいする柔軟な態度も実にここに発している、といえるであろう。しかしそれにしても、ベルクソン自身は、こうした視点をいったい、どの時期に獲得したのであろうか。いろいろと可能性は考えられるが、すくなくとも、この『道徳と宗教』が書かれた晩年でなかったことだけは確かなように思われる。

【註】

1）Cf. *Essais sur les données immédiates de la conscience* (以下D. I.,と略す) , pp.95-103
2）Cf. D. I., pp.45-55
3）Cf. D. I., pp.5-15, pp.21-23
4）Cf. D. I., pp.74-84
5）Cf. D. I., pp.84-85, なお、ゼノンの議論とは周知の通り、走者アキレウスは前方に設定された亀の出発点にまず到達しなければならないが、そのとき、いかに歩みの遅い亀といえどもいくぶんかは前方に進んでおり、以下そのようにして亀はつねにアキレウスをリードし続ける、というものである。
6）Cf. M. Barthélémy-Madaule, *Bergson*, Seuil, p.5
7）Cf. A. Memmi, *Portrait d'un juif*, Gallimard, pp.67-72　邦訳、A. メンミ著『あるユダヤ人の肖像』菊池昌實、白井成雄訳（法政大学出版局）67-73頁参照
8）Cf. C. Rogers, *On becoming a person*, Houghton Mifflin Co., pp.183-196
9）Cf. V. Jankélévitch, *Henri Bergson*, P. U. F., p.79
10）Cf. *Matière et mémoire* (以下M. M.と略す) , pp.173-181
11）Cf. M. M., chap. 1er
12）Cf. M. M., pp.83-96
13）Cf. M. M., p.170
14）Cf. M. M., p.176
15）*Écrits et paroles* (以下E. P.と略す) , pp.84-94, なお、付録の拙訳『ボン・サンスと古典の学習』を参照されたい。
16）E. P., pp.88-89
17）Cf. M. M., p.170
18）M. M., p.196
19）*L'évolution créatrice* (以下E. C.と略す) , p.142
20）Cf. E. C., pp.177-178
21）E. C., p.159
22）Cf. E. C., pp.159-160
23）E. C., pp.177-178
24）E. C., p.178
25）E. C., p.201
26）*Les deux sources de la morale et de la religion* (以下M. R.と略す) , pp.48-49
27）M. R., p.259

28）M. R., p.241
29）Cf. M. R., pp.7-8
30）Cf. M. R., pp.25-26, pp.34-51
31）Cf. M. R., p.36

第2節　意識と身体

ベルクソンの哲学は、しばしば、第三番目の主著『創造的進化』を中心にして語られる。これはニーチェ、ジンメルなどの哲学とならんで一つの生命論の哲学としてかれの哲学が受け容れられる場合がとくにそうであって、たいていの哲学史家たちの扱い方はこの点でほぼ一致を見ている。ベルクソンが当時の生物学の諸成果をよりどころにして『時間と自由』の持続する自己の領域にとどまらず、これをさらに普遍的な意識、普遍的な生命にまで置き戻し、そこからあらためて自己の意味を見直すというかれの哲学の発展ないし深化のプロセスをみるとき、生命論としてベルクソンの哲学が云々されるのはむしろ当然のことなのかもしれない。しかしながらわたしがここでベルクソンにアプローチを試みようとする態度から先に言えば、こうした生命論としてのベルクソンの哲学を最初から承認してかかるのではなく、むしろベルクソンみずからも常識の立場より出発すると宣言した『物質と記憶』という書物を手がかりとして、したがってまた、ベルクソンのいわゆる直観的方法をいきなり自明の方法として認めてかかるのではなく、いな、できることならかれの直観なるものがそもそもどのようにして可能となるのかというその根拠にまで迫ってみたいのである。そしてそのためにはわれわれの日常的な意識のあり方の批判的な検討からまず手がけていかなければならないことになるのであるが、『物質と記憶』の示した時間・空間体験、つまり知覚・記憶・身体の三者が相交錯しあう日常的な生の場面における具体的な分析は、われわれのこうした疑問にたいしてひとつの重要な手がかりを提供してくれるものと考える。むろん、ベルクソンの時間論、すなわちかれの有名な「純粋持続説」は『時間と自由』以来、ベルクソン哲学の中核をなし、これは『物質と記憶』を越えて『創造的進化』や『道徳と宗教』の中心をなす考え方へと直結していく思想ではある。しかしながら『時間と自由』の時間論と言い、『創造的進化』の自然史や『道徳と宗教』の社会史的な発想と言い、まずわれわれ自身における時間的なるもののみならず、それの空間的なるものと関係し合う場面での解明を欠くならば、さらに言えば、われわれの日常的な生が空間的な思考で被われていると言われるのであれば、それではベルクソンが本来のあり方として示そうとした時間的なるものへの移行はいったいどのようにして可能となるのか、というところまで明らかにするのでなければ、これらの著作それぞれにおける問題も十分に解明されることはないであろう。『時間と自由』における純粋持続はなるほど等質的な時間と対比させながら語られているにしても、等質的な時間という概念が日常的な体験そのものからのたんなる抽象にすぎない以上、それの対極をなすとされる純粋持続そのものの性格もなかなか具体的なものとしてはわれわれに迫ってこない。また、『創造的進化』の生命もたしかに生物学の知識を大いに活用しながら論じられているとはいえ、生命の直観ということに関してはそれと対置される知性の性格の一つひとつがもっぱら項目的にのみ取り上げられ、それぞれに個別的な説明が加えられているにすぎないということと関連して、両者の具体的な結びつきのなかで十分に捉えられているなどとはとても言えるものではない。また、『道徳と宗教』においても閉じた社会を形成する知性と開かれた社会を目指す愛の関係が非常に曖昧である。したがってわれわれがベルクソンにおいて実際に時空関係や知性と直観との関係がどのように捉えられていたのか、ということを具体的に知ることができるのは、『物質と記憶』という書物にもっぱら限定されるように思われる。もちろん、時空関係とか、知性と直観の関係と言ってもこの書物が心身関係というきわめて限定された領域でのことがらを主題としているため、われわれはややもすればほかの三つの著作とのつながりを見失いがちである。しかしながら一方で時間の問題を記憶のそれに移すとともに、他方、空間の問題を知覚に移して両者の関連をあくまでも現実に即しながら究明していこうとしたベルクソンの態度には、少なくともこれと相前後してかれが扱ったうえのそれぞれの問題の理解を別の角度から可能ならしめるものがあるように思えるのである。ほかの三つの著作と違って『物質と記憶』はベルクソンの中でも一つの特殊な地位を占めている、とよく言われるのであるが、その第一の理由は日常の知覚における具体的な経験から、経験の原初形態にまで探りを入れ、ベルクソンにはめずらしく認識論的な色彩が濃厚である、という点にあるであろう。また、第二の理由としては、そうした知覚というものと行動との密接な結びつきに読者の注意を喚起し、それを後のメルロー－ポンティの知覚の現象学を先取りするような手法で、事態をできるだけ具体的に記述しようと努めている点を挙げることができるであろう。

１．『物質と記憶』の心身関係論をおのずから要請することとなった『時間と自由』における二元論的な発想

ベルクソンにおける時空関係についての考え方をその心身関係論のなかに見ていこうとしているわけであるが、しかしそれに先だってベルクソンにおいてそうした心身関係論の必要性が生じた内的な理由を明確にしておかなければならない。そしてそのためには『時間と自由』で主張された純粋持続とはいかなるものであったか、ということからまず見ておかなければならないであろう。簡単に言えば、生活者として社会や自然という環境的世界において取らなければならない適応行動のために通常は外部に向けられているわれわれの意識、すなわち外界の諸対象に張り付くことによってそれ自身も個々の対象についての意識としてバラバラにされてしまっている意識のあり方をいったんやめて、意識がふたたび自分自身に目を向け直すとき、そこにたえず流動し質的な変化を遂げながらもつねに一定の連続性を保ちつづけているひとつの過程が出現してくるが、これをベルクソンは純粋持続と呼ぶのである。純粋持続においては現在の意識は一瞬前の意識状態をみずからのなかへと同化させながら不断に未来へと流れつづけている。しかもベルクソンは、このように流動持続する個性的な流れとしての意識との一体性をふたたび取り戻してそれを自覚的に生きること、そしてそこから各人本来の自分らしさを表現していくこと、ここにわれわれがこの世界に生まれてきた本当の理由があり、またここにこそ本来、真の自由と名付けるべきものがあると言うのである[1)]。環境的世界に対する適応行動ということでは他の生き物たちとも多くの共通点を持つわれわれ人間ではあるが、われわれにはこれ以外に表現行動というものの領野が開かれており、この世に生を受けた以上、ゆるされるならばこの段階にまで進んでいかなければならない、とする。ところでこの書の第一章ならびに第二章はこうした自由論を導くためにもっぱらその準備として書き記された

ものである、と言われる[2)]。しかしわれわれがいまやろうとしているように、『時間と自由』における二元論的な発想を明確にするためには、こうした到達点よりもむしろここに至ったプロセスを再検討することのほうがよりいっそう重要な意味をもってくるであろう。言い換えればこの点に関するかぎり、問題は第三章の結論においてよりも、第一章、第二章における議論においていっそう明瞭に現れている、ということである。まず、第一章の心理的強度という心理学における概念の批判から見ておこう。

ベルクソンはこの問題を取り上げるに先だって強度（l'intensité）という概念そのものの批判から始める。すなわちかれによればこの概念はもともと質と量という観念の単なる混合でしかなく[3)]、本来の正当性をもって主張できるような概念ではない。質は質として、量は量として元来はどこまでも純粋に取り出されるのでなければならない。しかるに心理学は心理的強度という概念を無反省に用いることによって他人はもとより自分自身をさえ欺いている、とベルクソンは主張する。実際、ベルクソンは強度の観念の折衷性を徹底的に究明しようとするのである。

フェヒナーを中心とする精神の物理学を提唱する心理学者らは外界の認識において使用される物理学的な測定法を人間心理の領域にも持ち込み、感覚や感情の数量化に努めた。これは、われわれの現実の身体が測定をゆるすもろもろの対象からなる世界の一部をなしているところから、その内部に広がっている感覚に対しても一定の尺度の適用が可能である、と考えられたためである[4)]。しかしベルクソンによれば、身体と同じ広がりを持つ感覚というものは、すべての感覚という観点からすると、きわめて限られた部分を占めているにすぎない。もしもこうした精神物理学の採用する方法を美的な感情、道徳的な感情、さらには宗教的な感情など、われわれの最も深いところで生じる諸価値と深く関わる感情についてまで適用しようとするならば、われわれは事実を大きく歪曲してしまうことになる、とベルクソンは言う。心理的な事象を数量化しようとするいかなる試みも、それらが内なるものに向かって進もうとすればするほど、みずからの無力を暴露しないわけにはいかなくなる。ベルクソンによれば数学の心理学への適用はせいぜい、身体に広がった感覚のレヴェルに止めておかなければならないのである5)。

質的なものと量的なものとを強度の概念の分析を通してこのように峻別したということは、時間と空間は峻別されなければならない、というベルクソンの根本にある思想と密接に連なっていることはいうまでもない。しかしこの問題に入るにさきだってベルクソンは内なるものの心的な多様性（la multiplicité psychique）と外界の多数性（la multiplicité numérique）の区別についてまず論じている。これはうえの質と量との区別とともに不可分性（l'indivisibilité）と可分性（la divisibilité）との違いについてもはっきりさせたかったからであるが、いまは詳しく論じている余裕はない6)。ただ、心理的なものは本来、質から質への連続的な変化の過程であり、そのかぎりおいては心理的な事実をいったん要素に還元したうえでそれを再構成しようとするいかなる試みも失敗に終わらざるをえない、ということ、意識の状態を諸要素に還元できるなどと考えるのは、外界の諸事物を等質的な単位にいったん置き換えることによってもっぱらそれらを数量的に取り扱っていこうとするわれわれのいわゆる科学的な思考、あるいはそこまで言わなくとも日常生活の便宜のために、言語や記号にたよって外界を様々な個物からなる世界として扱うことに慣れたわれわれの習慣的な思考方法をそのまま踏襲しようとするものにすぎないということ、このような思考にとっては心理的な事実をありのままに把握することはそもそもきわめて困難なものとなっており、みずからをあえて反省しようとする場合にも、これを知らずしらずのうちに何らかの介在物を通して見てしまわざるをえない、ということ、これらの点についてのベルクソンの指摘を挙げるにとどめる。ただしこの第三点目のことがらは重要であって、哲学史的に見てカント的な時間論に対するベルクソン的時間提唱の動機となったものと大いに関連してくるであろう。

周知の通り、カントはわれわれの主観の現実的な存在の認識はデカルトが考えたように単なる内的な自己の直接経験にもとづくのではなく、かえって外界の知覚における常住不変なものを前提にしている、と述べる7)。すなわちデカルトがもはや疑うことができないとしたあの内的なコギトの経験でさえ、実は外界の経験を前提としてのみ可能である、と言ったのである。ここで恒常な外的経験とはニュートンの力学体系を積極的に基礎づけようとしたカントにとっては、何よりも一定の周期をもって反復する天体の運行が念頭にあったことは言うまでもない。われわれが時間の経過を現実に認識するのは、もっぱらこうした一定の法則にしたがって反復する天体の運行によってである、というのがカントの時間論の根幹をなす考え方であった。ところでこのように時間の知覚がつねに空間的な表象を通してのみ遂行されることができるとするカント的な立場こそベルクソンにとってはまず疑ってかからなければならないものなのである。いったい、上のように理解されたカントの時間とはそもそも本当に時間なのであろうか。一定の周期を持った外界の運動体の運動が時間の基準をなしていると言うにしても、実際にはわれわれはそのさい、こうした運動体の通過していく軌道上の諸点の位置を確認しているだけではないのか。こうした空間的な表象を通してみられた時間というものはもはや本来、時間と呼ぶべきものではなく、単に時間が空間上に残していった軌跡、時間が空間に翻訳されたもの、つまりは空間そのものではないのか。一般に時間は等質的である、と考えられているが、しかしそれはもはや時間そのものではなく、時間の代用物としての空間がもっぱら考えられているにすぎないからではないのか8)。もしも時間が等質的なものであり、空間と同様のものであるとすれば、空間において位置の変換がきわめて容易にできるのと同じ理由にもとづいて、過去への復帰も、未来の予見もきわめて容易なものとなるであろう。科学における第四次元としての時間はまさにこうした性質のものである。社会生活においてわれわれが共有している時間もまたこのようなものである。もちろん、時間が空間化されたのにはそれなりの理由があった。科学や社会生活の要求は時間を個人の特殊な体験的事実として享受しつづけることを許さなかった。物質的世界における事象は多かれ少なかれ反復するものである。相似た現象が周期的に起こっている。社会生活は各人が好むと好まざるにかかわらず必然的に同時性の確認を要求する。しかし本当の時間というものは決してそのようなところに求めてはならないのだ。それは反復するものでも、確認された同時的な瞬間の総体でもなく、あくまでもその経過が一回的な、質的な変化であることを特色とする。またそれはいかなる空間的な表現も許しはしないであろう。ベルクソンにあっては時間はまずなによりもわれわれがみずからの内面に注意を集中し、そこから次第に空間的な要素を取り除いていくときに現前する意識の様相そのもののことなのである。見ることと行為すること、そして予見することとがひとつになった純粋持続の体験とは、まさにこのような深層の意識と一体化することにおいてはじめて捉えられるきわめて独自な世界の体験のことなのである。しかもここにおいて開かれてくる境地こそ同時にまたベルクソン的な自由としての自己実現の境地に他ならないものであった[9)]。

２．知覚と身体

ベルクソンは時間と空間とをこのように峻別することによって時間を純粋に取り出そうとするとともに、そこに姿を現してくる時間こそわれわれの自由の根源でなければならないことを示そうとしたわけであるが、しかしこのように見てきても、初めに一言したように時間と空間との対立そのものがいまだ外面的なそれに止まっているため、そこから導き出されてくるベルクソン的な自由もまたきわめて抽象的なものに止まっていると言わざるをえない。表面的な自己を離れて内面の自己に立ち帰るということが言われても、表面的な自己そのものの捉え方がまだ十分具体的なわけではないので、内面的な自己そのものの性格も十分明確なものとはなってこないのである。それゆえわれわれもベルクソンの言う時間をその具体的な姿において明らかにするためには、その前にベルクソンが空間的な体験というものをどのように理解していたのかを十分に理解しておく必要がある。また、自己を見失っている日常的な生の否定のうえに成立する、といわれている自由も日常的な生の捉え方いかんによってはその性格にも大きな影響が出てくるであろう。

ところで『物質と記憶』は、『時間と自由』の単純な二元論的な考え方が残した問題にベルクソン自身が気づいてその解明に当たろうとした著作であると考えても大過はないと思われる。ただしベルクソンはここで問題をできるだけ絞り込もうとして知覚・身体・記憶の三者の関係はどうなっているのか、という狭い意味での心身関係に問題を限定して論じている[10)]。したがって日常的な生の問題といってもそこにおのずから制限のあることは仕方のないことであろう。しかしながらひるがえって、二元的なものを単純に二元的なものとして放置しておくのではなく、それらをどこまでも具体的な内的な関わりにおいて捉え直していこうとしているベルクソンの態度に注目するなら、問題がたとえ狭い範囲で論じられているにすぎないとしても、そのような問題に対する具体的な解明となっているだけでなく、他の関係する領域の問題の解明にも大いに役立つものとなるであろう。事実、A. チボーデなどは、『創造的進化』の形而上学のすべてが『物質と記憶』における検討のなかで潜在的な形においてではあるにせよ、すでに描きつくされている、などとさえ主張しているのである[11]。

さてこれでいよいよ『物質と記憶』の中心テーマである心身関係論に移っていくことになるわけであるが、しかしその前にここでいましばらく立ち止まってベルクソンにおける日常的生、あるいは常識の立場というものの理解について一言触れておかなければならない。

すでに見たように『時間と自由』は常識的な思考というものをしばしばやり玉にあげ、純粋持続の哲学のなかにそれが介入することを極力避けようとした。ところで『時間と自由』ではこのように厳しく斥けられた常識の立場であったが、『物質と記憶』になるとその扱い方において大きな相違がみとめられるようになる。それは『時間と自由』ではその記述の順序がどうであれ、どこまでも純粋持続としての時間が一方で予想されており、その立場からする常識や日常的な生の批判が行われていたと言えるのにたいし、『物質と記憶』において積極的にその立場に立つと宣言される常識の見地というものには、もはやそのような哲学的な前提はいっさい排除されているからである[12]。言い換えれば、『時間と自由』は常識の立場からいえば純粋持続という自己の外部よりなされる批判であり、『物質と記憶』はこれに反して出発点としてはどこまでも常識自身の立場をとって、次第にこうした常識、あるいは日常的な生がそのようなものとして成立してくる基盤にまで自己認識を深めていこうとしているという意味で、常識の立場のそれ自身による批判、日常的な自己の自己批判となっているということである。

さて、日常的な生における意識のもっとも単純な段階をなしているのは知覚である。われわれが感覚器官を開けば現れ、閉ざせば直ちに消え去ってしまうように見える世界、われわれにとってもっとも身近な世界、これがわれわれの意識として捉えかえされると知覚となる。ところでこの知覚的世界にあるわれわれの身体であるが、これは他のさまざまな対象と同じく知覚的世界の一部をなしてはいるが、一つだけきわだった特徴をみとめることができる。それは身体の移動にともなって知覚世界における他の対象の位置には大きな変化が生じるのに、この身体の位置にはいっこうにそうした変化が生じない、ということである。この意味で身体はこの世界においてひとつの特権的な立場にある、といえる[13]。むろん、こうした身体の特別なあり方がわかったからといってその意味がすっかり明らかになるわけではない。わたしの身体がなぜいつも知覚の中心に立ち、知覚的世界をあたかも支配しているかのごとくに見えるのか。いったい、知覚と身体との関係において身体はいかなる役割を担っているのか。ここでベルクソンが出した結論からさきに言えば、身体とは知覚的世界においてはどこまでもわれわれの行動の手段であり、また、もっぱら行動の手段にとどまるということである[14]。これは一方において身体、とくに大脳組織をもって意識発生の場とみなす唯物論に反対するとともに、バークリ哲学流に身体をも含むいっさいのものを純粋表象に還元しようとする極端な観念論にも反対しながら、いわばこの両者を調停しようとする発想から出てきたベルクソン独自の考え方であるといえる。すなわち唯物論的に大脳が意識を生むと考えれば大脳自体が他の知覚対象と同じ一対象にすぎないのにどうして他の多くの対象まで生むことができるのか、つまり、部分がどうして全体を含みうるのか、という難問に逢着せざるをえないし、逆に観念論の立場に立ってすべてが表象であるというのなら、なぜ、そのなかのひとつの表象にすぎない身体的な動きだけが表象の全体にこのように大きな影響をもたらすことができるのかが分からなくなる、ということである。しかしベルクソンによれば、これらの二つの議論には共通に見過ごしている点がある。すなわち唯物論も観念論もそれぞれあらかじめ身体と意識を切り離しておいて、そのうえで両者のいずれかの一方に他方のものを還元、ないし解消しようとするのであるが、実際は両者はその固有性を保ちつつもつねに不可分な状態で結合しあっているということである。しかもそうした結合の原理をなしているものこそ、実は身体の行動なのである。心身関係の問題は身体的行動というものを中心に置いて考えなければ理解できない。しかしこの点を明確にするためには身体と知覚の関係を現実に即しながらさらに具体的に見ておく必要がある[15)]。

知覚的世界は身体を中心に遠近の区別をもってその周辺に広がっているのであるが、この遠近の区別というものは実はたいへん重要な意味をもっている。ベルクソンによれば、これらはまずなによりも身体的行動の可能性の程度をあらわす指標として解釈すべきものである[16)]。いな、そもそもわれわれが知覚というものをもっているというまさにそのことが、すでに身体的な行動ということと切り離しては考えられないことなのだ。たとえば、いま、われわれの感覚器官をすべて閉ざして外界とまったく遮断された状態を仮定してみる。このときまるで外界が消滅してしまったかのように思われるであろう。むろん、だれもこうしたことから、外界が実際に消滅したなどとは考えない。外界は知覚されないが、相変わらずもとのままであるという信念は微動だにもしない。しかし一方、一時的にもせよこのように知覚をなくすことによってわれわれにははなはだ重要な事態が発生しているのだ。すなわち知覚を喪失することによってわれわれには的確な身体の動きがもはやとれなくなっている、ということである。知覚を失うことによってわれわれは行動の指標を同時に失ってしまったのである。知覚の闇は行動の闇を意味する。逆に知覚が明るいものになればなるほどそれだけ行動においてまちがいが少なくなっていくであろう。ベルクソンが知覚は身体の可能的行動である、というのはまさにこのような意味であったのだ[17)]。

しかし知覚が身体的な行動といかに密接な関係にあるとしても、それはあくまでも身体の可能的行動であるという点が大切であって、まだ、それが現実的な行動にはなっていない、というところは十分に抑えておかなければならない。単なる物体であれば、その物体以外のものからもたらされる作用にたいしては、いわゆる反作用としてその反応はただちに返されるであろう。しかし人間の身体の場合、知覚をもつことによってこうした反応はいったん抑止される。いな、知覚とはこうした直接的な反応の禁止そのものである、とさえ言えるのだ。直接的な反応を差し控えるまさにその分だけ、世界は意識となってわれわれに表象されてくる、ということである。むろん、身体的な行動にはいつもこうした知覚が先行しているわけではないであろう。むしろ、われわれの日常的な行動の大部分は、ほとんど知覚の助けなしに行われている、というのが本当のところであろう。それは日常生活においては繰り返される行動が大部分を占め、その結果われわれの身体に一定数の習慣が形成されることになり、知覚は次第に単なる必要な反応を呼び出すためのシグナル程度の意味しかもたなくなるからである。この意味では、習慣はわれわれの身体を物体に近づけている、とも言えよう。

以上がベルクソンの知覚論のきわめて図式的な説明であるが、実はこうした考え方は知覚に限らず、感覚や感情についても適用されている。例えば感情についてベルクソンは、ここには「行動への誘いとともに待機すること、さらにはなにごともなさずともよい、とする許可がある」[18] などと述べているし、感覚に関しては、これは猶予された行動であり、その役割はこれこれの自動的な反応と他の可能的な動きとのいづれを選ぶか、という地点にまでわれわれを導いていく、と言っている[19]。要するにベルクソンでは世界や身体の意識化（世界を意識化するのが知覚であるとすれば、感覚や感情は多かれ少なかれ身体を意識化している）の程度は、そのつど、われわれの行動における非決定性、自由の程度を表している、ということになる[20]。逆に言えば、意識による反省という契機をもたない行動はそれがでたらめなものでなければ、身体に形成された習慣による自動運動にもっぱらたよっているのである。

しかし意識と身体との関係を見ていこうとするかぎり、知覚や感覚、感情の段階だけを検討するだけではじつは問題はかたづかない。ここにはさらに記憶の問題が重要なものとして関わってくるからである。

3．記憶と身体

上でベルクソンは知覚と身体的行動の結びつきを強調しているところを見たが、記憶についても同様にこうした身体的行動の見地よりまず捉えなければならない、とする。ベルクソンによればわれわれのいかなる経験もそのつどすべてが余すところなく自動的に保存されていく[21]。この主張は主として記憶の大脳局在説の論駁と並行してかれの到達した本来なら形而上学の領域に属すべき仮説であり、純粋記憶説として有名なものであるが、いまは議論の複雑な経緯については原著に譲ることとしたい。ただこの議論の難解さに関して一言すると、『時間と自由』の立場から言えば、意識の持続性が初めから認められているわけであるから、過去の保存ということは比較的容易に承認されてくるものであるのにたいし、繰り返し述べるように、ベルクソンは『物質と記憶』においてはこうした哲学的な前提にたいしてはあえて白紙の立場を取り、あくまでも知覚という日常的な意識から議論を進めているので、いきおい、こうした知覚はどこに、また、どのような形で保存されていくのか、という議論とならざるをえなかった、ということである。しかしそれはともかく、記憶と身体的行動の関連というが、それは具体的にはいかなることを意味するのであろうか。

実を言えば、記憶が行動と関わるのはうえのように保存されていく全体としての記憶なのではない。ちょうど知覚が全体としての世界からその一部分を身体を中心とした一定の広がりとして切り取り、それを身体の可能的行動の場としているように、記憶の全体が意識に現前するように思われる場合があるとしても、それはあくまでも例外的なケースであって、われわれが夢想状態にあるときとか、そうでなければ、身体、とくに大脳になんらかの異常が生じたためにそれに付随して起きた記憶障害の場合にかぎられるであろう。記憶が身体的な行動に役立つことができるのは、知覚と同様、それが記憶心像として限定、ないし選択されてくるときだけだ、ということである。知覚がすでに身体の可能的行動であったが、知覚からの情報にとどまらず、加えて過去の類似の経験がそこに投入されてくるならば、われわれの行動はそれだけますます有効性と的確性とを増していく、ということである[22]。

ところで知覚・身体の関係の中にさらに記憶が加わって三項間の関係として新たに問題が捉え直されるとき、ベルクソンはそれを狭い意味では再認（la reconnaissance）と呼び、広く解釈するときには生への注意（l'attention à la vie）と呼んでいることは周知の通りである。

単に知覚の指示のみにしたがった行動は行動としてはまだ初歩的な段階のものであって、本来の人間らしい行動が可能となるためには、過去の経験をさらに踏まえる必要がある。瞬間出現しては現実の運動の中に消滅していくような知覚は、ライプニッツのいわゆる瞬間的精神（mens momentanea）であって、これは外部より見る限り、その身体的な動きによって行動が存在しているかのようではあるが、実際はまったく自由のないロボットの状態にとどまっている[23]。知覚・反応はさらに知覚・記憶・反応とならなければならない。われわれが真に行動的といえる人間となるためには、かえってそれだけますます思索的とならなければならない、ということになろうか。

いま、Ａなる対象の知覚と反応とが瞬間的であれば、それは非注意的再認と呼ばれる。われわれの日常の大部分の行動はこれから成っているといってよい。同一の、ないし相似た刺激に対して身体は次第に一定した反射的な運動機構をみずからの内部に形成していくのである。こうした運動機構のことをベルクソンは身体的記憶または運動記憶と呼ぶ[24]。

しかしまったく新しい対象との遭遇によって知覚の重要性が高まるとき、それを本当の意味で補佐できるものは記憶である。なにもかもが目新しい対象と向かい合った身体にとって、もはや以前の反応の形式はほとんど役を果たしてくれない。知覚はこれまでのようにただちに反応へと発展していくことができない。ここでは記憶に援助された対象の意識的な点検作業が必要となる。これは注意的再認と呼ばれる[25]。

この新しい対象を仮にＢと呼ぶことにしよう。対象Ｂに対して知覚は単に反射行動への誘いのシグナルとして表面的に接するのではなく、反対にますますその対象へと引きつけられていく。しかも知覚がこのように対象の細部へと分け入っていくということは、逆に言えば、対象Bがそれだけ詳細にわたって知覚の中に取り込まれていく、ということでもある。ところでこうした対象と知覚の相互進入の過程は、他方では、知覚としての意識が記憶へと転換していく過程であるとも言えるであろう。つまり、知覚というものが、本来、対象をどこまでもその広がりにおいて瞬間的に把握するものであるとすれば、こうした知覚が継起的に積み重ねられていくということは知覚の記銘ということであり、すでにそこには記憶作用が働いていると言えるからである。むろん、記憶の働きは単に記銘に終わるものではない。記銘とともに想起ということが記憶の重要な働きをなしている。しかもこうした注意的再認の過程においては記銘が同時に想起でもある、と言えるような過程が現実に存在しているのである。そうした想起作用を同時にともなうのでなければなぜ注意が対象についての認識を増していくことができるのか、とうてい説明できるものではない。知覚→記銘→想起→知覚の順序で起きる速やかな循環がそのつど深まりをみせながら進行する過程、これがまさに注意的再認の過程に他ならないであろう。

ところで知覚と記憶とがいわば螺旋状をなしながら進行させていくこうした循環過程において、身体、とくに大脳の果たす役割はいったい、どう考えればよいのであろうか。うえでも一言したようにベルクソンは記憶の大脳局在説というものに反対しながら記憶論を展開しているのであるが、大脳の働きに関しては次のような結論を出している。すなわち、大脳とは身体の一部分をなしているかぎりにおいては、どこまでも運動の器官であり、記憶に対してもその保存器官というよりはむしろせいぜい選択の器官と言えるものにすぎない、と[26)]。知覚に関してその表象が大脳において発生するという考え方が斥けられたのと同様、記憶に関しても単なる物質としての大脳が記憶の保存器官であるとする考え方は否定するのだ。むろん、多くの大脳生理学者が指摘するように大脳は決して記憶と関係がないわけではない。ただしこの場合、ベルクソンによれば大脳は記憶の保存器官としてではなく、現在の知覚にとって意味ある情報となる記憶の選択にあたってもっぱら必要な枠組みを提供する役割をになうだけなのである。ベルクソンが大脳を中央電話局にたとえたのは、まさにこうした事情を説明するためであった。つまり、対象からの刺激はまず求心神経を経て大脳にまで到達する。もしもいまこの刺激がそのまま対象へと返されていくとすれば、それは単なる日常の知覚の場合であろう。交換台を呼び出したが、相手につないでもらうまでもない用事であることに気がついて通話を途中で思いとどまる場合である。しかし注意的再認においては、大脳はみずからのところにまでやってきた刺激をさらに記憶にまでつなげてやらなければならない。すなわち、交換手は自分の受け取った通話者からの希望にしたがって相手の番号を多数の可能な応答者の中から選別しなければならないのである。ベルクソンによれば、大脳はまさに交換台であって、その主要な役割は、第一に知覚と対応する記憶の選択であり、第二はそれをあらためて知覚へとつなげていくことなのである[27]。

ところで、知覚、大脳、記憶の関係についての以上のような考え方はベルクソンにおいては一般観念や言語を考察するさいにも基本的な考え方をなし、やがてのちにはかれの知性論にまで発展させられていくことになるであろう。

まず、一般観念であるが、これはわれわれが事物相互の間に類似を認めることから始まる、という[28]。知覚は乳幼児におけるようなそのもっとも原初的な段階においては、世界をまだ個々の対象への区別を内に含まないひとつの連続した全体として受け容れられるにとどまるであろう。しかしこうした原初的な知覚といえども、それがまさに将来の身体的行動を目的とした世界のわれわれによる限定であるかぎり、すでにそこにはこうした身体的行動と相即するものだけがおのずから抽出されていよう。そして様々な試行錯誤を通じてこうした世界についての経験が増してくると、われわれは身体における反応の仕方が次第にいくつかの限定されたものとなっていることに気づくようになる。また、一方、たとえ同じ対象でなくとも身体の一定の要求に適うものでありさえすれば、反応はいつも同じである、ということも理解するようになるであろう。これはある種の草食動物が特定の緑にもっぱら反応することによってみずからの好みの草を探し当てている事情にも通じることである[29]。しかしいずれにしてもベルクソンがここでまず類似の知覚を取り上げているのは、それがわれわれの言語との間に重要な関連性がある、と考えたからに他ならない。

もちろん、言語はわれわれが生まれた社会において後天的に習得していくどこまでも人為的な運動の記憶であって、決して自然に習得される類似の知覚などとただちに同一に論じることはできない。しかし言語もいったん習得されると類似の知覚と原理的には同じ機能を果たすようになるのである。すなわち言語、なかでもものの名称は類似の知覚による分類がすでにそうであったように、われわれの同じ要求に応えてくれるものはすべて同じ名称で呼ばれ、その数は有限でありながら、それぞれの語は無数の対象と呼応しあうようにできているということである。そしてこの意味では、われわれは言語の習得において、自然を模倣している、とも言えるのである[30]。

もっとも、類似の知覚が言語との比較に耐えるのは実はここまでであって、本来の意味での類概念、言い換えれば知的に認知されるかぎりでの類似、つまり、一般概念になると、これはもはや前者の単なる延長線上において捉えることはできなくなってくる。ここには記憶の介入があるからである。むろん、ここでいう記憶とは単に身体が憶えた運動習慣、すなわちベルクソンのいわゆる習慣的記憶のことを指すのではない。再生されて記憶心像となる記憶、刻々の知覚をその特殊な色合いにおいて細大もらさず保存している記憶[31]、ベルクソンがまさに日付をもった記憶[32]と呼んでいるものがこれに他ならない。むろん、ベルクソンもこのような記憶の全体が保存されるということまで完全に立証することができているわけではない。しかし身体が習得していく習慣とともにこうした日付をもった記憶、すなわち表象的記憶の契機を欠けば一般概念が人間的な認識にふさわしい内容を決してもつにはいたらない、というベルクソンの確信にはひじょうに堅固なものがあって、こうしたかれの普段からの思いがついには純粋記憶説のようなものを構想させることになった、とわたしは考えている。すなわちものの名称が単に知覚・身体の関係において成立する習慣的記憶と対応した類似の知覚だけを指示するかぎりにおいては、対象世界を身体のいくつかの反応形式の範疇にしたがって分類する動物の本能とのあいだになんらの違いもみとめることができない。そこではいちおう対象の類別というレヴェルの個別化は行われても、個物はまだ単なる類似性のなかにみずからを埋没させたままである。しかるに類似の把握がわれわれにとって本当に有効なもの、柔軟性をもったものとなるためにはそれが単に個物が共有している側面の把握にとどまらず、各個物のそれぞれにおいてみとめられる特殊な側面、いわば各対象の個性をも同時に含んだものとならなければならない。しかもこうした個物における特殊な内容を捉えていくもの、経験にたいしてどこまでも開かれた知覚こそ、記憶にいったん転換した局面で捉えかえされた場合、まさにうえのような日付をもった記憶となっていくのである。

4．イマージュ論

以上、ベルクソンの『物質と記憶』における知覚を中心に据えた心身関係論をわたしなりに見直してみたものであるが、終わりにこうした心身関係論の中身を踏まえることによってあらためて他の著作における哲学の諸テーマとの関係を確認しておかなければならない。

すでに明らかなように、ベルクソンでは知覚は本来、身体的行動のための功利的な認識であって、決して純粋な認識なのではなかった[33)]。純粋認識とはベルクソンでは先に見たような純粋持続と一体化するような経験、すなわちベルクソンのいわゆる直観のみが保証することのできる認識である。しかしながら功利的認識と純粋認識をこのように区別してみても、それらはもともと唯一の主体であるわれわれの意識の二つの側面、ないし次元に他ならないであろう。しかしもしもそうだとすると、こうした同一の主体がいったいどのようにしてこれらの異なった次元を生きることができるのか。しかもわれわれの通常の認識形態が功利的にできているとすれば、こうした功利的なものから純粋な直観への転換は具体的にはどのように行われるのか。こうした点があらためてわれわれの疑問として浮かび上がってくる。

心身関係論では一定の広がりを持った知覚を中心に議論が展開されなければならないところから、記憶もこうした知覚に対応する記憶心像という一定の広がりを持った形のものとして取り出してこざるをえなかった。すなわち『物質と記憶』においては全体としての世界から一定の選択がなされた結果としての知覚が議論の中心となるため、知覚をいっそう明瞭なものにするために動員される記憶もまたさし当たり、個々の記憶心像として注目され、全体としての記憶、純粋記憶は仮説として論じられるにとどまった。しかしベルクソンにおける形而上的なものとの関係を見ようとすればこのように生活のために限定された知覚や記憶をそれぞれの全体との関係においてもういちど捉え直すことが必要となる。

ところで『物質と記憶』において生への注意における緊張した意識状態について記述するさい、ベルクソンはそこに多くの記憶心像が送り込まれてくる事実とともに、それらの心像の背後にわれわれの全記憶の現前が同時に認められる、との指摘を行っている個所がある[34]。むろん、こうした事態に気づくのはもっぱら現実の生活の雑多な配慮のために精一杯となっている日常的な意識ではないであろう。あえていえばそれはベルクソンにおける形而上学的な意識である、というより他はない[35]。しかしこれをどのように呼ぶかはひとまずおくとしても、ここで環境的世界への適応をもっぱらみずからの仕事と考える日常的な意識と、それを背後から支えている意識との共存が確認されている、とは言えるであろう。『物質と記憶』に続いて出版された『創造的進化』になると、うえのような物質的な世界に向けられた注意としての意識のあり方を知性と規定し、これに反して、こうした対象的認識においていつもそのうしろに隠されてしまっている記憶の全体に向けられる注意のことをあらためて直観として理解するようになるのであるが[36]、しかしかりにもせよ一方は知性の、他方は直観に属しているものが同じ場面において同時に姿を現わすことを確認したということは、ベルクソンに両者の間になんらかの連続性を考え始めさせるきっかけとならなかったわけはないであろう。しかも日常的な生と形而上学との連続性については『時間と自由』のいわば形而上学の立場からする議論の仕方に合わせた言い方によって表現することも可能である。すなわちこの書では本当の時間としての持続は過去から未来へとただの一度の反復も許されずに流れていく、と言われる。しかしこうした時間の現在における未来への橋渡しはいったい、なにが行っているのか。また、持続はたえざる質的な変化をなしている、とも言われる。しかしこのような変化は具体的にはなにによってもたらされていると言えるのか。われわれはこれを端的に現在における経験である、と考えたい。事実、ベルクソン自身、記憶の中身を豊かにすることが時の流れであり創造である、と言ったり[37]、時間は過去を背負いながら不断に未来を蚕食しつづけている、と言ったりもするのであるが[38]、ここで記憶を豊かにしたり、時間によって蚕食されていくものは、われわれの眼の前に絶えず出現してくる新たな知覚経験をおいてはないであろう。

ところでこうしたベルクソンにおける生活と哲学との交錯した関係を一貫性を持って説明できるような原理がひとつある。それはこれまでわれわれがあえて伏せてきた『物質と記憶』におけるイマージュ論と呼ばれているものに他ならない。

『物質と記憶』は知覚の記述から始めていることはすでに見たとおりであるが、その際、身体の周囲に展開されている物質的な世界のことをベルクソンはイマージュと呼ぶ。これは知覚の対象となっている世界が一方において物質的世界に属するとともに、他方でわれわれの意識の内容ともなっているということ、いわば物質的な性質と、心理的な性質の両者を兼ねそなえていることを意味している[39]。しかしいまさし当たって問題となるのは、こうしたイマージュの二面的な性格が可能になっている理由である。言い換えれば、イマージュとして捉えられる知覚において、いったい、われわれの意識はどのように物質と接し、また、反対にこうした物質がどのようにして意識化されることになっているか、という点である。ベルクソンの用語でいえば、物質の現存（la présence）がどのようにしてわれわれの表象（la représentation）へと転換されてくるのか、ということである[40]。もしも『物質と記憶』の最初の立場を徹底して、知覚の立場から世界に対する場合、こうした知覚対象としての世界をイマージュあるいは表象と呼ぶことには異論の出る余地はない。対象はなるほど独立に存在することができるかもしれないが、少なくともいまわれわれの知覚の対象となっているかぎり、それはわれわれの意識内容をもなしているわけであるから、それはベルクソンの与えている概括的な定義となんら矛盾しない。しかしながらベルクソンはここでいきなりイマージュの意味を拡大するのだ。すなわち「これらすべてのイマージュはたがいにそれらの要素をなす部分において一定の法則、すなわちわたしが自然法則と呼んでいる法則にしたがって作用反作用をおこなっている」[41]などと言い始めるのである。イマージュは初め、われわれの意識内容としての対象、つまり、主観的かつ客観的な性質のものであったのに、ここでは自然法則というまったく客観的な事実をまで含むようになるということである。もしも、このような場合においてもなお、イマージュの考え方を通そうというのであれば、カントと同様、こうした自然法則がなぜ主観にとって客観的であるのか、という問いが当然出てこなければならないのではなかろうか。しかるにベルクソンにおいてはそのような問いはまったく出されることはないのである。いな、イマージュはここで単に客観的な自然との区別をなくしているばかりではない。イマージュ自身が逆に自然の立場より理解されているのである。ベルクソンは言う、「あなた方が説明しなければならないのはどのようにして知覚が生じるのかではなく、なぜそれが権利上、（物質界）全体のイマージュであるべきはずであるのに、現実にはかえって限定されているのかという点である[42)]［（　）内は紺田］」と。ところでこうしたイマージュと自然（ここでは物質界）との無条件の同一視はいったい、なににもとづくのであろうか。一言で言えば、それは意識と物質との連続性が暗黙のうちに承認されているからではないであろうか。知覚から記憶の要素を取り除いていけば、知覚はその極限において物質と一体となる、と言うベルクソンの純粋知覚説として知られている主張がこれを裏付けているし[43)]、さらにベルクソンの考え方とは一見矛盾しているとも思われる、「物質の直観」という言葉も使われているのである[44)]。また、周知の通り、『創造的進化』にまで進めば、われわれは物質を絶対的に認識することができる、とまで言われるようになるのだ[45)]。

ところで、物質そのものである純粋知覚がすでにイマージュであるのなら、それが記憶のイマージュと連続性を獲得するのになんらの困難も認められないことになるが、この記憶のイマージュは上にも見たようにすでに純粋持続とも連続しているのである。しかも純粋持続とは精神としての各人の個性的な人格以外のなにものでもない。ということはつまり、ベルクソン哲学は知覚のイマージュを通して一方で自然科学の領域である物質的世界と交渉を持つと同時に、他方では精神の形而上学を自己実現のそれとして積極的に目指そうともしている、と言うことができるであろう。言い換えれば、生物の一個体としてはみずからがおかれた環境的世界に対する適応は不可欠であり、そのさい人類がこれまでに獲得してきた科学や技術は大いに活用してしていかねばならないが、一方できることなら、われわれはそれぞれの得意な分野で、自分にしかなしえないこと、自分自身の個性の表現となるような作品を生んでいかなければならない、ということになるであろうか。

【註】

1）*Essai sur les données immédiates de la conscience* (以下D. I. 略す) , P. U. F., p.174, ...nous vivons pour le monde extérieur plutôt que pour nous; ...nous ≪sommes agis≫ plutôt que nous n'agissons nous-mêmes. Agir librement, c'est reprendre possession de soi, c'est se replacer dans la pure durée.

2）Ibid., Avant-propos, VIII

3）Ibid., p.54

4）Cf. ibid., p.54 その他

5）Cf. ibid., pp.52-54

6）Cf. ibid., pp.56-92

7）Cf. Kant, *Kritik der reinen Vernunft*. Widerlegung des Idealismus. pp.272-282

8）D. I., p.67

9）Cf. ibid., p.149

10）*Matière et mémoire* (以下M. M. と略す) , P. U. F., p.11

11）Cf. A. Thibaudet: *Le Bergsonisme*, Gallimard 1923, p.96

12）M. M., p.11

13）Ibid., p.14

14）Ibid., この書の第一章のタイトルは、≪Le rôle du corps≫となっている。

15）Cf. ibid., pp.21-24

16）Cf. ibid., pp.13-16

17）Cf. ibid., pp.15-26

18）Ibid., p.12

19）Ibid., p.12

20）Ibid., p.40

21）Ibid., p.81, *La pensée et le mouvent* (以下P. M.と略す) , P. U. F., p.152　他

22）M. M., p.67 記憶はこのようにして与えられた知覚を枠として、あるいはもう少

し厳密な言い方をするなら、知覚と身体との交互作用によって身体、とりわけ大脳にある種の習慣、ベルクソンの用語で言えば運動図式（schèmes moteurs）が形成されてくるのであるが、こうしたものを枠とすることによってその場に妥当な記憶心像としてみずからを限定してくるのである。なお、M. M., p.121も参照。

23）Cf. *L'Énergie spirituelle* (以下E. S. と略す) , P. U. F., p.5
24）Cf. M. M., pp.96-107
25）Cf. M. M., pp.96-107
26）Cf. E. S., pp.8-9
27）M. M., p.111
28）Ibid., p.173
29）Ibid., p.179
30）Cf. ibid., p179
31）ベルクソンも同時代のフロイトと同様無意識的な世界の問題を積極的に取り上げようとしている。『物質と記憶』ではとくに Cf. pp.156-163
32）M. M., p.84
33）Ibid., p.24
34）Ibid., p.250
35）H.グイエ教授にかつてこうした現前は心理的なものとしてではなく存在論的なものとして解すべきものである、とのご指摘をいただいとことがある。
36）*L'Évolution creatrice* (以下E. C.と略す) , p.202., P. M., p.85 他
37）Ibid., pp.1-7
38）E. S., p.5
39）Cf. M. M., p.1
40）Ibid., p.32
41）Ibid., p.11
42）Ibid., p.38
43）Ibid., p.67
44）Ibid., p.68
45）Cf. E. C., p.208　他。H. グイエ教授はベルクソンの出発点は自然哲学であると述べておられるが、ご指摘の個所が筆者のそれとは多少異なり、同じ言葉を使用するにしてもその意味合いにはズレのあることは否定できないが、ベルクソンにおいてこうした個所が随所に見られることもまた事実である。Cf. H. Gouhier, *Bergson et le Christ des Évangiles.*, Artème Fayard., 1961, chap. I.

第３節　適応行動と表現行動

１．言語からの自由と純粋持続の発見

ベルクソンの表現についての見解は、われわれの内面的な生を言語的な表現へともたらす問題としてまず否定的に表明された、と言えるであろう。すなわちかれの第一の書『時間と自由』で、われわれには自然的ならびに社会的な環境としての外部的世界のなかで展開される生のほかに、純粋に時間的なものとして展開されるもう一つの個性的な生が、純粋持続としての自由で創造的な生が、もう一つ存在していることを明らかにしたのであるが、言語は元来、前者の外部的な生の必要から発明されたものであるため、これを表現することには不向きであることが強調されたのであった。「われわれの存在は、時間においてよりもむしろ空間において繰り広げられている。われわれはみずからと向き合うよりもむしろ外部世界と向き合っている。われわれは考えるよりもむしろ話す」[1)]。しかしこのように外部世界と向き合うためにもっぱらもちいられてきた言葉というものは、その空間性に合わせるためにはっきりとした輪郭をもたざるをえなかったし、また、たとえ内的な印象を表す言葉であっても、それはどの人においても一般に共有されているよう非個性的なものしか表現できないものになってしまっているのである。われわれの一番深いところで展開されているように見える繊細でうつろい易い意識の印象のようなものは、言語はこれを押しつぶすか、ないしは覆い隠してしまうことなしには扱うことができない、とされたゆえんである[2)]。

しかし『時間と自由』において言語がこのように斥けられたのにたいし、『物質と記憶』に進むと、一般概念の成立の過程などの検討と合わせて、言語のあるべきあり方が逆に言語自体の問題として追求されるようになる。こうしたベルクソンの関心の変化はいったいなにに由来するのであろうか。かれ自身の内部でなにか根本的な方向転換のようなものがあったということなのか、それともたんに『時間と自由』で展開されたわれわれの日常的な生の批判をさらに徹底しようとしただけであったのか。この問いにたいしてＪ．イポリットのつぎのような思い切った解釈が一つある。すなわちそ

れによると、『時間と自由』が『省察』において心身分離をおこなうデカルトの抽象の努力と同じような努力をおこなうことによって純粋持続を発見したのにたいし、『物質と記憶』の目指すところは反対に、こうした持続の現実の世界への具体化を明らかにしようとするところにある、と。「われわれの自由自身が有効な力であるのは、ただ、われわれ自身のものであるなにかを物質の外在性のなかへと移行させることができる程度に応じてである。ベルクソンの『時間と自由』にたいして人びとがなしえた大部分の批判は、持続と世界とのあのような分離、その自由が（ヘーゲルのいわゆる）美しき魂の自由にも似た純粋に内的な生を考えることの困難さと関わっていた。なぜなら世界におけるこうした自由の実現の条件がまさしくそこでは考えられていないように見えるからである。しかるに『物質と記憶』が扱っているのは、まさにこれとは反対に、こうしたわれわれの自由の物質的存在のなかへの組み入れの問題なのである［（　）内は筆者。以下同様］」[3]。ちょうど『第二批判』から『第三批判』への移行にあたって、カントが実践理性の歴史的世界における実現の問題を考えようとしたのと同じような事情をイポリットは『時間と自由』から『物質と記憶』への移行において見ようとしている、と言える。そしてこの解釈にしたがえばわれわれの本来的な自由を限定するのは世界の中におかれている身体の生活だ、ということになる。われわれの壮大な意気込みも有限な身体を通してこの世界において実現されるより他はない。『時間と自由』の内的な生、すなわち純粋持続としての自由は、いわばまだたんなる心情の段階にとどまっていたのである。

もっとも、ここでカントを引き合いに出す以上、ベルクソンがカントと問題意識を著しく異にしている点も同時に強調しておかなければならないであろう。すなわち『時間と自由』における自由とは、カントの実践理性のもつ普遍性とは反対に、先にも触れたように、どこまでも各個人における独自なもの、個性的なものだ、ということである。言語が斥けられるのも、それがもともと空間に並置された対象を指すための道具であり、したがって本来、動きである意識を捉えることができないからであるし、一方、対象をもっぱら、抽象的、一般的に表現して、それぞれにおける個性というものをことごとく排除する、ということがあるからであった。こうした性質をもつ言語を人間に適用しようとしても、せいぜい各人において共通のもの、類型化できる側面しか捉えることができない。いな、事態は決してそれにとどまるものではない。一般的に言って自分自身や他人を類型化し、固定的に捉えるということは、それがいかなる場面でおこなわれるにせよ、それは自分や他人を一定の範疇に閉じこめ、この範疇と同一視することである。これはわれわれが社会生活を営む存在であり、通常、そのなかで果たしている機能や役割によって自他を規定していかなければならない以上、ある意味では避けがたいことではある。しかし問題は、ひとたびこのようになんらかの規定が与えられてしまうと、われわれはそうした規定を逆に本当の自己を表すものと見なしたり、また他人自身を表している、と思いこんだりするところにある。言い換えれば、われわれはたいていの場合、自他をそれぞれの属している範疇を通してしか見ず、各人が本来持っているはずの個性においては捉えない、ということである。ここにベルクソンが社会生活において認める疎外の現実がある。ベルクソンがわれわれにみずからの純粋持続に身を置き直すように繰り返し説くのは、まず、かれがこうした社会的な範疇による束縛の現実を見ていたからであり、そのような束縛から自由になるためには本来の自己としての自由な創造的な自己の再発見をおいてはない、と考えたからに他ならない。それぞれの天分の自覚をともなった大いなる意気込みを引き出すこと、ここにベルクソンが『時間と自由』において目指したある意味で最大のテーマがあった、と考えることができる。そしてこの同じテーマは、晩年の『道徳と宗教』になると、開かれた社会を目指す人類のリーダーたちにおける愛を見直すという作業にまで発展させられることになるであろう。

しかし大いなる意気込みといい、人類のリーダーたちの魂を捉える愛といい、それがたんに心情にとどまるあいだはイポリットの指摘するように、まだ、「美しき魂」の段階を一歩も越えるものではない。大いなる意気込みも、また人類のリーダーとしての使命の自覚も、それを一定の限られた時間空間のなかでどのように実現していくのか、ということがあらためて問われなければならないのである。

2. 純粋持続の具体化の問題とそれを考えるにあたって重要な一歩となった再生的構想力

しかし実を言うと、『物質と記憶』がイポリットが主張しているほど端的にわれわれの自由実現の過程を追求しているわけではない。『時間と自由』がわれわれの本来的なあり方をあくまでも示そうと努めたとすれば、『物質と記憶』の中心課題は逆に、われわれの日常的なあり方、自己保存の要求を満たすためにもっぱら外の世界に向けられた意識のあり方を解明しようとするところにある。ここでは出発点が外界の知覚であるとすれば、最後に戻ってくるところもやはり外界の知覚となっているのである。したがってイポリットの言うような、自由がなぜ、また、どのように物質的世界の中へと展開されていかなければならないのか、というような問題意識をわれわれはこの書の中に直接見いだすことはないのである。われわれはイポリットのいわゆる自由の実現、ないしその具体化の考えをベルクソンにおいて探ろうとすれば、それはあとで見るように、むしろ『物質と記憶』出版の六年後（『物質と記憶』は1896年刊）に発表された論文で、「創造的構想力」の問題を扱った『知的努力』や、第三の書『創造的進化』においてであろう。ベルクソンの言い方にならって言うなら、『時間と自由』で確認された「事実の線」と『物質と記憶』で確認された「事実の線」のそれぞれを延長していった場合に交叉する点こそ、論文『知的努力』や『創造的進化』であり、自由の実現という観点からすれば、『物質と記憶』は『時間と自由』と『知的努力』および『創造的進化』との中間にあって、それらの橋渡しの役割を果たす著作である、と考えたい。

しかしながらそれにしても、『物質と記憶』が『時間と自由』とはその扱う領域をすっかり異にしながら、どうしてそれが自由実現の問題への橋渡しなどといった重要な役割を果たすことができるのであろうか。しかしこの問いに答えるためには、そのまえにまず『物質と記憶』が『時間と自由』とはまったく別の方法を採用していることに注目する必要があるであろう。たしかに、G. ドルーズも指摘しているように、ベルクソンには（それがドルーズの言うように、ベルクソン哲学の主たる方法としての直観というものに含めて考えてよいものであるかどうかはともかく）まず、具体的な経験から出発して、次第にそれを構成している本質的な要素にまで分析を進めていく、というほぼどの著作にも共通の方法がある4)。そして『時間と自由』と『物質と記憶』を比べてみた場合でも、前者が出発点としての感覚の分析から持続と空間を、後者では外界の知覚の分析を通して、それに含まれる物質的なもの、すなわち純粋知覚と、精神的なもの、すなわち純粋記憶をというように、それぞれの構成要素を抽出しているのである。しかし『時間と自由』はこのようにして抽出された各要素を単に切り離したままでおいているのに対し、『物質と記憶』ではもう一度あらためて両者の相即し合う場面においても捉え続けていこうとしている、と言えるであろう。そしてわれわれがいま『物質と記憶』においてとくに注目したいのはこの後者の側面なのである。

『物質と記憶』が精神的なものと物質的なものとを相関的に捉えているということは、まず、知覚をバークリ流の観念論のいわゆる「表象」(une représentation) でも、実在論のもの (une chose) でもなく、いわば両者の中途に (à mi-chemin) あるとベルクソンが定義づけたイマージュ (image) という語で言い直しているところに表れている、と言えるであろう5)。知覚の表す世界は、自然科学者のどこにも中心というもののない等質的な世界とは異なり、われわれの身体を中心に遠近の区別をもって広がっている世界、われわれの関心によってすでに一定の意味を与えられている世界、もっぱら身体の行動領域として設定されている世界、ベルクソンのいわゆる身体の可能的行動としての世界である。言い換えると、科学者の世界が理論的客観的な世界であるのに対し、知覚の世界はあくまでも実践を前提としており、すでに主観の入り込んだいわば主観・客観の世界である、ということである。ベルクソンはここで問題を知覚に限定して論じているためにただちに重なり合うとはいえないが、それは西田幾多郎の「現実の世界」、すなわちわれわれがそこに生まれ、そこで働き、そこで死んでいく世界とやがてはつらなっていくような世界である、と言ってもよい。一言で言えば、それはわれわれが生物として適応しようとしている環境的世界に他ならない。そしてこうした環境的世界でわれわれのとる具体的な行動とは、さし当たっては、生物としてのわれわれにとって必要なものを取り込み、有害なものは斥けるという身体の自己保存のための行動である。しかもわれわれ人間にあって特徴的な点は、こうした環境に多少の変化が生じてもそれに柔軟に対応することができることであろう。

しかし適応におけるこのような柔軟さは、いったいなににもとづくのであろうか。ベルクソンによれば、それはわれわれの知覚が瞬間ごとに終わるものではなく、つねに一定の幅をもっていること、すなわち現在の知覚は直前の知覚の記憶をしたがえており、それによって知覚内容をより判明なものにするとともに、必要なときにはさらに遠い過去の記憶をも再生し、身体的行動にたいしてそのつど的確な指示を与えることができるからに他ならない。このことをさらに別な言い方で言えば、われわれの知覚は身体の可能的な行動の世界として、すなわち、一方でさし迫った未来として空間的に広がりをもっていると同時に、他方、直前のものであれ、はるか以前のものであれ、過去を思い浮かべる（imaginer）6）能力によってこれをいつも二重化しているということ、こうした過程の介在はたしかに身体の反応を遅らせはするが、反応にいたるまでに一定の時間的なズレがあることによって、われわれはかえって状況の変化にたいしてより的確な反応を用意することができる、ということなのである。ベルクソンはこうしたわれわれにおける適応行動のメカニズムのことを「生への注意」（l'attention à la vie）という概念で言い表そうとしたことは周知の通りであるが、内容からすればもっと端的に、それを構想力（l'imagination）と呼んでもかまわないのではなかろうか。事実、ベルクソンが知覚における主観と客観との相関関係を表現するためにわざわざイマージュ（image）という語を選んで言い換えているのも、知覚が原初的な形態においてではあるにせよ、まさしく構想力の働く場に他ならないことを示そうとしたと考えられるからである。構想力は現在を中心にあるときは小さな、またあるときはたいへん大きな厚みをともないながら機能し、それにともなってイマージュもそのつど厚みを変化させていくであろう。すなわちイマージュの厚みが減少するとき、知覚に対するわれわれの反応はそれだけ反射的な動作に接近し、逆に厚みを増していくとき、言い換えれば現在に向かって集められてくる過去の領域が広がれば広がるほど、それだけ未来に向かっての行動の射程も広がり、また、その的確さもいっそう増していくということだ。ベルクソンは「行動の人」（l'homme d'action）とは過去の経験をできるだけ多く現在に向けて集中させるとともに、そのなかから速やかに必要な経験を選び出してくる能力においてまさっている人のことだ、と言っている[7)]。

こうした環境的世界において働くわれわれの構想力の中からベルクソンがとくに取りだしてくるのは、身体の運動機構（le mécanisme moteur）および表象的記憶（le souvenir-image）と呼ばれる要素である。運動機構は反復されるとやがてベルクソンのいわゆる習慣的記憶（le souvenir-habitude）つまり運動習慣となるが、表象的記憶のほうはわれわれのそのつどの知覚が保存されたものであり、後に記憶心像（images-souvenirs）として再生されるものである。習慣の特色は同じものの反復であるのに対し、再生される知覚はそれぞれ特殊なニュアンスをともない、相互に異質なものである。むろん、構想力の具体的な働きのなかでは運動機構と表象的記憶はあくまでも動的に、しかも不可分に結合しており、どこまでが運動機構の働きで、どこまでが表象的記憶の働きであるなどと明確に分けることなどはできないであろう。それは運動機構に依存する一方で過去の具体的な記憶の援助も同時に受け容れているであろう。これらの要素の区別はあくまでも理念的なものなのである。しかしそれにもかかわらず、ベルクソンがこれら二つの要素を構想力より抽出しようとするのには、それなりにはっきりとした理由がなければならないであろう。そしてその理由の第一は、現実に働く構想力の二つの極限を明確にすることであり、逆にそのことによって現実の構想力の中間的な性格を浮き彫りにすることであったと思われる。

ベルクソンによれば、環境的世界の中にあって生物が自己保存をまっとうするのに必要な情報は、知覚の中でもとくに類似の知覚である。そしてこのことは例えば草食動物たちの行動を観察することによってもただちに明らかになることだ、とベルクソンはいう。すなわちかれら草食動物たちは環境的世界の中からかれらの一定の要求、ないし傾向性に応じるものとしてまず、牧草一般を区別する。言い換えれば、われわれ人類から見ていかに種類を異にするものであっても、それらがかれらの同一の要求を満たすことができるかぎりにおいては、かれらにとっては同種の牧草であり、したがってまた同じ摂取行動を取らせるということである[8)]。しかも実を言えば、これと同じ事態がわれわれ人類においても認めることができるのだ。すなわちわれわれの知覚における所与はなるほど多様であるかもしれない。しかしこうした多様な知覚を受け容れる感覚器官は、中枢を介してすべてが同じ運動器官へと連結されているという解剖学上の事実が他方には存在しているのである[9)]。しかも知覚に出現するある種のものが、われわれの環境に対する適応過程においていつも身体における同一の器官に同一の反応を促し、そこからいつも同一の有効な結果を引き出すことができるならば、そうしてそれらに対する身体の運動器官の反応形式がやがて習慣として成立するようになるならば、そうした知覚の対象は逆に今度は一定の範疇に属するものとして分類されるようになるのである。「状況の多様性における態度の同一性」[10)]としてのいわば生きられる類似の知覚、ないし生きられる一般性とでも呼ぶべき事態がここには認められるということである。むろん、人類における類似の知覚が以上のようなことにつきるものではない。こうしたレヴェルにおける類似の知覚は、動物の場合にせよ、人類において想定される場合にせよ、すべて無意識におこなわれるものであり、しかもそれらはつねに行動に直結している。しかし人類における類似の知覚の本来の面目はそれが意識的反省的であるところにこそある。というのも動物におけるのとは異なり、そこにはつねに過去の知覚、すなわち表象的記憶の介入があるからである。もっとも、表象的記憶は習慣的記憶がもっぱら類似を捉えるのに対して、過去における一つひとつの知覚をその個性とともに保存し、再生するものであるから、それ自身としては類似よりはむしろ差違を強調するであろう[11)]。表象的記憶は日付をもっている[12)]、と言われるように、その典型的な場合はいわゆる思い出としての過去の再現である。しかし習慣的記憶のみにたよって生きられる生が人間において考えがたいのと同様、こうした思い出に浸りきった生も実際には考えられない。そうした事態が決してわれわれに起こることはないなどと断言できないにしても、そうしたケースはいずれも例外的なケースにしかすぎないであろう。ベルクソンは前者の習慣的記憶のみにたよって生きる人間がいるとすればそれは「衝動的な人間」(un impulsif) と名付けるべき人間のことであり、後者のもっぱら表象的記憶に生きる人間がもしもいるとすれば夢想家（un rêveur）と名付けるべきだ、としているが、実際は、これらはいずれも人間の構想力の幅を示すための極限概念でしかないのである[13)]。『物質と記憶』の倒立した円錐の隠喩は有名であるが、上にくる底面はすなわち夢想のレヴェルであって、表象的記憶はことごとくその個性において再現されるかわりに行動との関係はすっかり絶たれており、反対に下の知覚の平面と接する円錐の頂点の方は身体の習慣的記憶のレヴェルを表し、ここでは知覚がことごとく一般的な相において捉えられ、ただちに行動へと移行していくかわりに、当面する知覚の特殊性に対する配慮はいっさい払われることがないのである。しかしこれらの底面と頂点との間には極端な一般化も、また、極端な個別化も避けていく類似の知覚の領域が、すなわち「知性的に知覚される」[14)]類似の領域がある。これは習慣的記憶のみによる一般化が知覚における特殊性をいっさい踏まえない一般化であるのに対して、どこまでも具体的な状況に即しながらの一般化であることによって人間的な適応行動におけるまさに柔軟さを実現する領域である、と言うことができる。それは「≪ほどよく均衡のとれた≫精神」[15)]の領域であり、原初的な意味において理解された「ボン・サンス」（le bon sens）[16)]の領域なのである。

もっとも、こうした意識的な類似の知覚がいかに生活者としてのわれわれに重要な意味をもつにしても、それは一定の与えられた環境を前提とした、あくまでも受動的な適応を説明するにとどまるであろう。すなわち、類似の知覚において働く構想力とは、どこまでも過去の再生によって現在を理解しようとするものであるから、正確には再生的構想力と呼ぶべきものである。過去とはかつて存在したもののことであるが、これはイポリットも言うように、ドイツ語のseinの過去分詞gewesenに由来するWesenが表している通り、ものの本質をなすものでもある[17)]。そしてこのものの本質としての過去へとわれわれの行動を導くようにさせるのが再生的構想力の本来の働きなのである。しかし人間的適応とはたんに与えられた環境に適応するというにとどまらず、みずからが新しい環境を生み出すことによってそれに適応していくという積極的能動的な側面ももっているであろう。いな、後者のような創造的な適応のほうこそ、むしろ人間的適応の本来の面目を表すものというべきではないのだろうか。しかも再生的構想力においてはもっぱら過去からの想起が問題になるのに対していえば、ここではいまだ経験されたことのないものの想起が、いわば未来からの想起とでもいうべき想起があらたに要請されることになるであろう。ところで、こうした未来からの想起を可能にするものこそベルクソンでは「創造的構想力」(l'imagination créatrice)[18]と呼ばれるものに他ならない。しかもわたしの考えでは、この「創造的構想力」によってこそ、先刻のベルクソンにおける個性的な自己もみずからを具体的に実現していくことができるようになるのである。しかし、いま、ただちにこの「創造的構想力」の問題に入っていくことはできない。そのまえにさきにも触れたように、『物質と記憶』が『時間と自由』と論文『知的努力』および『創造的進化』との橋渡しをしていると述べた問題がまだ残されているからである。これは一言で言うと、『物質と記憶』の再生的構想力がさらに発展させられることによって純粋持続の「創造的構想力」による限定というあらたな考えに導いていく、という主張になるのであるが、この点からまず、明らかにしておきたい。

3．再生的構想力から創造的構想力へ—純粋持続の真の具体化に向けて

さて以上で、『物質と記憶』のベルクソンは、物質と精神をいちおう区別しながらも、他方で、あくまでも両者が関係し合うところでも事態を捉えていこうとしている点で『時間と自由』のベルクソンとは大いにおもむきを異にしていることが明らかとなった。実際、『物質と記憶』のイマージュの議論をうえのように再生的構想力の議論として理解しようとする場合でも、その働きのどのレヴェルにおいても物質と精神とは密接に連関し合っており、どこまでが物質でどこまでが精神だ、などとはいえない状態になっているのである。あるいは知覚に協力する記憶心像が精神であるといわれるであろうか。しかし心像が活力を獲得してくるのは実は、知覚や運動機構のおかげであって、そこでもまたわれわれは物質的な要素をみとめないわけにはいかないのである[19]。さらに極端に、夢想においてのように過去の記憶がそのままに再現されるような場合はどうであろうか。このとき

たしかにわれわれは現実の世界に対する関心をもたず、もっぱら純粋精神の世界に遊んでいるように見える。しかし夢想といえどもそれが表象であるかぎり、運動機構、とくに中枢における自動運動が介在しているであろう。つまり構想力として意識が捉えられるかぎりでは、どの点を取っても精神と物質の「中途」にあるものとしてのイマージュの定義が妥当するということである。このことは逆にいえば、『物質と記憶』においては純粋という形容のつくものはすべて無意識の領域に追いやられている、ということでもある。純粋知覚としての物質的世界がそうであり、純粋記憶もまた同様なのである。むろん、無意識は非存在を意味するのではない。知覚範囲を超えた世界の他の部分がたとえ現在、知覚されていなくとも存在していることをみとめないわけにはいかないように、記憶もまた無意識の状態で存続している、というのがベルクソンの考え方である[20]。それらが無意識的なのは両者がともに全体、言い換えれば一方が物質的世界の全体であり、他方が精神的世界の全体、すなわち全記憶であるからに他ならない。身体をもつ存在にとっては、世界全体の知覚はかえってその行動を不可能にするし、記憶の無差別の意識化はいっさいの行動の断念が前提とならなければ考えられない、ということである。

ところで、こうした純粋知覚としての物質的世界や純粋記憶としての精神的世界は、メルロー－ポンティのいわゆる『物質と記憶』の形而上学に属しているものであり[21]、また、ベルクソン自身もとくに純粋記憶に関してはこれをもっぱら仮説的な存在という形で提示していることは周知のことでもある。しかしベルクソンの哲学において形而上的なものがカントの物自体のようにまったく認識されることがないか、というと決してそうではない。『時間と自由』の純粋持続はある意味ではカントの物自体に相当するものであるが[22]、それは困難ながらも経験は可能であった。いな、そうした持続に進んで身を置くことこそわれわれの自由を意味したのである。持続は経験できるもの、ベルクソンにならった言い方をすれば生きることができるものである。ところでうえの二つの形而上学的な概念のうち、純粋知覚はいちおう措くとしても、純粋記憶の方は実は、持続の経験と同じ意味でならわれわれの経験となりうるものではないだろうか。事実、ベルクソンも記憶心像として表象的記憶が知覚へと送り込まれてくるさいには、つねにわれわれの全記憶が現前している、と述べたり[23]、また、全記憶とは結局、われわれの性格に他ならず、それはわれわれの決心のあらゆる場面においても現前して、「われわれの過去の顕在的な綜合をなしている」[24]などという言い方もしているのである。むろん、それはもはやイマージュではないであろう。イマージュの経験が心理的生理的な経験であるとすれば、それはいわば形而上学的な経験とでも呼ぶより他はないものであろう。しかしベルクソンの哲学においては、そうした形而上学的なものも一つの経験、すなわち、ベルクソンのいわゆる直観の対象となることによって、それとわれわれの現実の世界との関係もそれだけいっそう具体的に明らかにすることが可能になっているのである。

しかしそれにしても、うえのように全記憶の綜合としての個人の性格がわれわれの決心を導くというような言い方は、純粋記憶とは結局、純粋持続と同一のものであることを意味することとはならないであろうか。ある意味ではたしかにそうである。持続がわれわれの全過去と同義語であることは、『時間と自由』以来、一貫して述べられてきたことである[25]。しかし持続がこのように過去を背負いながらも、同時にまた、絶えず自己を新たにしていく創造的なものであることも語られているのだ。例えば、『創造的進化』を踏まえた論文『意識と生命』では、持続が過去の記憶であると同時に「未来の先取り」[26]として、その未来性が明言されているのである。そしてこうした持続の二面性という見地から言うと、純粋記憶とは結局、持続からその未来的な側面を捨象してたんに過去的な側面のみを取りだしてこられるさいに使用される概念である、ということになるであろう。しかもこのことは『物質と記憶』でわれわれが見出した構想力がもっぱら再生的に働くものであったところからいっても、ある意味では当然のことであったのである。持続のいわば受動的な面を限定してイマージュとして再現させるのが再生的構想力であり、『物質と記憶』はひたすらこの側面を扱っていたのである。しかしそれでは持続の能動的な側面、創造的な側面を表現へともたらす問題、言い換えれば持続の積極的な側面としての自由を実現する問題はどこで考えればよいのであろうか。われわれの考えではそれこそ「創造的構想力」の問題なのであるが、テキストとしてはすでに挙げておいたように、論文『知的努力』および『創造的進化』なのである。

まず、『知的努力』であるが、ベルクソンはこの論文で「創造的構想力」を考えるにあたって、かれ自身もいちおう再生的構想力の問題に立ち戻って議論を始めている。ただこの論文では『物質と記憶』の中心をなす課題であった知覚と直接関連する議論からは離れて、記憶の「意志的想起」（l'évocation volontaire）[27]にもっぱら注目する。そしてこれは明らかに、『物質と記憶』が世界の中でわれわれが多少とも偶然に遭遇する諸問題にたいするわれわれの対応を取り上げていたのにたいし、ここでは、われわれの側からする意図的計画的な行動を取り上げようとしているところからくる違いである、と言うことができるであろう。人類の歴史から見ると、道具の発明や芸術作品の創作活動が最初のうちはまったく偶然的な機会におこなわれていたにすぎなかったとしても、今日の科学や技術における発明や発見、また芸術上の創作などはすべて、われわれ人間の意図的な活動としておこなわれているといえる。したがってこれらの創造的な活動もまたある意味では持続の限定であるとしても、それは知覚における持続の限定のように、環境の側から誘発されてなされるものではなく、どこまでも意図的計画的な限定でなければならないことになる。ところでうえに見たような再生的構想力においてもすでにわれわれはこうした持続の意図的な限定のモデルを見出すことができるのである。そしてそれこそまさに「意志的想起」というものに他ならない。

「意志的想起」は過去を過去として想起するものであるかぎりにおいては、『物質と記憶』の夢想と同様である。しかし夢想において記憶はそのさまざまなイマージュの機械的な連合の運動にひたすら委ねられているのにたいし、「意志的想起」のケースにおいてはわれわれは、あくまでもある特定の過去に限定してそれの再現に努めるのである。そしてベルクソンによると、このような努力の出発点において出現するのがかれのいわゆる「動的図式」（un schéma dynamique）なのである。すなわち、ここで「動的図式」とは再現されるべき過去がまず最初、ある感情的な色合いをともなった一つの単純な表象として浮かび上がってくる状態のことをいう[28)]。この表象にはやがて判明なイマージュとして実現されることとなるようなあらゆる要素が相互に浸透し合った不可分な状態で存在している[29)]。むろん、これはあくまでも端緒にしかすぎない。「意志的想起」の過程にあっても、もしも中途でその努力が中断されたりすると、記憶はたちまちのうちにその自動運動を開始して夢想状態へと移行してしまうことであろう。夢想において出現してくる対象は多様であっても、それらはある意味ではすべて同じものである。言い換えれば等質的である。それらは広がりにおいて増すかわりにすべてが一様に表面的である。しかるに想起の努力が継続されている場合は、そうした努力の過程の各段階を通して再現されてくる対象はつねに同一のものであっても、それぞれの段階におけるイマージュにはその強さと深さにおいて質的な違いが確認されるであろう。「意志的想起」とは夢想のいわば水平運動に陥ることに抵抗する垂直運動の努力として成立する、と言うことができる[30)]。

しかし問題は、この論文において初めて登場してくる「動的図式」というものの性格のことである。それはある意味ではうえでも見たように、ベルクソンにおいて形而上学に属している純粋記憶としての性格をもちながら、他方、いわば限定された純粋記憶としてわれわれの現実との関わりをすでにもった存在でもあるであろう。言い換えれば「動的図式」は形而上学とわれわれの現実をつなぐ媒介者の位置にある、ということである。むろん、『物質と記憶』を論じたさいにも述べたように、純粋記憶は持続における過去的な側面をもっぱら取り出しているにすぎず、その意味ではここでもまだ自由の具体化が問題となることはありえない。しかしいま、持続の未来的な側面をもちながら、同時にそれの限定でもあるような「図式」というものがもしもあるとすれば、それこそまさに自由実現の問題を解く鍵を提供してくれるものではないであろうか。しかも「動的図式」とは、実はベルクソン自身にとってもなによりもまず、そうした問題に解決をもたらすものとしてめぐり合った考え方であったのである。すなわち、われわれが意図的計画的になんらかのものを新しく作り出そうとするとき、そこで働かせるのはもはや再生的構想力ではなく、まさに「創造的構想力」

でなければならないであろう。ところで創造的な活動というものは科学や芸術をはじめ、さまざまな人間的営為においてみとめられるものであるが、しかしどのような場合においてもまず出現するものが「動的図式」である、とベルクソンは考えるのである。むろん、ここでの「動的図式」はもはや過去からやってくるのではない。それは未来の先取りとしての図式であり、先にも述べたように誤解を恐れずに言えば、未来の記憶である。しかもこうした「動的図式」をイマージュへと展開する努力が一度かぎりですむことはまれであろう。ケプラーが火星の楕円軌道を見出すまでにいかに多くの試行錯誤を積み重ねていったかの事実にベルクソンも言及している[31)]。つまり、「創造的構想力」において出現する「動的図式」とは、さし当たっては仮説として出現してくるものであって、それがいったん、イマージュにまで展開されても、ケプラーの場合のように科学的な発見に関わるようなケースにおいては、事実と合致する合理的な「動的図式」が出現するまでは、いくどもイマージュと図式の間の往復運動が重ねられ、そのつど修正がほどこされていかなければならないのである。また、ベルクソンは文学における創作活動にも触れ、小説家や詩人によって生み出された人物らが、かれらの表現すべき「動的図式」としての観念、もしくは感情に逆に作用して文学における予見できない部分をなしていく点にも言及している[32)]。しかしいずれにせよ、論文『知的努力』で述べられていることは、人間にとって表現ということがいかに大切であるかということであって、こうした表現の努力のなかにこそ、われわれの生命の営みの究極の意味が求められなければならないのである[33)]。いな、表現はたんに人間だけの問題に終わるものでは決してない。『創造的進化』は生命の世界全体もまた、あたかも予見不可能な作品の創造を目指してなされるひとつの広大な表現の努力を表しているように見える、ということ、一つひとつの種の形態はまさにそうした努力が生んだ独創的な作品であるように思われてくるということ、もっとも、多くの種は生命がその表現の手段として用いた物質の抵抗のためにそれを乗り越えてさらに前進を続けることは妨げられてしまっており、ただ人類だけがその知性のおかげでこうした障害をも克服できるおそらくは唯一の例外的に恵まれた種であること、これらのことを示そうとしたのであった。われわれがみずからの考えをイマージュ化するということは、ある意味で生命がさまざまな種として自己を表現してきたのと同じである。ひとたびイマージュとして表現されてしまうと、それは判明な形態を与えられるかわりに、固定化されてしまうであろう。しかしながら他方、それだからといって、もしもこうした表現の努力を欠くならば、われわれの思想は本来なにものでもありえない、ということもまた否定できない事実なのである。なぜなら、「われわれは心の中になにをもっているのか、ということは一枚の紙きれを取り出して、浸透し合っている諸項を（言葉として）相互に並べてみるときに初めて理解する」[34] ことができるからである。

しかしながら表現がこのように芸術や科学の領域でいかに重要なものであるかが分かったとしても、形而上学そのものにとって果たして表現の問題がないのかどうか、ここであらためて考えておかなければならないのではなかろうか。形而上学は文学や詩と同じく、言語を介して表現される。しかるに形而上学に関しては『時間と自由』以来、ベルクソンは終始その言語的表現には限界のあることを主張し続けたのであった。しかもわれわれにとって奇妙に思えるのは、ベルクソンがこのように言語を批判し、形而上学的な省察からそれを厳しく排除しようと努めているように見えながらも、かれ自身はもっぱら言語を通してみずからの思想を表現してきた、ということである。形而上学と言語はベルクソンにおいていったい、いかなる関係にあるのか。言語を拒否しながらも、なお、それを通して形而上学を表現しようとしたベルクソンの言語とは、いったい、いかなる種類の言語なのか。

4．形而上学と言語

ベルクソンが言語の本質について本格的な検討を手がけるようになるのはすでに見たように『物質と記憶』からである。それは類似の知覚が、言語、とくにものの名称が表す一般概念と深い関係をもっているからであった。ところでベルクソンによれば、われわれが言語や一般概念を考えるにさいして最初に出会う難問は「ものごとを一般化して理解するためには一般的な要素を抽出してこなければならないが、しかし有効に抽出するためにはすでにものごとを一般化する仕方を知っていなければならない」[35]という形の循環論であると言う。そして、哲学史のなかで唯名論と概念論との間で一般概念に関してたたかわされた議論を引き合いに出しながら以下のような説明をおこなうのである。すなわち、唯名論の場合、かれらが注目するのはただ概念の外延、言い換えればそれに含まれるはずの多数の個物だけである。そして概念の統一性とは、もっぱら、さまざまな個物が無差別的に同一の言葉で呼ばれることにもとづいているにすぎない、とされる。しかしかりに事態が唯名論の説く通りであるとしても、なぜ、いくつかの個物がある語で表現され、他の個物が別の語で表現されるのか、これだけでは説明がつかない。というのもいくつかの個物が一つの語に包括され、他のものが他の語に包括される以上、それぞれの個物は一つの語にまとめられるためのなんらかの共通性をもっていると考えざるをえなくなるからである。そしてここで唯名論はおのずから内包を考えないわけにはいかなくなってくる。しかるにこのような個物の共通にもつ性質から出発して概念を考えていこうとするのがまさに概念論の立場である。かれらは唯名論とは逆に、各個物が全体としてもつ性質をさまざまな部分的な性質に分け、その一つひとつが一つの類を代表すると考える。しかし問題は抽象の努力によってこのように各個物より分離された性質のおのおのに、それぞれ一つの語を与えていくためには、精神は新たな努力を始めなければならない、という点にある。なぜなら、たとえば「百合の白さと雪原の白さとは同じでないからである」[36]。これらの性質の異なった白さをなお、同じ語で表そうというのであれば、われわれはふたたび唯名論の出発点であった、さまざまな個物よりなる外延という考えに立ち戻らざるをえないことになる。しかしベルクソンによれば、こうした循環が生まれるのは、唯名論も概念論もともに「個物の知覚」[37]を出発点としているためなのである。すなわち唯名論は枚挙によって、概念論は分析によってという違いはあるにせよ、二つの立場はともに個物の知覚がまず与えられているかのごとくに考察を始めている、ということである。しかし事実は決してそうではない、とベルクソンは言う。われわれが言語や一般概念を考えるにさいしても、つねに忘れてならないのは、人類もまたなによりもまず、みずからの生命の維持から考えていかざるをえない生活者だ、ということである。「まず、生きること」[38]、これがわれわれがなにをしようとするときでも第一の前提となるのである。しかもこのような生活者にとってさし当たり重要な意味をもってくるのは、個物の知覚ではなく類似の知覚のほうなのである。草食動物がいかにみずからの食物としての牧草を見分けているかはすでに見た。また、われわれ人類において身体の運動機構に形成される習慣がいかなる原則にもとづいて知覚を分類するかも見た。ところでわれわれの知性はこうした運動機構に形成される習慣を模倣して、同じく無数の個物に対応することができるもう一種特別な運動装置を身体内に作り上げてきたのである。そうしてそれこそ、まさにわれわれの「分節された言語」[39] に他ならない。むろん、言語もうえの「『ほどよく均衡のとれた』精神」において働く運動機構と同じように、通常は個物と関わる表象的記憶との均衡のうえに成り立つものではあろう。言語はたしかに一般概念を指示し表現するものではあるが、そうした一般概念自体はあくまでも運動機構と表象的記憶との間をゆれ動く存在だからである。ベルクソンは『物質と記憶』で一般概念を論じるさい、ふたたび円錐の隠喩をもちだして、一般概念は表象的記憶の底面にも、身体的行動の頂点にも固定されることなく、両者の間を絶え間なく移動して、われわれの意識にたいし、当面する行動と有効に協力ができるように、つねに十分な観念と十分な記憶心像を提供している[40]、と述べているが、これはまさに、われわれの一般概念が、知覚における構想力の働きと結局は重なり合うものであることを意味しているであろう。

しかしそれにしてもなぜ、言語のような人為的な体系を人類は作り上げてきたのであろうか。実を言えば、各言語が人為的な約束にもとづく多少とも偶然的な性格のものであるとしても、われわれが言語をもつこと自体は決して偶然的なことではないのである。「人間にとって語ることは歩くことと同様、自然なことである」[41] とベルクソンは言っている。それは人間が本来、社会的な存在であるからである。われわれがたがいに協力し合うためのコミュニケーションの手段を保証する、ということにまず言語の果たすべき第一の役割があるのである。言語が表現する事物は、われわれが共通に必要とするものとして実在の中より切り取ってきたものであり、また、言語が指示する事物の諸性質は、われわれの協働にたいする呼びかけである、とも言われる[42)]。そして類似の知覚と同様、事物から暗示される行動が同一である場合にはつねに同じ語が用いられ、逆に同じ利益、果たすべき同一の行動が同一の語を喚起する場合には、いつもわれわれの精神は異なった事物にも同じ性質を付与し、同一の観念のもとに分類するようになるのである。もっとも、ここで言語がたんなる身体の習慣にもとづくにすぎない類似の知覚をいちじるしく超え出ている点も見逃してはならないであろう。それはうえで見たように、言語がわれわれのボン・サンス（良識）において成り立つ動的な一般概念として成立する点ももちろんそうであるが、言語のもつ一般的な性格としてはさらに、それとは別な意味での「可動性」[43)]というものをみとめなければならない、とベルクソンは言うからである。

われわれが言語を通して他の人びとと協力し合う、と一口に言っても、それは原始社会において考えられるような、たんに与えられた環境から必要なものを採取してくるという労働につきるものではない。むしろ大部分の労働は、人為的に環境を作り直し、そのことを通じて自然な状態でえられるよりも以上の生産物を獲得したり、また、自然な状態では存在しなかったようなものを新たに次々と生産していこうとするものである。ところで、このようにして絶えずわれわれの環境が変化していく以上、各人のたずさわる仕事の内容も当然のことながら変化していかざるをえないであろう。しかもこうした社会における労働はたがいに交替可能な分業としてもおこなわれ、蟻や蜜蜂の社会のように役割の固定したものでは決してないのである。ところでこのように変化する役割や仕事内容に言語が対応していくためには、言語を構成する語が無限なものではない以上、それぞれの語は、習慣的記憶だけにもとづくとした場合の類似の知覚のような、一定の対象に限定されるようなものであってはならない。それどころか反対にそれらは、種々な質的に異なった役割や対象にたいしてもいつでも自由に対応できるものでなければならないのである。そして実際、各記号がその表現する対象を次々と変えていくことができるというこうした傾向こそ、ベルクソンによれば人間の言語と特徴づけている「可動性」というものなのである[44]。

たとえば、片言をしゃべり始めた幼児の言葉というものを考えてみよう。かれはある対象とともに示された言葉をいったん聞き憶えると、今度は途方もなく偶然的な結びつきや、大人には考えられないような類比によってその語を他のまったく別種の対象にも拡大して用いようとするであろう。実際、言葉はなんでも表現する、というのが幼児言語の原理となっている、とベルクソンは言う[45]。むろん、言葉も一つの習慣の体系である以上、各語の用法には他の語との関係で相対的に決まってくる一定の適用範囲というものがあり、言語の「可動性」と言っても、そこにはおのずから制限はあるであろう。しかし一方、このような適用範囲もまたいつでも新しい用法によって取って替わられるものである、という観点からすれば、言語は権利上、無限な「可動性」を有していることはやはり否定することができないのである。しかもこうした言語の「可動性」は単にそれが表現する外界の対象から対象へのいわば水平的な移行を可能にするだけでなく、言語が次第にわれわれの内面深くにも入り込む機会を与え、外界の対象からその対象の記憶へ、また対象の明確な記憶から移ろい易いイマージュへ、そうしてイマージュからさらにはこうしたイマージュを表象する作用の表象としての純粋な観念をまで表現することを可能にしていくのである[46]。「言葉には可動性があり、一つのものから他のものへと進んでいくというただそれだけの理由で、知性は早晩、言葉を（こうした動きの）途中で捉え、（もはや）ものでない対象、それまでは身を隠して闇から光へと引き出されるために、言葉の援助を待ち望んでいた対象に（も）適用することになったにちがいない」[47] と言われる。知性は元来、生活者としてのわれわれの環境的世界に向けられた意識であるにもかかわらず、こうした言葉の可動性を通して次第に自己意識を獲得するにいたる過程をここにみとめることができるのである。デカルトは理論的に確実な世界認識をえるために、方法的懐疑においてまず感覚の確実性を疑い、記憶や想像力を疑い、さらには知性まで疑ったあとで、逆説的に「考える自己」の存在の疑うことのできないことを自覚するのであるが、ベルクソンのような考え方からすれば、それはある意味でわれわれ人類が言語を獲得した時点からすでに開かれていた道であったことになる。もっとも、言語が自覚において果たす重要な役割をこのように指摘しながらも、それが本来、われわれの環境としての物質的な世界に対する適応手段の一つであるかぎりにおいては、自覚内容の表現にあたっても、おのずから限界のあることをベルクソンは指摘する。それは端的に言って「言葉がこうした（内的な）対象を包摂しながらも、なお、それをものに変えてしまう」[48]からである。言い換えれば、言葉というものは、われわれの内面と接点を見出す場合でも、それはまずなによりも「知性がものにみずからを固定する働きの表象」[49]としてであって、したがってこのようなもの相互の関係に対応する形でそれ自身もつねに明晰、判明な性格を持ち続ける、ということである。デカルトが自己の自覚に到達したあとで、この自己を「考えるもの」と規定し、それ以来、幾多の議論を呼んできたのであるが、この事実こそ、自覚の言語的表現の困難性をまさに象徴している、と言えるであろう。しかしながらひるがえって、自覚とは単にわれわれの意識の内省につきるのであろうか。

たしかにベルクソンは、持続やそれを通してさらに生命の世界全体を動かす原理などとも直接し、合一する直観というものを形而上学の仕事として強調しはした。しかし、一方、すでに見たように、そうした直観もわれわれの現実の世界へと具体化されることがなければ、われわれにとってはまだなにものでもありえない、とも述べているようなのである。この形而上的なものの具体化とは、形而上学の直観するところを限定してイマージュ化するという文字通り構想力の働きであり、表現行動に他ならないものであった。ところでいま、ベルクソンにおける形而上的なものとその表現の問題をあらためて順序の観点から見直してみるとき、実は、われわれが個別的な表現行為に触れることの方がむしろ先であって、形而上的なものはむしろ、それらから逆に遡っていくとき、いわばそれらに共通の発出源として次第に明らかになってきたものと見なすことはできないであろうか。さまざまな具体的な選択の場面に直面した経験から、われわれの重要な決心にはあらかじめそれを促すような確たる動機を見出すことはできないこと、そうした一つひとつの決心がわれわれには当初、思いもよらなかった人生を形成してきたという意味で、それぞれが創造行為にも類する選択であったこと、そしてそのさいのわれわれの意識状態を反省してみるとき、それがまさに過去を不可分な全体として孕みつつ不断に未来へと質的な変化を見せながら流れていく時間、すなわち、純粋持続であったことに気づくのである。また、生命の世界を根本から動かしているとされる原理、エラン・ヴィタルにしても、『知的努力』におけるような「創造的構想力」の事実が出発点となって、それとのアナロジーにもとづいてもっぱら考えられていると言えるのではあるまいか。すなわち「創造的構想力」は「動的図式」をイマージュへと展開するが、それと同じように生物のさまざまな形態もあたかも一つの創造的行為の結果展開されてきたもののように考えられて、生物学の数多くの実証的なデータを踏まえながら、次第にそれらの共通の起源を模索しようとするにいたった、というあたりが本当のところではなかったか、ということである。思い切った言い方をすれば、エラン・ヴィタルは『物質と記憶』の純粋記憶などと同様、さし当たってはわれわれにとってはたんに考えることができるもの、一種の要請、ないし神話ではなかったのか、ということである。われわれが当面経験できるのは、あくまでもわれわれにおいて働く個別的な構想力の事実だけである。もっとも、われわれにおける多少とも創造的な営みの一つひとつが、生命が目指している普遍的な方向とも合致しているという信念がひとたび獲得されるならば、そのことによって、われわれはそれぞれ個別的な営みにたずさわりながらも、そこに大いなる連帯と励ましを、新たな歓びを見出すであろうことは疑いのないところである。この意味でベルクソンの形而上学はわれわれのあらゆる領域における創造的な活動を補完し、促進する形而上学であるとも言えるであろう。ベルクソンの最後の著作『道徳と宗教』はキリスト教や仏教の愛の立場、すなわちエラン・ダムールにあらためて人類の希望を見出そうとしているが、これは『創造的進化』を発表したあと、第一次世界大戦を経験したベルクソンが国際連盟の一機関であった「知的協力委員会」の委員長として世界平和の実現に向けてかれなりに積極的な努力を惜しまなかった経験がその発想の出発点となったということは十分考えられることであろう。「行動の人」としてのベルクソン自身の具体的な活動と思索とがかれに近代国家のもつ限界を痛感させるとともに、それを超え出るような立場を新たに求めさせたのである。しかしいずれにせよ、ベルクソンの形而上学の背後には人間的な実践、すなわち、構想力による表現行動の具体的な裏づけがあるという点は見落としてはならない、と思うのである。そしてあるときは思想のイマージュへの表現の努力を直接に語り、またあるときは形而上学の世界にまで大きく飛躍することによって、いわば、イマージュ実現の努力の原型とでも呼ぶべきものを考え、前者と二重写しにして表現しようとするのがベルクソンの言語である、と言えるのではなかろうか。ベルクソンの言語は構想力の言語、すなわちイマージュ言語（le langage imagé）50）なのである。

【註】

1）*Essai sur les données immédiates de la conscience* (以下D. I. と略す) , P. U. F., p.174
2）Cf. D. I., p.98
3）J. Hyppolite, *Figures de la pensée philosophique* (以下F. P. と略す) , P. U. F., p.472
4）Cf. G. Deleuze, *Le Bergsonisme*, P. U. F., p.11
5）Cf. *Matière et mémoire* (以下M. M. と略す) , p.1
6）M. M., p.87, p.150
7）Cf. M. M., p.170, *Énergie spirituelle* (以下E. S. と略す) , p.15
8）Cf. M. M., pp.176-178
9）Cf. M. M., p.178
10）M. M., p.179
11）Cf. M. M., pp.172-173
12）Cf. M. M., p.89
13）Cf. M. M., p.170
14）M. M., p.179
15）M. M., p.170
16）M. M., p.170
17）Cf. F. P., p.482
18）E. S., p.187
19）Cf. M. M., p.170
20）Cf. M. M., p.161
21）Cf. M. Merleau-Ponty, *L'union de l'âme et du corps chez Malebranche, Biran, et Bergson*, Vrin, 1968, p.83

22）Cf. D. I., pp.174-180
23）Cf. M. M., p.115
24）M. M., p.162
25）Cf. D. I., p.128
26）E. S., p.5
27）E. S., p.155
28）Cf. E. S., p.167
29）Cf. E. S., p.163, p.164, p.167
30）Cf. E. S., p.166
31）Cf. E. S., p176
32）Cf. E. S., p.176
33）Cf. E. S., p.190
34）E. S., p.22
35）M. M., p.174
36）M. M., p.175
37）M. M., p.175
38）*La pensée et le mouvant* (以下P. M. と略す) , p.54
39）M. M., p.179
40）Cf. M. M., p.181
41）P. M., p.86
42）Cf. P. M., p.87
43）*L'évolution créatrice* (以下E. C. と略す) , p.159
44）Cf. E. C., p.159
45）Cf. E. C., p.159
46）Cf. E. C., p.160
47）E. C., p.161（傍点はテキストのイタリックの部分）
48）E. C., p.161
49）E. C., p.161
50）P. M., p.42

第4節　ベルクソンとカント

1．カントの時間論にたいするベルクソンの疑問

ベルクソン*が道徳や宗教の問題を扱うようになるのは、かれの生涯も終わりに近づく頃のことである。そして『道徳と宗教の二つの源泉』（以下『道徳と宗教』と略す）がまさにその成果を収めた著作であることは人も知る通りである。ところでこの時期にいたるまでこうした人間における根本問題とあえて正面から取り組むことはせず、もっぱら純学問的な考察に明け暮れていたように見えるベルクソンをあげつらって、凡人の日常的な思い煩いや苦しみからすっかり解放されていたベルクソンのまことに恵まれた人生を想像することもできるであろう。また、上記の書におけるかれの道徳論や宗教論にしても、同時代の諸科学、とくに生物学の諸成果を駆使して成立させたかれの力動感あふれる生命進化の一大叙事詩のうえに構築されており、卑近な現実生活を大きく超えた広大無辺な展望を示す内容となっているのである。一見したかぎり、そこには微塵の焦燥感も苦悩のかげりも見えず、まさに晴朗そのものというべき筆致で『道徳と宗教』は記述されていると言える。

しかしながら宗教はしばらく措くとしても、実はベルクソンにおいても最初の著作『時間と自由』以来、人間本来のあり方として、一つの倫理が明確に主張されていたのである。それはキェルケゴールと同じように、各個人においてみずからに固有な実存的な生を生きることにこそわたしたちの生の本来の意義がある、とベルクソンも主張しつづけた点にみとめることができる。しかしそれにしてもいったい、なにがベルクソンにこうした方向をとらせることとなったのであろうか。それは簡単に言えば、われわれの社会生活が必然なものにしている各個人の社会化、すなわち社会の各構成員におけるベルクソンのいわゆる「社会的自己」の形成と、それによる本来的な自己の忘却の現実である。すなわち社会生活においては誰しも、それぞれに一定の役割を引き受け、その役割にふさわしい仮面を被ってそこに参加するという義務を負うている。しかし一方、そのために、仮面の下にいったん隠された各個人の素顔は次第に忘れ去られ、ついにはそうし

た仮面こそあたかも個人その人であるかのように見なされるにいたっているのである。ベルクソンはこうしたいわば役割意識にもとづく人間疎外の事実に早くから気づいていた。むろん、社会生活はわれわれ一人ひとりの自己保存の要求を満たすうえでも必要不可欠のものではある。しかしわれわれがこうした生活にすっかりからめとられ、それを唯一絶対のあり方などと見なすようになるとすればそれはかなり偏った人間理解となる、とベルクソンは考えたのであった。人間には人びととの協力からなる生活の他に、本当に自分にしかできないこと、個性的な自分を表現していくというもう一つの重要な仕事があるのだ。ところで日常的な生における人びととの交わりがこうした本来の自己、個性的な自己をわれわれの目から遠ざけているとすれば、そのようなことにならないよう大いに気をつけなければならないことはもちろんであるが[1)]、しかし実際は、たいていはみな、本来の自分や、また、自由のなんであるかにさえ、気づくこともなく死んでいっている、というのが本当のところなのである[2)]。したがってそうならないためにはやはり一大決心が必要となる。そして事実、パリ高等師範学校時代のある論文では、内面性、個性の追求がかえって本当に普遍的なものに到達することができる唯一の道であるとし[3)]、『道徳と宗教』における「開かれた魂」をかれの哲学者としての生涯の出発点の段階ですでに見通していたのではないか、と思わせるような言葉をさえじつはみとめることができるのである。

ベルクソンがここで言う内面性とはまず、時間ということである。かれは学生時代、他の多くの仲間たちが影響を受けていたフランス新カント派のCh. ルヌヴィエなどの哲学よりもむしろ、イギリスの進化論者H. スペンサーの哲学に私淑していた[4)]。そしてこの哲学者の魅力はあくまでも事実に即そうとするその実証的態度にあった、とベルクソン自身のちに当時をふり返って述懐している[5)]。しかしかれはこれでもってスペンサーの哲学が十分であるなどとしたわけでは決してなかった。ベルクソンはスペンサーの哲学に惹かれつつも、なお、その基礎には生命の機械論的な解釈があり、これはスペンサーの意図にもかかわらず、進化の正しい認識を妨げている、と考えるようになる。進化には時間というものが大きな役割を果たしているはずなのに、スペンサーのような機械論的な方法によってはそれを的確に把握することができない[6]。ベルクソンの言い方にならえば、それは時間というものが機械論の「網の目」[7]からはこぼれ落ちてしまうものだからである。そしてこうした時間の問題との出会いこそ、実は、ベルクソンがそれまでは積極的な関心を払うことのなかったカント哲学の再検討へと向かわせるきっかけとなったのである。ベルクソンの著作の中でしばしばカントが取り上げられ、それを批判する個所が見られるのであるが、ベルクソンがカントを意識するようになるのはこのように時間についての疑問がはっきりと自覚されるようになってからのことであった[8]。

2.「流れた時間」と「流れる時間」

ベルクソンはカントの時間が等質的であるという事実にまずわれわれの注意を喚起する[9]。言い換えれば、カントにおいて時間は等質的な空間と並行関係をなしている、ということである。つまり、科学者の空間の四次元としての時間がカントの時間なのである。これはカントがニュートン物理学の哲学的な基礎づけをなそうとして時間や空間の客観的実在性を否定し、それらの主観の側の直観形式としての捉え直しを、すなわちいわゆるコペルニクス的な転換をおこなったにもかかわらず、ニュートンにおける時間、空間の性格はなんらの変更も加えられることなくそのまま引き継がれることとなったためである。これに反し、カントと約百年を隔てて哲学者となったベルクソンには自然科学における過信や越権を戒めることが新たにその使命となってきた[10]。ニュートンやカントにおけるような自然科学的な時間が心理学、生物学などすぐれて事象の生成を扱う領域にも無批判に適用されるようになり、その結果、間違った問題提起の仕方が横行するようになってきている、これがベルクソンの言い分なのである。

とはいえ、ベルクソンはカントの空間論には条件付きながら同意する。すなわちカントが空間を等質的とし、こうした直観をもっぱら形式として、それを充当する素材から区別したところには間違いはなかった、とする[11]。ただし、カントがこれをたんに自然科学の可能性の根拠の一つとして見出すにとどまっているのに対し、ベルクソンは生命進化の立場からさらにその発生を問題とし[12]、科学をも含めた人間的な行動の図式としてこれを性格づけようとするのである[13]。すなわちベルクソンによれば、等質的な空間は人間に固有のもので、他の動物においては空間は多かれ少なかれ性質的なニュアンスの違いをその中に含みもっている[14]。このようなニュアンスの区別はそれぞれの動物に対してその固有の要求に見合った特定種類の対象をおのずから選別させている[15]。これにたいして人間知性における等質空間は対象の特殊性よりいったん離れて、その自由な切断と加工を可能にしている。ただし動物の空間にせよ、人間の空間にせよ、いずれもそれぞれにおける自己保存的な行動をまず準備するものである、という点では共通している。カントの主張するように、等質空間はたしかにわれわれ人間における先験的な形式にはちがいないが、その上さらにもう一歩進めて、こうしたアプリオリの生物学的な意味が問われるべきだ、とするのがベルクソンの立場なのである。認識論はさらに生命論にまで還元されなければならない、ということだ[16]。しかしそれでは生命論とはいったい、いかなるものなのか。生命は進化する、というが逆にこうした進化の事実をどのような能力によってわれわれは確かめることができるのか。この問いに答えるためには、ここでベルクソンの時間論にもういちど立ち戻り、そこからあらためて考えなおしていかなければならないであろう。

上でベルクソンのいう内面性とは時間性である、と述べた。ところで実はカントも時間は形式であるがそれは内感の形式であると言っているのである[17]。しかしベルクソンはこうしたカント的な時間はとらない。より正確にいえばベルクソンはカント的な時間の必要性はいちおう認めつつも、このような時間は実は空間化された時間[18] であって、時間に固有な性質はすでに排除されてしまっている、と言うのである。

カントの言うように空間は主観の形式であり、それを内容から切り離して考えることにはベルクソンは立場は違っても異論をはさまない。しかし時間においてもこのような形式、内容の区別をなしうるか、となるとかれは大いに躊躇するのである。カントは一方に物自体を、他方に物自体がそれを通して現象する空間、および時間の直観形式を立てた。そしてその結果としてまた、一方に外界が成立するとともに他方、現象的な自己が時間において成立してくることとなった[19]。しかしベルクソンにはこの現象としての自己というものが理解できないのである。現象的な自己が存在すると主張することは、その裏に本体的な自己の存在が想定されていることを意味するであろう。事実、カントはこうした現象的な自己と本体的な自己とを区別したあと、本体的な自己の認識は不可能である、としたのであった[20]。しかしベルクソンによれば、それはカントが時間として自然科学者の時間しか認めなかったからである。科学は現象相互の対応関係をなによりも重要視するから、時間の継起性によりもむしろ同時性に注目する[21]。そしてこうした同時性の確認は、つねに時間の切断面としての空間においてもっぱらおこなわれるのである。逆に言うと、科学者の時間では時間の移りゆきはまったく無視される、ということである。しかしベルクソンはこうして無視される時の移りゆきにこそ、まさに、時間の本質がある、と考える。かれはエレア学派の提出した運動に関する難問も、運動におけるこうした時間の本質を見誤り、時間と空間を同一視することにもっぱらもとづいている、とする[22]。別の言い方をすれば、時間には「流れる時間」と「流れた時間」とがある、ということである[23]。そしてカントが時間というとき、この後者の時間のみを考えていたのである。しかし本当の時間とはあくまでも前者の「流れる時間」でなければならない。「流れた時間」は前者が空間上に残した軌跡でしかない。それは空間化された時間であり、空間化された時間とはすでに空間なのである。等質的な時間とは空間の等質性がこうした時間と空間の混同を通して時間そのものへと移し直されたものにすぎない。

しかし「流れる時間」とは具体的にはどのようなものであろうか。一言で言えば、それはわれわれの意識の事実そのものである。意識はその諸要素は異質でありながら、全体が有機的に結合して一つの不可分な流れをなしている。外界の諸事物におけるような諸要素の相互外在性ではなく、逆に諸要素の相互浸透が、多数性ではなく質的な多様がその特色である[24]。純粋持続という語でベルクソンが呼んでいるのはまさにこうした意識の流れとしての時間にほかならなかった。しかしカントはこうした時間を感得するためのセンスを欠いていた。その結果、外界の諸事物の間を支配している必然的な法則ともっぱら向かい合うことができる現象的な自己だけを認めてわれわれの内的な自己を見失うこととなった。しかしベルクソンによれば、こうした持続としての時間こそまさにわれわれの内的な自己そのものなのだ。それはあくまでも感得すべきものであって、これを外界の事物の認識と同じように客観的に認識しようとしたところにそもそもカントの試みにおける無理があったのである。内的な事実は認識されるというよりはむしろ自覚されるべきものであり、判断ではなく記述されるべきものなのである[25)]。

しかし事情がベルクソンの言う通りだとすると、カントの現象的自己と本体的自己の区別はおのずから消滅することになる。むしろベルクソンにとって区別しなければならないのは、表面的な自己と内的な自己の区別である[26)]。表面的な自己とは空間化された自己のことであり、他人と共有するものをそれだけ多くもっている自己のことである。これに対し、内的な自己は各人それぞれの個性で彩られた、それぞれにおいて独自な自己のことである。カントの普遍妥当的な認識が成立するのは前者の領域においてであり、これはかれの現象的自己の領域と重なり合っている。しかし内面の自己に関しては、カントは時間と空間とを混同したために、ついにはこれをわれわれの認識のおよばない世界へと追いやってしまった[27)]。これがベルクソンの主張する点なのである。

3．ベルクソン的自由とカント的自由

しかしベルクソンがこのようにカントの物自体を純粋持続とすることによって、実はもう一つ、きわめて重要な問題が起こってくる。それはすなわち自由の問題である。なるほどベルクソンも指摘するようにカントは物自体を認識不可能であるとはしたが、しかしそのことによって物自体の問題をいっさい放棄してしまったわけではなかった。すなわちカントは『純粋理性批判』でわれわれの自然認識の普遍妥当性を現象認識という資格に厳しく限定したうえでこれを承認する一方、自由を物自体において逆に生かす方法を講じようとしているのである。人間は自然界に属しているものとしては、そこを支配する必然的な法則に服さざるをえない。しかしわれわれはこうした現象界に属していると同時に、物自体としては自由な主体

でもありうる。言い換えれば、もしもわれわれを支配するものが自然の必然性につきるのであれば、われわれの行動のすべてもこの自然必然性に即して生起し、もはやそこには善悪を選択する自由もなくなってしまうであろう。しかしカントはこのような単純な決定論は拒否するのである。カントにとって世間の善意の人びとがなす道徳的な判断に正当な根拠のあることをどうしても疑うことができなかった[28]。『純粋理性批判』において弁証[29]、すなわち現象と形而上的なものとの対話は結局のところ、誤謬推理に終わらざるをえず、形而上学はわれわれの認識の次元では成立しえないことを消極的に示したが、これは言い換えれば、物自体は認識の次元においてではなく、むしろわれわれの行動の帰趨に関わる実践的な理念として、行動の次元において積極的に取り上げなければならないことを示しているのである。先験的推論（transzendentaler Schluß）は理性の思弁的な使用にもとづく結び目、もつれ（Schluß）である。そしてこのもつれを切り離す（Ent-Schluß）のはわれわれの実践的決断（praktische Entschließung）でなければならない[30]。カントの思弁理性の陥る弁証はもっぱら実践的にのみ解決されるのだ。形而上学は認識としてではなく「実践的・独断的教説」としての理念に対する信仰においてもっぱら成立する、ということである。

しかしベルクソンがカントの物自体をあらためて認識可能とすることによって、自由の問題はどのような変更をこうむることになるのであろうか。物自体はもはや理念ではなく直接に把握できる持続となった。持続はわれわれの意識の奥深くを流れる自己の「自発性」[31]である。しかもベルクソンではこうした持続との一体性を取り戻し、持続そのものとなって働くことがわれわれの自由である、とされる。カントはわれわれが現象界に所属するものとしては自由はない、としたが、ベルクソンによればそれは因果性ということをもっぱら機械論的な意味に理解しようとしたからにすぎない[32]。むろん、物質的世界においては先行する原因はおおむね予見された結果をもたらすと言うことはできる。天文学者は天体の観測にもとづいて、それを数式化し、将来における天体の位置の変化を見事に算出してみせる。これは自然現象においては類似した状況がほぼ周期的に反復されているからである。そしてこうしたことから、われわれはやがて「同じ原因はいつも同じ結果を生む」、という経験にもっぱらもとづいた信念を獲得するようになる[33]。カントの言うような因果性のカテゴリーはこれが極端にまで押し進められたものにすぎない。しかしベルクソンにとって「機械的因果性」は決して唯一の因果性なのではない。もう一つ別の、いわば「内的因果性」[34]とでも呼ぶべきものが存在しているのだ。それはもはや先行する諸条件が後続する結果を必然的に決定するというような機械的な因果性ではない。いな、原因、結果の区別さえ認めることができないのがまさに持続というものではなかったか。そこに存在しているのは全体から全体への不可分な、そしてなによりも予見不可能な質的な流れだけである。ベルクソンがそれまでの伝統的な心理学を斥けたのは、かれらが心的な事実を説明するのにこうした意識に固有な事実をかえりみず、あいかわらずカント的な機械的因果性の偏見をもちつづけている、と考えたからである。自己を諸要素に分解し、こうした要素の必然的な結合によって自己を再構成しようとする連合心理学はもとより、その他の種々の決定論、あるいは非決定論においてさえ、こうした共通の誤った前提がある、とされる[35]。ベルクソンにとって自由とはその可能不可能を証明する（démontrer）権利問題などではなく、これを積極的に発揮する（montrer）ことにこそ、もっぱらその意味を認めることができる事実問題にすぎない[36]。表面的な自己として生きるだけで満足することなく、内面深くにある本当の自己の探求を忘れずにつづけること、そしてそこに見出される持続する自己との一体性をあらためて取り戻すこと、ここにベルクソンの主張する自由があったのである[37]。

しかし自由をこのようなものとして理解するとき、われわれはその道徳性をどこに求めることができるのであろうか。カントにおいて自由とは普遍的な実践理性の立てる道徳法則に従うかどうかの問題であった。すなわち人間としてわれわれはなにをなすべきか、を問うのであって、個人的な恣意は斥けられこそすれ、その意味が積極的に問われることはなかった。しかしベルクソンの場合、自由を個性的なものとしてとらえる以上、その恣意性が逆に問題にはならないのであろうか[38]。ベルクソンは本当に自由な行動にはいかなる合理的な説明も無力である、と言っている[39]。通常、行動には動機があり、これをめぐって熟慮がなされ、そして決心、実行という段階を踏む、と考えられる。しかしベルクソンによれば、このような図式は実は行動のあとでわれわれが過去に遡及し、それを合理化しようとするときにはじめて現れるものなのである。逆説的ではあるが、実際にわれわれが熟慮するのは決心の前ではなくむしろその後である、という言い方もしている[40]。むろん、われわれは社会生活を営むものである以上、みずからの行動が社会通念やその尺度からはずれることを恐れるのはある意味では当然のことである。自分が理に適った考えにしたがって行動をした、という確信がなければ不安で仕方がない。そこで本来、無動機な説明のできない行動であってもそれを正当化するためにそこに種々の理由づけをして納得しようとすることになる。しかし本当に自由な行動にははっきりとした理由は存在しない。まずはじめに行動があったのである。一般的な規範には還元できない実存的な決意があったのである。それゆえこうした意味のベルクソン的な自由にもなお、あえて道徳性を探ろうとすれば、それは自己自身を欺かないこと、みずからに忠実であること、一言でいえば「まこと」（la sincérité）[41] という言葉で表せるような性格のものということになるであろうか。

しかしベルクソンの自由の道徳性をこのような形で取り出せるとしても、カント的に言えばそれは依然として私的な格率の域を一歩も出るものではなく、カントの道徳法則のような普遍性は求めるべくもないであろう。これは『時間と自由』における持続が個々人の内面性のあり方として示されるにとどまり、それの普遍的なものとの関係がここではまだまったく不問に付されたままだからである。この問題は『創造的進化』における思索を通してはじめてその解決の方向が示され、『道徳と宗教』においてようやくその十分な意味づけがなされることになる。

4．ベルクソン的自由を支える普遍的な原理としての生命

『時間と自由』が自己の内面において発見した純粋持続の根拠をベルクソンはまず、普遍的な生命進化の事実に求めようとするのであるが、このことはかれが進化そのものが元来、心理的なものと類縁関係にある、と見なしていたからにほかならないであろう。すなわち例えばまず『創造的進化』

は生命の機械論的な解釈および目的論的な解釈の再検討からはじめているのであるが、ベルクソンはこれを『時間と自由』における心理的決定論ならびに非決定論の論駁と同じ考え方にたって批判するからである[42)]。しかも進化の過程における新たな種の発生にさいしては持続と同様な予見不可能性が強調されるであろう。言い換えれば、われわれの意識における持続は、実は、こうした予見不可能な生命進化に本来、根ざすものであるということである。むろん、それだからといって『創造的進化』が『時間と自由』の単純な拡大であるなどと考えることはできない。それは心的な持続を意識の直接与件として捉える段階では、前者の反知性的な側面がもっぱら強調されたのに対し、進化論はまず、知性的な存在としてのヒトの出現の事実を示すとともに、うえに見たような持続もわれわれの場合、こうした知性の基礎のうえにはじめて成立する、としているからである。すなわちベルクソンは進化のもっとも進んだ形態として一方に人間知性を、他方に蟻や蜜蜂など昆虫の本能を考える。そして両者はいずれも生命進化の課題、すなわちできるだけ大きな非決定性と自由を獲得するという生命進化の課題[43)]に対する独創的な解答となっているのである。すなわちそのさい本能は必要となる道具を有機体によって作り、これをみずからの身体内部に、しかも生得的なものとして備えるという方法をとったのに対し、知性はこうした実質的な道具はいっさい与えられないかわりにそれを外部にある物質の加工によって後天的に獲得するという方法をとった[44)]。ところでこの方法の違いがもたらした結果は大きかった。まず、本能が生具する道具は特定種類の対象にしか対応できないのに対し、知性は権利上無限に多様な目的を設定できるし、また、これに見合った無限に多様な道具を作ることもできるのである。本能は自然から完璧な道具を与えられることによってかえって同じ生活形態を世代から世代へと、果てしなく繰り返すこととなったが、知性のほうはたえず環境を更新し、その文明をますます発展させていくことができる[45)]。ただし、知性がこのように物質に対してすぐれた能力を発揮できるからといって、生命に対してもすぐれた能力がある、などと考えてはならない。いま、両者の優劣の議論を生命の見地から見るとき、実はその地位がまったく逆転するのである。すなわち生命に対しては本能のほうが知性にくらべてはるかに忠実だ、ということである[46]。

本能は無意識である。それはみずからの要求をみたす対象を外部環境に求める場合でも、こうした対象の知覚と反応とが同時的であるので、知性のような明晰な意識をもつことができないからである。ちなみにベルクソンによれば人間の知覚とは現実の反応へと傾きつつも、なお、それをいったん抑止することによってようやくにしてえられる意識を意味した。これは『物質と記憶』において詳細に検討されたことがらであったが[47]、知覚と反応が直結する本能が無意識的なのは、われわれの人間の行動もいったん習慣化してしまえば、ほとんどこうした知覚の補助なしに無意識的におこなわれていく事情に通じているといえよう[48]。もっとも、「無意識」は「非意識」ということではない[49]。無意識としての本能はいわば可能的な意識として進化自身が型どった有機体と一体をなしているのである[50]。そこでベルクソンは問うのである。こうした本能がわれわれのように意識をもったとした場合、その意識内容はどのようなものとなるのであろうか、と[51]。この問いに対してヘーゲル的に答えるとすれば本能はその場合、まさに生命の即自的かつ対自的な把握となるということだ。しかしこうした本能に対してわれわれの知性の方はどうであろうか。知性はなるほど現実に覚醒した意識となってはいるが、しかしそれは本能のようにもはや生命に内在する意識であるとはいえないであろう。物質に対して働きかけ、そのことによってみずから道具を生産しなければならなかった知性は、必然的に自己を物質的環境へと外化しなければならなかったからである。この意味で知性は生命に型どられているというよりもむしろ物質に型どられているというべきである[52]。知性はそのままでは決して生命を捉えることはできない。いな、知性がみずからのそうした特性に無自覚なまま生命に向かうとき、まさに生命破壊の危険が出てくるであろう。すでにスペンサーの進化論に対するベルクソンの疑問はこうした主知主義的なところにあったし、また、一般にプラトン以来の概念論の哲学や近代科学の機械論的な発想の生命に対する危険性は、ベルクソンの繰り返し指摘してやまないところであった[53]。

しかし事情がこの通りだとすると、われわれ知性的な存在は生命の把握は永久に諦めなめればならないこととなるのであろうか。しかしもしもそうであるならば、進化がかくかくのものであると指摘するベルクソンの立場はいったいどこにあるというのか。しかしベルクソンによれば、われわれの知性のまわりにも漠然とした形でではあるが、本能に内在しているような生命と直接している部分がみとめられるのである[54]。知性と本能とは現時点でこそ分かれてしまってはいるものの、もとはいずれも生命の共通の起源から出てきたものであり、そのかぎりでは両者は同じ生命の二つの異なった傾向を代表しているにすぎないからである[55]。知性がとくに人間において、本能は昆虫などの節足動物において顕著だというにすぎない。したがっていまさし当たりわれわれに必要なことは、こうした知性における本能的な縁取りを十分に生かすことだけだ、ということになる。言い換えれば、知性の物質に向けられた注意をもう一度自分自身に向け直すということだ[56]。しかもこうした逆転された注意こそベルクソンのいわゆる直観（l'intuition）というものにほかならなかった。本能は生命に直接するとしても無意識である。それゆえ『道徳と宗教』の言い方を先取りすればそれはまだ知性以下（infra-intellectuel）[57] のものである。これに反し直観は知性の目覚めた意識を媒介にしながら、さらにそれを超え出ようとするものであるから、それは知性以上（supra-intellectuel）[58] である。ベルクソンにおいて『時間と自由』の持続の把握がまず、こうした直観の第一の試みであったが、『創造的進化』ではそれは普遍的な生命の中へと一挙に躍入することとなるのである。進化の観点からすれば『時間と自由』の純粋持続はまさにこうした進化の最先端に立つものとして捉え直されてくる、と言える。それは個人において自覚されるものではあるが、もはや単なる特殊な個人の内面性にとどまるものではなく、その実質的な内容は普遍的な生命の原理、「意識一般」[59] と直結するものとなる。すなわち持続はいまや生命の躍進《エラン・ヴィタル》と一つのものになっているということである。

しかしながらこのようにして『時間と自由』における自由が欠いていた普遍性を獲得することとなるとはいえ、実質的には相変わらず予見不可能な自由という規定から一歩も踏み出すものではないであろう。ベルクソンが人間の他の生物をすべて凌いで進化の先頭に立っているさまを叙述するとき、われわれの詩的な感性を強く揺り動かし、あたかも一大叙事詩における一つのクライマックスを見る思いにさせてくれることは否定できない。そこにはH. グイエ氏も書き記さざるをえなかったように、まさに、「ワグナー的な騎馬行進」の勇壮さをみとめることができるであろう[60]。しかしながら、それにしても、道徳的なカントをさえ批判したベルクソンにしては、これは、あまりにも韜晦がすぎるように思うのはたんにわたしだけのことであろうか。ともあれ、ベルクソンはその最後の著作『道徳と宗教』にいたってようやくかれの自由論を完成にもたらそうとしたのであった。

5．生命から愛への根拠の転換

カントはわれわれの認識を現象にかぎり、物自体は認識不可能であるとした。物自体は認識対象ではなく実践にもっぱら関わる理念なのであった。ところがベルクソンはこうしたカントの物自体を持続やエラン・ヴィタルとしてふたたびわれわれの認識のおよぶところにまで引き戻し、その結果、認識に絶対的なものを把握する能力をあらためて取り戻させることになった[61]。持続を知らないカントは人間の条件の範囲内にとどまらざるをえなかったが、ベルクソンはこの制約を直観によって乗り越えることができる、としたのである[62]。ところでベルクソンの絶対という語の使い方であるが、伝統的な用語法からすると必ずしもそれと一致しているとは言えないであろう。カントにおいてもそうであるが、一般に絶対という語はわれわれ人間とは次元を異にする超越者、したがって普通はまず神や、あるいは神とわれわれの関係を表すのに主として使用されてきたのである。しかし持続やエラン・ヴィタルは神ではない。ベルクソンにおいて神に相当するものとして「生の永遠」[63]という概念が用いられることがあるが、これは持続や生命の進化からいえば、それらを超越するものであることをかれ自身も認めているのである[64]。こうした永遠な存在からすると、持続や生命もまだそこにまではいたらない不完全な存在でしかない。しかしもしもそうであるならば、なぜこうした不完全なものをも絶対として提示することとなったのであろうか。しかも『道徳と宗教』になると、ベルクソン自身もいわゆる神秘的直観の問題として、ようやくこうした本来の超越者の問題と向かい合うことになるのである。神秘家の直観はもはや持続や生命の延長においてなされるものではなく、これらとははっきりと次元を異にするものである。しかし事情がこのようだとすると、上のような絶対という語の使い方は、ますますその不穏当さを暴露することにならないであろうか。M. バルテルミー－マドール（以下B.－マドールと略す）は「ベルクソンがわれわれの生きている世界に関して絶対を語るのは早計であった」[65] としているが、わたしもこれにはまったく同感である。しかしこの問題についてはいちおうこの程度にしておいて、つぎに『道徳と宗教』においてベルクソンが真にカントと向かい合っていると考えられるような点を見ておこう。

『道徳と宗教』でまず注目しなければならないのは、いうまでもなく道徳や宗教にはそれぞれ二種類のものがあって、それらは二つのまったく異質な起源をもつ、とするベルクソンの主張であろう。そしてこの相異なった起源の一方が自然であり、もう一方がこの自然を超えたところにある神なのである。カントにおいては前者はまったく問題にはならず、もっぱら後者との関係において議論が展開されていると言えるであろう。しかしベルクソンには『創造的進化』にいたるまでの知性と直観の対立の問題があり、かれの道徳論、宗教論もこうした成果のうえに立てられなければならない、という体系的な要請があった。むろん、『創造的進化』の議論だけでは道徳や宗教の問題に十分に答えることはできない。知性は知性社会の問題として社会学の領域に移されてそこから新たに検討が加えられることになるし、直観はエラン・ヴィタルからすぐれて超越的な愛の飛躍、エラン・ダムールへと質的な転換を遂げていくこととなる。そして後者はわれわれを上の知性社会をも超えてまったく新たな愛の社会へと向かわせる原理となっていく。ところでベルクソンは道徳や宗教を考えるにさいして社会学的な観点を持ち込むことによって、カントの道徳に対し、実はカントの思いもおよばなかったであろう批判を展開することになるのである。すなわちベルクソンが十九世紀の後半から二十世紀の前半にかけての二つの世紀にまたがるフランスに生きた人としてコントやデュルケムの新学問に触れ、その影響を受けたのは当然であるとしても、それがカントの哲学における本質的なものをも社会学的に処理しようとさせるまでにいたっているのはやはり驚きと言わざるをえない。

ベルクソンによれば自然によって生み出されたままの人間社会は知性社

会である[66]。蟻や蜜蜂といった昆虫も社会をもつが、この場合、構成員はすべて本能によって完全に支配されており、社会秩序は自動的に維持される仕組みになっている。しかるに人間の知性社会においては、こうした本能による先天的な規制がないかわりに習慣がこれを代行しなければならない。本能社会はあらゆる領域にわたって必然的にことが運ばれていくのに対し、人間社会では個人は知性を私的にも使用し、全体の利害と対立する可能性がつねに残されている。こうした危険は当然、防がれねばならない。そこで自然は、本能ではないけれども、それに代わるものとして習慣というものをわれわれに与えたのである[67]。しかしここで問題となるのは、ベルクソンがカントのとくに強調した当為の思想を、すべてこうした習慣に解消しようとしている点である。習慣は通常、個人においては個々別々なものとして表象され、一方、道徳的責務のようなものになると社会が個人を超越する、というのと同じ意味で、一つの権威づけられた全体として超越的な意味をもつ、と考えられる。しかしベルクソンは知性社会といえどもそれをたんなる個の集合とは考えず、個体化の傾向を示しつつも、依然として有機的な紐帯で連なった一つの全体を形成するものと見ようとする。したがって個々人を支配する習慣も一方でいかに孤立的に捉えられているにしても、それらは結局のところ、背後にある全体的な責務へと合流せざるをえないものと考えるのである。この意味で『道徳と宗教』における社会学的な考察はかなり生物学主義の濃厚なところは争われない。ベルクソンが知性社会の個人を生体を構成する細胞の比喩で語るとき、まさにかれにおけるそうした発想の特徴が端的に現れていると言えるであろう[68]。テンニースの用語で言えばゲマインシャフトがベルクソンの知性社会というものなのである。しかし問題は、このように個と社会が根本において同質化されてしまう結果、社会のいっさいの規制ももっぱら一元的に処理される、というところに現れてくるであろう。すなわちベルクソンでは道徳的責務も習慣もともに一つの同じ体系に属しており、違っているのは両者のわれわれに対する現れ方だけだ、とされる。すなわち習慣はわれわれにとって「うっちゃらかし」や「成り行きまかせ」[69]であるのに対し、責務は「為なさねばならぬがゆえに為すべし」[70]として、すなわちカントにおけるような当為の形を取って現れる。しかし、ベルクソンによれば、後者は前者の日常性を一時的に否定しようとしてかなわず、ふたたびもとの状態につれもどされるさいのたんなる嘆息でしかないものなのだ。つまり責務に従うさいの感情はもともとは平静なものであり、カントの定言命法などは一定の例外的な状況においてこうした責務に対する「抵抗への抵抗」[71]として現れ出たものにすぎない、とされるのである。

しかし習慣論はともかくとしてベルクソンのカントの定言命法に対するこうした解釈は果たして正当と言えるものであろうか。単に定言命法の自然的な起源を明らかにするということだけで問題はすべてかたづいたものとしてすますことができるのであろうか。ベルクソンの自然的な道徳は一種の物理的な自然と考えることができるが、カントにおいてはむしろこうした自然的な制約を超越することにおいて成立したのが実践理性の自己立法、自律ということではなかったか。『純粋理性批判』における理論理性が思弁的に使用されるとき、必然的に自己矛盾に撞着して実践理性へと転換せざるをえなかった、ということは、実践理性がたんに前者の連続的な発展として成立したのではなく、むしろ前者の自己否定の結果、あらたに甦った理性、前者とはその次元を異にする理性である、と考えられるのである[72]。カントの理論理性や思弁的理性がおおむねベルクソンの知性に対応させることができるとしても、実践理性をも単純に自然的な知性として前者と同列に扱うことにはきわめて大きな問題を含んでいるように思われる。もちろん、カントは持続や生命を知らなかったし、神秘的直観も否定する。カントはベルクソンのような実在の哲学者ではなかった。しかし実在の客観的な動向をそれ自体として把握できなくとも、少なくともそのつど人間としてもっともふさわしい生き方を選び取り、それを実践していくことはわれわれの変わることのない願いである。しかもなによりもまずわれわれのこうした願いに答えようとしたのが、まさに、カントの当為の道徳ではなかったであろうか。

いずれにせよ、重要なことはたとえベルクソンのいう道徳的責務が習慣に、したがって自然に解消されるものであるとしても、カントの義務はあくまでもそうした自然の否定のうえに成り立ったものであった、ということである。ベルクソンの哲学で当為が自然的必然性に連続するにしても、それはカントの当為の道徳となんらの関連ももってはいない。むろん、それだからといって、カントの定言命法がベルクソンの「開かれた道徳」である、などと議論を飛躍させるつもりはない。いな、ベルクソンではむしろ実践にさきだって、まず、そうした実践の原理となっているものに関心を寄せなければならないのである。知性社会に由来する「閉じた道徳」と聖者や宗教の創始者の「開かれた道徳」の二種類のものに道徳をまずはっきりと分けなければならない。なぜならこれらの道徳はわれわれの現実の中で普通、混淆した状態で存在しているからである。むろん、実際の行動にあってわれわれはこれらをあえて区別することはしない。もしもそうでなければ、われわれの遭遇するいちいちの場面においてなにをなすべきか、即刻に決定することができなくなるからである[73]。しかしベルクソンの関心の中心はさしあたり、実践そのものより、実践を成立させている原理を追求することに置かれている。そしてそうした点こそ、まず、ベルクソンとカントがその態度を大きく異にしているところなのである。生命の進化は諸々の知性社会を誕生させたが、こうした社会はどこまでも自己保存の要求を優先させる「閉じた社会」である。「閉じた社会」は他集団に対するみずからの団結を確保するため、各構成員の利己的な行動がもたらすかもしれない解体の危険に対応した防御装置をつねに備えていなければならなかった。道徳的責務の第一の意義はまさにここにあったのである。そしていわゆる自然宗教も、もとはこうした責務と同じ起源に発するものであって、責務による団結をさらに心情的な面から補足する役割をもっぱら負ってきたものであった。後者は前者の「閉じた道徳」にたいして「閉じた宗教」と呼ばれる。とはいえ生命進化は知性社会で停止したのではなかった。いつの時代にもこうした「閉じた社会」が周囲に張りめぐらせた城壁を破って人類社会の理想に生きようとする人びとが現れた。かれらはたしかに知性社会における「例外者」[74]ではあろう。しかし民衆はそのつどかれらの存在が自分たちに対する「呼びかけ」[75]であることを感知し、かれらの人柄の抗しがたい「魅力」[76]に惹かれ、その内面に息づく「創造的な情緒」[77]に誘い込まれていったのである。かれらは知性社会がわれわれ人間に運命づけられた唯一の社会ではなく、そのうえにさらに無限に広大な愛へと「開かれた社会」、すなわち人類社会があることを人びとに知らせてきたのである。ベルクソンの個性的な自己、自由な自己は実にこうした英雄道徳へと向かう出発点であったのである。

しかしベルクソンがこのようであるとすると、カントのような立場はいったい、どのようなところに位置づけられてくるであろうか。カントもベルクソンと同じく人格について語るし、人間の自由を懸命に擁護しようともした。しかしカントの場合、人格は新たな道徳を創造するというようなものではなく、かえって普遍的な実践理性の立てる道徳法則にどこまでも服そうとするものであった[78]。しかもこの場合、人格はいかなる意味においても例外者のそれではない。道徳的な人格としては万人は等しく自由な主体なのである。また、カントは道徳における「模範」という考え方を極力斥けようとする。民衆に偉大な人格者として崇拝される人たちであっても、かれらの行動が道徳的法則に合致するのでなければこれを決して鵜呑みにすべきではない、とするのがカントの立場であった。カントにおいてはイエス・キリストでさえも実践理性の化身としてもっぱら受け容れられていたのである[79]。

しかし問題の所在はいまや明らかであろう。カントはどこまでも実践の立場を貫徹しようとするのに対して、ベルクソンはこうした実践上の諸規則を人間の実際の歴史に則って反省し、どこまでもその起源に対して主たる関心をもちつづけたということである。逆にいえば、『道徳と宗教』ではわれわれの実践の要求に対する答えはただちにはえられない、ということにもなる。英雄の道徳といってもそれが説明の困難な魅力の段階にとどまるかぎり、そこからわれわれの具体的な実践を見通すことは難しい。英雄にとって現実的な道徳であっても民衆にとっては必ずしもそうではないだろうからである。ベルクソンは知性社会の道徳的責務を蟻や蜜蜂の昆虫社会における本能に類するものとして知性以下のものとし、反対に宗教的な指導者たちの「開かれた道徳」を知性以上である、とする[80]。しかしかりに前者の閉鎖性に絶望した民衆が後者の英雄たちによって指し示された方向をあらたに目指そうとする場合でも、これをあくまでも理想としてもう一度捉え直し、知性のレヴェルにおいて具体的な実践の形に作り直すのでなければ、本当の意味で自分たちの行動とすることはできないのではなかろうか。うえのB.－マドールはベルクソンが英雄道徳の段階にとどまるかぎり、その貴族主義的な性格は覆い隠せるものではない、としているが[81]、それはベルクソンにおいて民衆の立場に立った具体的な倫理を欠いているように見えることとまさに表裏をなす批判というべきであろう。実在の哲学より現実の哲学へ、思弁より実践への移行の問題はベルクソンがわれわれに残したきわめて大きな問題であり、また、こうした点にこそ実をいえば、ベルクソンにおけるボン・サンスや構想力の見直しの必要をわたしが強く感じるようになった大きな理由があったのである。

【註】

*ベルクソン哲学全般にわたる正確な理解をえようとするなら、澤瀉久敬「ベルクソン哲学への手引き」（坂田徳男、澤瀉久敬編『ベルグソン研究』勁草書房、1961年、所収）が最適であろう。

1）Cf. *Essais sur les données immédiates de la conscience* (以下D. I. と略す) , p.174
2）Cf. D. I., p.125
3）Cf. J. Guitton, *La vocation de Bergson*, Gallimard, pp.239-241
4）Cf. ibid., p.61
5）Cf. *La pensée et le mouvant* (以下P. M.と略す) , p.2
6）Cf. P. M., p.2
7）*L'évolution créatrice* (以下E. C.と略す) , p.203
8）Cf. Madeleine Barthélemy-Madaule, *Bergson, adversaire de Kant* (以下B. K. と略す) , P. U. F., p.13
9）Cf. D. I., p.174
10）高橋昭二「ベルグソンとカント」（上記『ベルグソン研究』所収）
11）Cf. D. I., p.177
12）Cf. E. C., pp.201-209, とくに p.207
13）Cf. E. C., p.203
14）Cf. D. I., p.177
15）Cf. *Matière et mémoire* (以下M. M.と略す) , pp.176-177
16）Cf. E. C., p.ix
17）Cf. Kant, *Kritik der reinen Vernunft* (以下K. r. V.と略す) , B49

19）Cf. D. I., p.175

20）カントの場合、自己は現象的自己としてのみ認識が可能である。これは本体に属する自己が感性の一形式としての時間直観を通して現象するものにほかならないが、他方、本体的世界に属する主体としての自己は「わたしは考える」（Ich denke）の意識をともなった統覚として自発性そのものであり、カントはこうした自発性を直観する能力－われわれの直観はもっぱら対象を受容する能力である－すなわち知的直観を否定したのである［Cf. K. r. V., B68, B69, P. M., p.141, p.154］。

21）Cf. D. I., pp.86-89, E. C., pp.335-339

22）Cf. D. I., p.84, E. C., pp.308-314

23）Cf. D. I., p.166

24）Cf. D. I., chap. II

25）周知のように、カントは人間に許された認識は総合判断、すなわち空間時間の直観形式を通して受容された感性的なものとわれわれの自発性としての悟性概念との総合よりなるもの以外にはありえないとした［Cf. K. r. V., A51=B75］。これは感覚を概念の程度の低いもの、曖昧な理性認識として前者の固有性を排棄してこれを後者の中に解消しようとするライプニッツ・ヴォルフ流の合理主義の立場［Cf. ibid., A43, A44=B60, B=61, B62］に反対するとともに、他方、概念の起源をもっぱら感覚に求め、合理主義とは逆に概念の固有性を排棄してこれを感覚へと解消しようとするロック・ヒュームの経験論［Cf. ibid., B127, B128］に対して主張されたカント独自の立場、批判主義の立場であった。すなわちカントは合理主義に対しては、感覚はたしかに現象ではあるが、それは人間理性を超えた物自体に触発されてはじめてわれわれの感性に現象するものであるから、その実在性は否定できないとする。すなわち現実の100ターレルと可能的な100ターレルとは概念として同じであっても、後者から前者が出てくることは決してないのである［Cf. ibid., A599=B627］。また、経験論は現象の偶然的な結合から概念を帰納しようとするが、このような立場では科学的認識の統一性、必然性は理解できず、結局は懐疑論に陥ってしまう。この点、カントはデカルト以来の合理主義が主張してきた概念の生得性の立場を堅持する。しかしいずれにしてもわれわれに許された認識は感性的直観と悟性概念との総合判断としてだけである、とするのがカントのどこまでも主張してやまない点であった。概念より直観を導出できるとする合理主義も、逆に直観より概念を導出できるとする経験論もつまるところともに同一性の原理にもとづいた分析判断をおこなっているにすぎない。したがってかれらの形而上学が神や魂、世界についての認識を語る場合でも、もともとその前提にこうした誤りがある以上、すべて最終的にはカントによって誤謬推理として斥けられることとなる。すなわち感覚を現象、形而上学的概念を物自体に置き換えてみたとき、感覚と概念のいずれか一方の他方への解消は必然的に現象と物自体の混同、もしくは混淆という事態を招くであろう。カントはこうした現象と物自体の直接的な綜合、たんなる見せかけにすぎない綜合を「弁証」、あるいは「仮象の論理」と呼んで斥けたのである［Cf. ibid., A61=B86］。なお、カントの弁証論に関しては伊達四郎「KritikからDialektikへ」（『大阪大学創立十周年記念論叢』所収）および高橋昭二『カントの弁証論』（創文社、1969年）を参照されたい。

26）D. I., p.93

27）D. I., p.175

28）Cf. K. r. V., A807=B835, *Kritik der praktischen Vernunft*, Akademie. V, Vorrede, S.4

29）17）の註を参照。

30）伊達四郎「KritikからDialektikへ」370頁、高橋昭二「ベルクソンとカント」290頁、B. K., p.175 参照。

31）澤瀉久敬「ベルグソン哲学への手引き」15頁参照。

32）Cf. D. I., pp.174-175

33）Cf. D. I., p.150

34）D. I., p.164, Cf. Ecrits et paroles (以下E. P.と略す) I, P. U. F., pp.129-137

35）Cf. D. I., pp.107-123

36）Henri Gouhier, *Bergson et le Christ des Évangiles* (以下B. C. E.と略す) , Arthème Fayard,　p.43

37）Cf. D. I., p.174

38）B.－マドールはベルクソンの自由は道徳的自由（la liberté morale）というよりもむしろ自由意志（le libre arbitre）に近い、と言っている。Cf. B. K., pp.119-120, p.150, E. P. I, p.329

39）Cf. D. I., p.128

40）Cf. V. Jankélévitch, *Henri Bergson*, P. U. F., p.60

41）Ibid., p.79

42）Cf. E. C., pp.x-xi

43）Cf. E. C., p.252

44）Cf. E. C., pp.136-152, とくに p.141

45）Cf. E. C., pp.151-152

46）Cf. E. C., pp.152-177

47）本章第二節参照。

48）Cf. E. C., p.145

49）Cf. E. C., pp.144-145

50）Cf. E. C., p.167

51）Cf. E. C., p.166, p.177

52) Cf. E. C., p.187
53) Ex., E. C., chap. iv
54) Cf. E. C., p.178, p.194
55) Cf. E. C., p.186
56) Cf. P. M., p.85
57) Cf. *Les deux sources de la morale et de la religion* (以下M. R.と略す) , P. U. F., p.41, p.63
58) Cf. E. C., p.359, M. R., p.41, p.63
59) E. C., p.144, p.168, p.187, P. M., p.28
60) Cf. E.C., pp.251-271, B. C. E., p.49
61) Cf. P. M., p.216
62) Cf. P. M., p.218
63) P. M., p.176
64) Cf. P. M., p.176
65) Cf. B. K., p.110
66) 本書第二部、第二、第三章参照。
67) Cf. M. R., pp.21-24
68) Cf. M. R., p.2, p.6
69) Cf. M. R., p.13
70) M. R., p.17, p.20
71) Cf. M. R., p.15
72) 伊達四郎「KritikからDialektikへ」参照。
73) Cf. M. R., pp.81-82
74) Cf. M. R., p.29
75) M. R., p.30
76) M. R., p.46
77) Cf. M. R., p.41, p.51
78) Cf. B. K., p.172
79) Cf. *Grundlegung.*, Akademie.IV, S.408-409, *Religion.*, Akademie.IV, S.62, M. R., p.30
80) Cf. M. R., p.63
81) Cf. B. K., p.155, p.179

第2章 根源的ドクサとしての知覚

第1節　メルロー－ポンティにおける知覚の現象学と理性

1．生きられる世界への復帰

「現象学とは本質の研究であり、あらゆる問題は諸々の本質を規定することに帰着する」1）といわれる。しかしメルロー－ポンティ（以下M.－ポンティと記す）によれば現象学は他方、「本質を実存に置き戻して、人間と世界をその事実性以外のものから理解できるなどとは考えない哲学でもある」2）のだ。なぜならもしも現象学の仕事がたんに超越論的観念論として、世界の意味づけをおこなう普遍的な意識の考察にかぎられているとすれば、世界や他者の意識などあらためて問題となることなど決してなかったはずであるが、フッサールにおいてはそれらがまさに重要なテーマとして大きく取り上げられているからである3）。そしてM.－ポンティ自身がとりわけ注目するのも現象学における後者のような側面なのである。すなわち人間や世界について哲学的な規定を獲得していくために、人間と世界の反省以前の根源的な接触の事実にまず立ち戻り、フッサールの手法にまなびながら、それを丹念に分析することから始めていこうとするのがM.－ポンティの立場なのである。いわゆる「生きられる世界」（le monde vécu）への復帰である。

「生きられる世界」というものはわれわれがこれと徹頭徹尾関わりをもっているため、普段はかえってそうした関係について意識化されることの少ない世界である、ということができる。したがってそれをあえて明らかにしようとすれば、世界との自然的な関わりをひとたび中断し、フッサールのいわゆる「利害の関心を離れた観察者」となり、「参加することなく見る」ということに努めるほかはない。むろん、それだからといって、常識や自然的な態度の確実性を放棄するのではない。問題は、それらが通常、なんら検討に付されることなく、あらゆる思惟によって無条件に前提されているところにある。常識や自然的態度をふたたび意識化すること、ここに哲学の変わることのないテーマがあるのだ[4]。しかもフッサールにおける本質的還元の積極的な意義がみとめられるのもまさにここ以外にはないのである。M.－ポンティによれば、元来、本質的還元それ自体が現象学の目標なのではない。それはむしろわれわれの「こうした実存がその事実性を認識し、それを克服していくためには観念性の領野（le champs de l'idéalité）というものを必要とする」[5]からであって、そのための手段としてもっぱら本質的還元という手続きがある、とかれは考えるのである。

「生きられる世界」は心身が関係し合う世界であり、とりあえずはわれわれの知覚の世界として現れる。デカルトが『省察』第六部や『情念論』で、ベルクソンが『物質と記憶』において扱ったようなフランス哲学の伝統的なテーマをM.－ポンティもフッサールに依拠しながらふたたび取り上げようとしている、といってよい。もっとも、デカルトの場合、自然科学の理論的基礎付けの作業が要求した二元論が知覚の世界を扱うさいにも前提されていて、心身合一の現実をみとめながらも、なお、それを二元の結合、ないし、それらからの再構成として捉える立場である[6]のにたいし、ベルクソンは現実の心身結合の世界、知覚の現実にあくまでも即しながら両者の関係を見ていこうとしているところに両者の根本的な違いがある、といえる。M.－ポンティ自身は、フランス哲学のなかではとくにこのベルクソンの知覚論からもっとも多くのものを学んでいるように思われるので、以下、M.－ポンティのベルクソン解釈をふまえながらそれを簡単に振り返っておきたい。

2．ベルクソンの知覚論からメルロー－ポンティの知覚の現象学へ

ベルクソンは知覚にたいして有名なイマージュとしての、すなわち観念論のいわゆる「表象」よりも実質を多く含み、実在論の「もの」よりは少ない、いわば両者の中間地帯にあるものとしての規定を与えた[7]。もっともそれだからといってこの規定が知覚を単純に「もの」と「表象」とを足して二で割ったような綜合を意味しているわけでは決してない。むしろベルクソンの知覚は世界のわれわれによる直接的な経験をいうのであって、

うえの「もの」や「表象」はかえってこうした経験から事後に考えられてくるものにすぎない。『物質と記憶』の知覚論は、日常、無意識的な状態のもとに隠されている知覚と身体的行動との密接なかかわりを記述していく一方、根源的な経験としての知覚の事実をあらためて白日のもとにもたらそうとする努力となっている、ということができる。「経験をその根源において、あるいはむしろそれがわれわれの功利性の方向に屈折し、端的に人間的経験となる決定的な転向点を超えるよりも以前のところに求めること」[8]、ここに知覚における直接的なものとしての世界経験が、質的な方位づけられた空間が、有機的なまとまりをもった広がりが与えられるのだ[9]。M.－ポンティの巧みな表現によれば、ここで「ベルクソンは人間の心の中で世界のソクラテス以前の、人間的なものとなる前の（préhumain）意味をふたたび見出している」[10]のである。これはフッサールの言葉でいえば「現象学的還元」にほかならない[11]。むろん、こうした意味での経験も一種の綜合ではあろう。しかし一般に綜合といわれる場合、はっきりと相互に区別される個々の対象と、同じく相互にはっきりと区別される観念との間でどこまでも客観的に考えられているのにたいし、ベルクソンのそれは、意識内容として与えられることができるかぎりでの世界とわれわれの意識との間でおのずからにおこなわれている根源的な綜合、「反省の地平においてつねに想定されているあらかじめ構成された存在」[12]、いわば生きられている綜合だ、ということである[13]。

もっとも、ベルクソンにおける知覚を後者のような留保をつけたうえであるにしても、それを綜合であると表現することにたいしては、なお、依然として異論が残るかもしれない。ベルクソンの直観は、対象との一致（la coïncidence）ないし融合（la fusion）であり、知覚に関してもいわゆる純粋知覚などは物質そのもの、きわめて緩慢な持続との一体化であるとも考えられるであろう。しかしM.－ポンティも指摘しているように、ベルクソンは直観を他方で共存（la coexistence）としても示していることは事実であって、通常の知覚はまさにそのようなものと考えなければならないのである[14]。なぜならベルクソンは、われわれの知覚においては、物質の緩慢な持続を意識の緊張した持続が縮約して捉えている、といった言い方をしているからであるし[15]、また、M.－ポンティが引用している『創造的進化』のある個所では、砂糖が水に溶ける間、われわれはしばらく待っていなければならない、という事実が取り上げられているからである[16]。すなわちM.－ポンティによれば、これはまさに砂糖のなかでなにかがわれわれにたいして応答している、とベルクソンが考えていたからに違いないのである[17]。そうしてM.－ポンティはこうした方向で理解できるベルクソンをもっぱら評価しようとするのである。言い換えれば、M.－ポンティにとってベルクソンの直観が意味をもつのは、それが絶対的なものとの融合を主張するかぎりにおいてではなく、むしろこうした絶対的なものとの関係の把握であるかぎりにおいてである、ということになる。そしてそうしたところにもなお絶対的なものを求めつづけるというのであれば、こうした関係こそがまさにそれだ、とうことになるであろう[18]。

知覚がこのようにわれわれと世界との一種の内的な関係を表し、またそれが同時にベルクソンの直観がもつ重要な一面をも示すものであるとすれば、直観をもってたんに言葉に表現できない（ineffable）ものというだけではもはや済まなくなってくる。M.－ポンティによれば、ベルクソンの「測深」とか「聴診」、「触診」といった言い方は直観はなお理解される必要のあることを示唆しており、直観されたものをいかに表現へともたらすか、ということが次の大事な手続きとなるのである[19]。もちろん、ここで表現に方向を与えるのはあくまでも直観であるが、しかしそれだからといって一度かぎりの直観が哲学者のいっさいの努力をあらかじめ要約された形で含みもっているわけでは決してないのだ（時折、ベルクソンがそうした仕方で説明をおこなっていることは否定できないけれども）。「直観に固有なのは一つの展開を呼びだすこと、それが現にそうであるところのものになることである。なぜなら直観はそれが問いかけていく無言の存在と、そこから引きだされてくる意味あい（la signification maniable）にたいする二重の関係を含み、直観は両者の一致の経験であり、ベルクソンが巧みに言い表しているように、それは読書、すなわち一定の文体を通して、しかもそれが概念へともたらされるよりも前に、一つの意味（方向）（un sens）を把捉する技術であって、要するにもの自身はこうした表現（formulations）が収斂していく潜在的な焦点であるからである」[20]。ベルクソンは「事実の線」（des lignes de faits）というものについて述べることがあるが、それはわれわれ人間はスピノザ哲学におけるような全体的世界を一挙に把握することはできず、そのつど部分的な接触にとどまらざるをえないということ、しかしそれにもかかわらずそれぞれの事実にはつねに一定の方向（意味）が確認できるのであって、これを厳密に表現し、記述することにより、やがては全体としての方向も明らかになることを期待する、ということであればわれわれにもそれは十分許されている、ということにほかならない。フッサールの本質的還元のような観念性の領野を開くことがベルクソンの直観においても必要であるし、実際にベルクソンもそのようにしている、とM.－ポンティは考えるのである。

M.－ポンティがベルクソンの『物質と記憶』においてもう一つ注目するのは、ベルクソンが知覚を通してふたたび他の同胞とのつながりを取り戻す道を開いている、という点である。いったい、『時間と自由』で示された持続はどこまでも個性的なもの、各人において独自な色合いをもったものであり、常識や科学のもつ一般性とは徹頭徹尾対立するきわめて独我論的なものであった。しかしそれがたんに独我論的なものに終わるかぎり、哲学的な主張としていつまでもみずからの立場を守り通せるものでないことは大変にはっきりしている。個性の哲学をいうにしても、その個性がなんらかの一般的な根拠にもとづいて主張されるのでなければ、やがては空中分解を待つよりほかはない。『創造的進化』が知性の一般性を超えるとともに、さらにこうした知性そのものをも生みだしてくるような「意識一般」ないし「生命の飛躍《エラン・ヴィタル》」を取り上げているのは、まさにそうした個性の哲学に有力な根拠をもたらそうとするためにほかならなかった[21]。しかしながらM.－ポンティによれば、われわれがこうした普遍的な生命に到達できるのも実は知覚のお蔭なのである。すなわちM.－ポンティはこうした手続きを可能にする根本的な前提として知覚がさまざまな持続の－いわゆる時計の同時性ではない－同時性を成立させている点を取り上げるのである。M.－ポンティのベルクソン理解によれば、物自体（des choses en soi）としての持続相互の間にはそれらがいかに近いもの同士であっても、同時性というものはみとめられない。しかし知覚というものがある。知覚はうえでも物質的世界に関して一言したが、一般的に一つの持続と他の持続との綜合、ないし統一として理解される。それゆえ「知覚されたものだけが現在という同一の線にあずかることができる」[22]のである。しかもM.－ポンティによれば「知覚がいったん成立すると…端的な知覚の同時性は…あらゆる知覚野（tous les champs perceptifs）、あらゆる観察者、あらゆる持続相互の間で[も]成立する（[　]内は紺田、以下同様）」[23]のである。言い換えれば、われわれは知覚において同一の世界を知覚しつつある他の身体的な存在をみとめることができるし、また、それぞれの知覚野はたがいに交叉し、浸透しあっているということを確認できるところから、各人相互の間にふたたび共通のものを取り戻すことができるということである。いな、たんに人間相互の間にそのようなことがいえるだけでなく、他の生物との間にも同様なことがいえてくるであろう。M.－ポンティは『創造的進化』の各生物における視覚器官の発生に言及している個所に立ち戻り、ベルクソンがそこに収斂してくるさまざまな要素の背後に、われわれがみずからの手の動きを知覚する場合のようなきわめて単純な働きをみとめ、これがまさに『物質と記憶』が明らかにした、知覚の全体的で、統合的な働きと同種のものと見なしている点を取り上げて次のように指摘する。「これは生命の世界が人間の［たんなる］表象であるとか、はたまた人間の知覚が宇宙の生んだものといったことを意味するのでなく、われわれがみずからの中に見いだす［あの］根源的な知覚と進化においてその内的な原理が透けて見える知覚とが、たがいに絡み合い、蚕食し合い、つながり合っている、ということなのである」[24]と。実に普遍的な生命への通路としても知覚は重要な位置にある、ということにほかならない。なお、M.－ポンティはこの他、人間における知覚野の交叉というところから、ペギーのいわゆる「民衆的持続」（une durée publique）[25]のようなものが考えられるとして、ベルクソンにおいても歴史やあるいは『道徳と宗教の二つの源泉』におけるよりももっと具体的な社会学が構想できる、としているのであるが、これはもはやベルクソンの問題というよりはM.－ポンティ自身の課題となっていくものであろう。われわれはフッサールの現象学に示唆をえながら、ベルクソンの知覚論を以上のように解するM.－ポンティの思索そのものを次に見ていきたいと思う。

3．根源的な認識としての知覚への復帰

いうまでもなくM.－ポンティが第一に主張するのも「根源的認識」（une connaissance *originaire*）[26] としての、そしてまた、われわれにとって「直接的なもの」（l'immédiat）[27] としての知覚への復帰である。M.－ポンティによれば感覚や連合、注意や判断に関する古典哲学の共通の誤りは、そもそも知覚の事実と離れたところで議論をおこなっていたところにある。たとえば、感覚についてはどうであったか。古典哲学とりわけ経験論はこれを知覚から抽象してもっぱら主観の状態と見なし、「不可分で瞬間的、そして点のような」[28] 刺激ないし印象を考える。いわゆる「純粋感覚」（la sensation pure）である。しかしいったい、知覚からこうした純粋感覚の分離をどのようにすればできるというのであろうか。われわれが知覚にどこまでも即していこうとするかぎり、はなはだ理解できないことだとM.－ポンティはいう。なぜならM.－ポンティによれば知覚はいかに単純なものであっても、それはつねに一定の関係と関わっていくものであって、決して要素的な諸項に関わっていくものではないからである。ただし、この場合、関係とはとくにゲシュタルト心理学が明らかにしたような関係、「図と地」（figure et fond）の関係を指す。言い換えれば知覚の対象となる事物はすべてそれぞれが置かれている一定の地もしくは場との関係の中で意味づけられ、方向づけられているということである。たとえば、有名なミュラー・リアーの錯覚を考えてみる。二本の線分はそれぞれ一方は両端が開いた、他方は閉じた角をなす四本の線分によってたがいに異なった地に置かれ、それぞれが一定の異なった意味もしくは方向性を担わされている。知覚の事実として見るかぎり、これら二本の線分は等しいとも等しくないともいえないものである。両者はあたかも別々の世界におかれた線分であるかのようにわれわれに現れている、といえるだけである[29]。もっとも、こうした事実がなぜ錯覚と呼ばれるのか、ということは逆に問題として残ることになる。M.－ポンティはその理由をわれわれは通常、知覚体験そのものよ

りも知覚対象にもっぱら注目するためである、とする。いまの例でいえば、二本の平行線のみに注目して、それぞれの線分が地にたいしてもつ関係は捨象してしまうということである。しかもこうした事情は知覚野一般においても変わることがないのである。すなわち体験として与えられる知覚野はこのようなものとしては決して局所的な知覚の総和などではないにもかかわらず、われわれは知覚された対象にもっぱら注目するため、反対にそのような個々の対象の総和として知覚を考えるようになるということだ[30)]。ところでいったん知覚がこのような対象界に変えられてしまうと、それはいまやどのようにでも分割が可能となるし、単純な構成要素への還元もいとも容易な作業となる。M.－ポンティによれば、うえの純粋感覚の考えはまさにこうした対象界についての考えがそのまま意識現象へと投影されたものにほかならないのである。

純粋感覚がこのように知覚の事実にしたがわない抽象的なものにすぎないものであるとすると、類似や隣接によって知覚や記憶を説明しようとする連合論の考えが根拠を失うことになるのは明らかだ。うえに見たように、知覚においてはものはつねに「図と地」の関係で現れるし、またかりに知覚の対象だけを取り上げてみても、その各部分はそれなりにこうした対象がなす部分を全体とする地によって方向づけられているであろう。砂浜で赤い部分を見つけたとしよう。この赤い部分は他の部分と「図と地」の関係にあることはむろんであるが、しかしこの赤い部分にもっぱら注目する場合でも、わたしの視線は経験論の考えるように決してその部分を構成する諸要素の中性的な印象と一体化するわけではない。わたしはまさにこの赤い部分のうえに目をはしらせるか、それを見下ろすかするのであって、そのかぎり、その赤い部分における各部分もまた一定の方向性をもつこととなるのである。つまり、知覚をそのいかに小さな部分で捉えようとしても「図と地」の関係は決してなくなることはない、ということである。したがって連合にさいしても「事実として隣接や類似が存在するためにばらばらな条件があわさって一つのものを形成するにいたるのではなく、むしろ反対にわれわれが一つのまとまりをものとして知覚するがゆえに分析的な見方がそのあとで類似や隣接を見分けることができるようになる」[31)]と考えるべきなのである。しかも「このことはたんに全体の知覚がなければ諸要素の類似や隣接に注目することなど思いつかないであろう、ということを意味するだけでなく、文字通り、こうした要素が［全体の属している世界と］同じ世界に属していそうにはないということ、そして類似や隣接などは実際にはまったく存在しないのかもしれない、ということを意味している」[32] のだ。

このように連合論が知覚において成立し難いものであるとすれば、知覚と記憶との関係においてはどうであろうか。しかしM.－ポンティはここでも連合論による説明には妥当性がみとめられないとする。すなわちある要素的な印象がかりにみとめられるとして、このようなものに他の印象を呼び起こす力があるだろうか、と問うのである。なぜならもしもそのように見える場合があるとしても、それはそうした印象が当の想起される印象と共存していた過去の経験の展望のなかでまず一緒に捉えられる（*comprise*）からであって、決してそうした要素的な印象が他の要素的な印象を甦らせるからではないからである[33]。たとえば、ある言葉が他のもう一つの言葉を思い出させるとわれわれがいうとき、われわれはその言葉がいわゆる想起される言葉とたがいに連関し合っていた過去の知覚を全体として想起するのであって、両者の単純な連合などは存在しないということである。もっとも、経験論のうえのような主張とは逆に、記憶に一種の自律性を付与することによって知覚における記憶の補助とか「知覚するとは想起することである」などといわれることがある。この場合は記憶が要素的な感覚の間隙を埋めるべく入り込んでくるということであろうか。しかしそのさい、記憶自身はいったい、なにを拠り所にして現在の知覚に介入できるのであろうか。M.－ポンティはこれこそ現在の知覚以外にはありえない、という。つまり記憶が知覚を補助できるのはまさに知覚のお蔭だということである。すなわちわれわれはまず知覚においてすでに一定の方向性をもつ全体を見いだしているということ、言い換えればその全体の表情（la physionomie）や構造（la structure）を捉えているということ、そしてこうした表情や構造からむしろ想起されなければならない記憶が決定されてくる、ということなのである。したがって早く文章に目を通すときのように文字の読み違いが起こることがあっても、それは記憶に原因があるというべきではなく、むしろ知覚自身の問題である、ということになる[34]。

M.－ポンティが感覚やその連合の問題を取り上げることによって批判の対象としているのは、このように見てくると主としてそれは経験論の立場であるように思えるのであるが、しかし実は主知主義もまた同様に批判の余地があり、しかもそれは経験論と同じ誤った前提に立っているところにある、とされる。すなわち経験論も主知主義もともに「両者は時間の順序からいっても、その意味からいっても最初のものとはいえない客観的世界（le monde objectif）を分析の対象と考え、両者とも知覚としての意識がみずからの対象を構成する独自な仕方を表現できないでいる」[35]というのである。そしてこのことはかれらの注意の概念を検討すればただちに明らかになることである、とM.－ポンティはいう。

まず、経験論であるが、この立場はすでに見たように経験を説明するのに実際の経験を超えた、恒常で客観的な諸要素としての純粋感覚ないし印象を考えるわけであるが、そのさい注意の働きはこれらの要素をただ照らし出すことだけである、と主張する。つまり、経験論によれば注意とは、ちょうど「投光器の光が、それによって照らし出される風景がなんであれ、つねに同じ光である」[36]のと同様であって、対象そのものとはつねに無関係のものである、というのである。したがってたとえばわれわれの知覚するものが、刺激の客観的な性質と対応しない場合でも、「いわゆる正常な感覚」はつねにそこに存在していることになる。問題はただ注意の照明力が不足しているだけなのである。言い換えると、経験論にしたがうかぎり、われわれの注意はたんに対象と外的に関係するだけであって、対象そのものの成立とはなんらの内的な関係もないということである。

経験論がこのようであるとするとそれでは主知主義のほうはどうであろうか。まず、一見したかぎりでは主知主義は経験論とは反対に、注意にたいしてかなりな重要性をみとめているように見える。なぜなら主知主義によればわれわれが対象の真理に到達できるのはもっぱら注意を介してであるということ、すなわち対象の混雑した表象から明晰な表象へと移行させるのはこうした注意の積極的な働きによるといわれるからである。しかしこの場合、注意が明らかにするといわれる対象がどのようなものと考えられているかが問題である。結論からいえば、経験論と同じく主知主義においてもまた、われわれの注意のあるなしにかかわらず、対象自体においてすでにいっさいのものが与えられ、決定されていることが前提になっている、ということだ。M.－ポンティは『省察』のデカルトに言及して「蜜蝋は最初から容易にまげたり、動かすことのできる延長の断片であって、ただわたしの注意が蜜蝋のなかに含まれ、蜜蝋を構成するものに向けられる度合いに応じて、こうした延長をあるいは明晰に、あるいはぼんやりと知ることになるだけである」[37]（傍点はM.－ポンティがイタリックで示している個所）といっている。つまり、主知主義は「わたしが注意において対象が明晰になるのをみとめるのである以上、知覚される対象はすでに注意が引き出してくる叡智的な構造をみずからの内にもっている」[38]と考えているのである。したがって主知主義も経験論も、一方は印象の原因からなるそれ自体としての世界を前提し、他方は、思惟があらかじめ措定してしておいた世界を前提することによって、対象の成立にさいしては結局のところ注意になんらの積極的な役割もみとめていないことになる。しかしそれではM.－ポンティのいわゆる「知覚としての意識がみずからの対象を構成する独自な仕方」とは具体的にどのようなことをいうのであろうか。M.－ポンティの理解する注意とはいかなるものであろうか。

まず、注意というものには二種類のものを区別しておかなければならない、とM.－ポンティはいう。一つはふつう理解されているような意味でのそれであって、すでに獲得した知識を想起ないし再認するさいのそれである。既得の知識はこの場合、いわば一つのアプリオリとして存在している。連合の要素となる印象がこうした知覚の具体的な体験から抽象された「対象」から思いつかれたものであることや、対象においてみとめられる延長が先験的な思惟においてすでに自家薬籠中のものとして与えられているものであることなどはうえにも見たとおりである。しかしこうした知識といえどもそれがまさにかつて獲得された知識である以上、つぎにそれらの獲得そのものがどのようにおこなわれるのかが取り上げられねばならない。経験論や主知主義の難点は、知識の生成過程を問うことなく注意をもってもっぱら前者の意味に解することに由来するものであったのである。

ところでM.－ポンティによれば、こうした第一義的な意味における注意は、まず「意識がみずからの対象と対面するさいにおける新しいやり方」[39]、一つの領野の創出を前提するという。注意のこうした段階においては対象はまだ一定のぼんやりとした位置が与えられているだけである。しかしこの段階は重要であって、それはわれわれにまずなによりも一つの見わたす（dominer）べき全体を提示しているのである。対象はまだ明確でないとはいえ、こうした全体はすでに一定の広がりを示すものであるから、M.－ポンティはこれを「対象成立以前の空間」（un espace préobjectif）[40]と呼ぶ。こうした空間においては身体の運動やそれに応じる形で知覚の変化がつねに起こるとしても、そのためにわれわれは知覚がすでに得た知識を見失ったり、自分自身の変化のなかでみずからを見失ったりすることはない。意識は時間の経過とともに一方で変化していくと同時に、他方でみずからを把持し、綜合していくからである。いわゆる「推移の綜合」（une synthèse de transition）[41]の過程がここにみとめられる。M.－ポンティは意識は前望的（prospectif）であると同時に「回顧的」（rétrospectif）である、と述べたり[42]、フッサールにおける意識の「未来志向」（protention）と「過去志向」（rétention）という二つの側面の指摘をあらためて持ち出してきている[43]のも、こうした事情をまず明らかにするためなのである。そしてこうした過程を通してやがてそこに一定の不変な要素が浮かび上がってくることになる。M.－ポンティによれば注意とは、まさにこのような外見上の変化から一歩退くことによってこうした不変な要素を固定し、それを客観化していく働きなのである。言い換えればこの過程には、意識の采配にかかる一定の自由がつねに確認できるということにほかならない。M.－ポンティはこれらの事実を触覚に異常がみとめられるため、対象の正確な位置づけができない一人の患者の例から逆に確認しようとしているのであるが、しかし実は発達心理学という大きなスケールで取り上げても同様な事態の確認は可能なのである。すなわち子どもにおいては、いわゆる対象界というものが初めから存在しているものではなく、子どもの発達の過程でそれがいかに創造的に発展してくるものであるかが確認できるのである。すなわち生後九ヶ月に達するまでは子どもは色彩をもつものとそうでないものとをきわめて大ざっぱに区別するだけである。そしてこれに続く時期になってようやく「暖かい」色合いと「冷たい」色合いとが区別できるようになり、そして最終的に個々の色彩の判別にまでいたるのである[44]。しかるに心理学者はこうした事情を説明するのに、子どもには大人の知覚するような色彩はすべて実際には見えているのだが、ただ子どもにはこうした色彩を捉えるだけの注意力が欠けているためそれができないだけなのだ、という言い方をする。しかしM.－ポンティによれば子どもの発達に応じたこうした色彩の把握においては、まさにその時期の子どもに固有な色彩が把握されているのであって、それにたいして分化した色彩を対置するのはかえって成人の色彩感覚のみを人間の色彩感覚と考える偏見にすぎないのである。まだ定かな特徴をもつにいたらない色彩からなる世界がそこに現実に存在しているのだ。むろん、子どもの色彩体験といってもそれは決して固定的なものではない。やがて成人の色彩となるべきものがそこに展望されているであろう。M.－ポンティはこのように展望されるものを「ぼんやりとした方向性」（un sens ambigu）とか地平（horizons）などと呼ぶ。そして子どもにおいてはこうした展望にもとづいて所与の世界をふたたびあらたな「図と地」の関係で捉えなおそうとする「意識の構造変化」がもたらされ、「経験の新たな次元」「新たな分節」が実現されていくのである[45]。ところで注意というものはまさにこうした子どもにおける意識の発達においてみとめられるような過程が、比較的短い時間のなかで縮約された形で遂行されるものにほかならない。M.－ポンティは「意識の霊妙なところは、諸現象が対象の統一を破ろうとする瞬間に、注意によってふたたびそれを新たな次元で再構成するような諸現象を出現させることである」[46]とか、「対象は注意を喚起すると同時に、注意のもとでふたたび捉えなおされ、新らしく措定しなおされていく」[47]などとも述べている。

4．理性をも支える根源的なドクサとしての知覚

注意がこのように一定の関係の把握であり、しかも注意における対象と意識との相互限定の運動がこうした関係の動的発展的な性格を顕わにして

いくところから、知覚はすでに一つの判断であり、しかもこうした判断の弁証法的な発展のなかで、いわゆる理性的な判断も出現してくる、とM.－ポンティは考える[48]。むろん、知覚というものはデカルトが外界の存在判断に関して述べているように、自然的な一種の傾向性[49]、その根拠が知られないままになされる判断[50]、「自然な判断」[51]であることは承認しなければならない。そこに強いてわれわれの判断を促すものを求めるとすれば、それはものとものとの関係から示されてくる意味、あるいは方向性である。意味はこの場合、判断に「根拠」（raison）としてではなく「動機」（motif）として働くのである[52]。しかしいずれにしても、そこでは心身の結合がおのずからにおこなわれているのであるから、「自然の光が両者の分離を教えるからといって…もっぱら明証的な思惟しか正当なものとは認定することができない神の誠実さによって両者の結合を保証するなどということは矛盾している」[53]とM.－ポンティは考える。いな、M.－ポンティはむしろデカルトのいわゆる根拠づけられた判断こそ、かえってこのような根拠を弁えない判断にいかに依存するものであるかを明らかにしようとするのである。すなわち注意の過程でみとめられるような「推移の綜合」、時間的な綜合を理性的な判断を確定するさいにデカルトもひそかに利用している、というのだ。M.－ポンティは『省察』第三部の「わたしを欺くことができる者は欺くがいい、それでもかれはわたしがなに者かである、と考えているあいだは、わたしがなに者でもないようにすることはできないであろう。また、わたしが現在存在していることが真実であるかぎり、わたしがかつて存在しなかったということを真実なこととすることはできないであろう」[54]（傍点はM.－ポンティがイタリックで示している個所）のくだりを引用し、これはまさに「現在の確実性のなかには現在の現存を超え出るような、しかも現在を前もって想起の過程で疑うことのできない「以前の現在」として措定するような一定の志向があること、そして現在の認知としての知覚こそが自己の統一性と同時に、客観性と真理の観念を可能にする中心的な現象である」[55]ことを前提にした議論にほかならないことを指摘するのである。つまり、すべての確実な認識の出発点をなすといわれるわたしの存在は、実は、事実としての知覚がもっている明証性をかえってその拠り所としている、ということだ。したがってさきに引用した一片の蜜蝋の分析も「自然の背後に理性が隠されているということではなく、かえって理性が自然のなかに根を下ろしている」[56] ことを示すこととなる。また、デカルトのいわゆる「自然の洞見」[57] も「自然のなかに下りていく概念のことではなく、むしろ概念へと登りゆく自然」[58] としてあらためて捉えなおされなければならないことになるであろう。もっとも、デカルトの哲学がなぜあのように端的な二元論となったのか、ということには実に明確な理由があったのであって、M.－ポンティの議論はデカルトをみずからの世界に引きつけて見すぎているきらいはあるであろう。すなわち、デカルトにとってはなによりも人間の世界認識を新たな確実な学問として基礎づけること、そしてそのためには絶対に疑うことのできない基準をまず確定する必要があった。そして有名な方法的懐疑の過程ではうえのような知覚における「自然な判断」も感覚の不確実性－なぜなら遠くから円い塔と見えていたものが近くから見ると四角い塔であった、といったようなことはしばしば経験されることだから[59] －として斥けられたのである。デカルトはスコラ哲学の誤り（そしてこれは同時にアリストテレス哲学の誤りでもある）をなによりも感覚的な知覚をたんに延長したにすぎないところで世界の学問的な知識は得られる、と考えていたところに見ていた[60] から、逆にかれの形而上学はこうした知覚との絶縁をはっきりと宣言する必要があったのである。むろん、方法的懐疑は感覚以外の記憶や想像力といった能力を、そしてついには理性をさえその対象にすることになった。しかしひとたびわたしの存在が疑いえぬものとして確立され、しかもこのようなわたしの存在が悪しき霊ならぬ誠実な神の創造によるものであることが証明されて、やがて人間の認識諸能力のそれぞれの役割が見なおされてくる場合でも、デカルトが第一の信頼を置くのは理性であり、この理性を通して神のみずからの作品にたいする理解に果てしなく接近することがかれの主たる関心事となったのである。感覚は世界の真理を明らかにするのではなく、たんにその存在を告げるものにすぎない[61]。ちなみにいえば、デカルトにおいて、本質と存在の一致は経験においてではなく、神においてもっぱら見いだされるのである[62]。つまり、数学における論証手続きの確実さ、普遍的な説得力に根拠におく『規則論』や『方法序説』における規則の正しさを方法的懐疑はさらに形而上学のレヴェルにおいても再確認しようとするものであった、ということである。感覚ないし知覚と理性との間の連続性ではなく、むしろ両者の質的な違いを明確にすることによって、理性認識に固有なものをきわだたせること、ここにまさにデカルトがみずからに引き受けた役割があったのである。したがってデカルトが心身関係を論じるにあたって、かならずしも万人に満足のいくような説明を与えることができなかったとしても、これはデカルト哲学のそもそもの発想からいって、ある意味でやむをえないことであった、といわなければならないのである。

しかしながら、デカルトの流れをくむ主知主義の系譜において、微分の考えにもとづく連続性の原理によって知覚ないし感覚と観念の本来の関係をふたたび回復させようとしたのがライプニッツではなかったのか。モナッドにおける知覚の明晰さ、判明さの程度の差ということで両者の関係を明確にしようとしたのがまさにライプニッツの形而上学ではなかったのか。しかしここで知覚というものがいったいどのようなものとして理解されているかが問題である。結論からいえばそれはどこまでもモナッドにおける純粋表象にとどまるということ、言い換えれば、知覚とは各モナッドがみずからの内部に将来展開されるべきものとしてすでに与えられている生得の観念をそれぞれの程度において表出しているいるだけのものにすぎず、外界を映すというよりはむしろみずからの内面性の鏡であるにすぎない、ということなのである。ここでは知覚の固有性はまったく否定されてもっぱら理性的な観念へと解消されてしまっているのだ。モナッドは窓をもたず、モナッド間の相互作用が否定されているということがまさにライプニッツにおける知覚のこうした性格を端的に示しているといえるであろう。ライプニッツにおいてデカルトにおける感覚にたいする低い評価がさらに徹底されてまさに文字通りの観念論となってしまっているのである。

しかし主知主義がこのように知覚における対象の超越性を否定し、内在的な側面のみを捉えることによって、それと観念の連続性をもっぱら考えているとすれば、ロックの経験論は逆に知覚における対象の超越性にひたすら注目し、観念もまたこのような超越的な対象の働きの結果として成立するとする立場ではなかろうか。あるいはこれを別な言い方で、主知主義は知覚をその能動的自発的な側面においてのみ捉えていこうとするのにたいし、経験論は知覚の受動的受容的な側面にだけ注目した、といってもよいかもしれない。哲学史の順序からいえば、実はロックのほうがライプニッツに先行しているのであって、ライプニッツの哲学はまさにロックを裏返しにするものであった。すなわちロックのいわゆるタブーラ・ラーサとはいっさいの知識の後天性を主張するための比喩であったし、単純観念（simple ideas）という言葉はただちに感覚の所与を指していたのである。そしてロックの経験論の全体はこうした単純観念の連合によって理性の生成まで説明できるとする、極端な実在論を目指していたことは周知の通りである。しかしうえでも見たように、観念にせよ感覚にせよ、知覚を根源的な経験と見なすM.－ポンティの考え方からするといずれも後者からの抽象物にすぎない。M.－ポンティが経験論や主知主義をともに拒否するのはある意味では当然すぎるほどのことであったのである[63]。

しかしそれでは、こうした経験論と主知主義を調停すると主張するカントの立場が正しい、ということになるのであろうか。経験論、主知主義のどの立場も感覚か観念のいずれかを分析することによってもう一方のものを演繹できるとする分析判断であることを洞見し、正しい判断はむしろ感覚と観念を両契機とする総合判断でなければならない、としたカントには、知覚の両義的な性格についての暗々裡の理解があったことを示すものではないのか。しかしカントにおいてこうした総合判断を可能にしている超越論的主観とはいったいなんであろうか。ニュートン力学が示したような科学的な世界像を正しいものとして、そのような世界の客観的な認識を成立させている条件を探ることがカントの批判主義の一つの大きなテーマであったとすれば、カントの総合判断とはすでに科学者のそれであって、M.－ポンティのような原初的な知覚にまで遡ろうとする議論とはやはりはっきりと区別すべきものであろう。M.－ポンティは「超越論的主観を承認することができるためにはまるでみずからが超越論的主観となる（傍点は紺田）ことが必要でないかのように」[64] 批判主義は知覚の問題を無視してしまっているという。なぜならもしも知覚が根源に考えられているとすれば、それが各人それぞれにおいてさまざまなパースペクティヴのもとに現れる以上、みずからの主観とともに他者の主観における認識が問題として当然、取り上げられなければならないはずだからである。しかるにカントにおいてそれがまったく問題にならないということは、カントの超越論的主観がもはやわたしの主観でもほかのだれのものでもないもの、どこまでもわれわれの普遍妥当的で客観的な認識を成立させる原理であって、個別的な主観はかえってそれに与るべき一つの「絶対的統一性」（une Unité）ないし「絶対的価値」（une Valeur）を言い表しているにすぎないということになる。言い換えれば批判主義は「現にあるものをあるべきものによって」[65]、客観的認識が要求するところのものによってもっぱら判定しようとする、ということである。そしてこのような意味では、人間の思惟を本質と存在との一致としての神の無限な思惟への果てしない接近として捉えようとしたデカルトの場合と同じであって、批判主義も世界の全体的な理解がすでに「どこかでなされている」[66]（傍点はM.－ポンティのイタリックを示す）ことを想定するものだ、ということになるであろう。しかしデカルトがその大いなる発展を見通し、カントにおいてはすでにその一大成果がえられたと映った古典的な世界像が実は絶対的なものではなく、たとえば、物理学においては周知の通りニュートン力学が「マクロ的に見られた与件だけを問題にする慎重な観察者」[67]のものではありえても、ミクロの世界においては妥当性をもたないという問題に直面することになったし、生物学においては物理・化学的な理解が新しく生物における有意味的行動という原理を別途考えざるをえないような状況にぶつかっているし、また社会学では「人間社会が理性的な存在からなる社会ではなく、社会生活や経済上の均衡が地域的に、しかも一定の時期に獲得された恵まれた国々においてのみ、たまたまそのように理解されたにすぎない」[68]という事実が明らかになってきているのである。理論、実践を問わず、古典的な合理主義が歴史的な視野から見なおされはじめている現在、理性が作り上げた世界ではなく、まさにいわゆる理性がかえってそこから生まれ出てくるような世界、それなしには理性も自由も内容を失って崩壊してしまうよりほかはない「生の下部構造」[69]を明らかにするような哲学が待ち望まれているのだ。M.－ポンティは「生きられる世界」への復帰を主張するかぎりにおいて現象学はまさにこうした要求に応えることができると考えるし、ベルクソンの哲学が客観的な主客の綜合以前に、知覚における両者の生きられる綜合をみとめたかぎりにおいてそこに貴重な出発点を見ようとするのである。そしてデカルトに話を戻せば、かれのいわゆる「自然な判断」にこそ実は、人間的な認識や行動を理解するための鍵があることになる。「反省は決して状況というものを離れていくことはないし、知覚の分析は知覚の事実を、知覚内容の事実性を、知覚としての意識の一定の時間性、場所性への内属を消し去ることはない」70) からである。反省はつねに経験のなかでおこなわれるものではあるが、しかしこの経験はカントの『純粋理性批判』におけるように、ただちに普遍的な経験を意味するものではない。それはさし当たってはどこまでも各個体がおかれたそれぞれの状況における経験であり、したがって反省もまたさし当たっては意見（doxa）としての性格を帯びざるをえない。「反省はいつもみずからがどこから湧き出るのかも分からないままに出現し、いつも自然の贈り物としてわたしに与えられている」71) とM.－ポンティは記している。しかしこのような反省の不透明さを理由にして、それとはまったく別なところから客観的真理をもたらすような超越論的な反省を求めることはもはやできない。デカルトのコギトでさえ実はみずからに与えられた知覚を暗黙のうちに利用していたのである。理性的な自己でさえ拠り所としなければならない知覚はしたがって文字通り「根源的な認識」であり、それをも意見というのであれば、われわれのすべての人間的な認識はこうした意見にこそその起源をもつ、ということになる。知覚はまさに「根源的意見」（doxa originaire）72) なのである。

【註】

1）*Phénoménologie de la perception*（以下P. P.と略す）, Gallimard, p.i

2）Ibid., p.i

3）「真のコギトは主体の存在をその存在の思惟によって規定するのではないし、世界の確実性を世界に関する思惟の確実性に転換し、つまるところ世界そのものを世界の意味づけでもって置き換えるのでもない。それは逆にわたしの思惟そのものを決定的な一つの事実として認識し、みずからを「世界内存在」として見いだすことによってあらゆる種類の観念論を排除するものである」(P. P., p.VIII)。「コギトは自己を状況のなかに見いださなければならないし、また超越論的主観がフッサールのいうように相互主観性となりうるのも、もっぱらこのような条件においてである」(Ibid., p.VIII)。

4) Ibid., p.VIII

5) Ibid., p.IX

6) Cf. ibid., pp.230-232　M.－ポンティはLettre à Elisabeth, le 28 juin 1643, AT, III, p.690を例として挙げている。

7) *Matière et mémoire* (以下M.M.と略す) , P. U. F., p.1

8) Ibid., p.205

9) Cf. ibid., p.208, *Essai sur les données immédiates de la conscience*, P. U. F., pp.70-73

10) *Signes*, Gallimard, p.233

11) われわれはM.－ポンティがフッサールが晩年に「現象学的還元」という用語にたいして与えていた意味として理解しているところにもとづいてもっぱらこの言葉を使用する。すなわち「現実の世界がそこにおいてその独自な状態で構成される根源的経験としての知覚への復帰にさいして課せられるのは意識の自然な動きの逆転である」が、M.－ポンティはこうした逆転のことを「現象学的還元」と呼ぶのである（Cf. *La structure du comportement*, P. U. F., p.236)。

12) *Signes*, p.235

13) M.－ポンティがフッサールの現象学において積極的な意義をみとめる「志向性」もこのように解されるかぎりでのそれであって、客観的綜合としての「志向性」ではない。後者の意味での「志向性」であれば、カントの『純粋理性批判』の「観念論の論駁」(*Kritik der reinen Vernunft B274-279*) においてすでにみとめられるところだ、といっている（Cf. P. P., p.XII)。

14) *Éloge de la philosophie* (以下E. P. と略す) , Gallimard, p.31

15) Cf. M. M., pp.233-234

16) *L'évolution créatrice*, P. U. F., p.9

17) E. P., p.21

18) Ibid., p.11

19) Ibid., p.13

20) Ibid., p.34

21) 拙論「ベルクソンの形而上学」澤瀉久敬編『フランスの哲学』② 東京大学出版会、所収

22) *Signes*, p.233

23) Ibid., p.233

24）Ibid., pp.234-235
25）Ibid., p.236
26）P. P., p.53
27）Ibid., p.70
28）Ibid., p.9
29）Ibid., p.12
30）Ibid., p.10
31）Ibid., p.23
32）Ibid., p.23
33）Ibid., p.25
34）Ibid., p.28
35）Ibid., p.34
36）Ibid., p.34
37）Ibid., p.35
38）Ibid., p.35
39）Ibid., p.37
40）Ibid., p.37
41）Ibid., p.39, p.307, p.380, p.480 フッサールの用語。このほかM.－ポンティは「時間的綜合」（une synthèse temporelle）p.276, そしてフッサールの「受動的綜合」（la synthèse passive）p.479, p.488も使うが、こうした綜合は知覚においてはいわゆる「自律的な自己」としてのわたしのもとにおいてではなく、もっぱら、身体を有し、ものを見ることができるかぎりでのわたしのもとでおこなわれる、といわれる。M.－ポンティによれば知覚は「前人格的な意識」（la conscience prépersonelle）の領域、ハイデッガーのいわゆる「ひと」（on）の領域に属すものなのである（Cf. ibid., p.277）。またとくにそれが「受動的綜合」といわれるのは、M.－ポンティの理解するところでは、それが綜合としては自発的なものでありながら、他方、その自発性はわれわれの偶然的な誕生によって根源的に条件づけられたものにすぎないということ、われわれが決断する場合のように、どこまでもわれわれの活動性ないし個性を基礎づける一方、その根源にあるこうした受動性のために、われわれはいつまでも一般性を脱却することができず、また、決して絶対的な個性とはなりえないことを示しているのである（Cf. ibid., pp.488-489）。
42）Ibid., pp.276-277
43）Ibid., p.476 訳語は立松弘孝訳、フッサール『現象学の理念』みすず書房による
44）Ibid., p.38
45）Ibid., p.38

46） Ibid., p.39
47） Ibid., p.39
48） これは「形式と内容の弁証法」（la dialectique de la forme et du contenu）（P. P., p.148）としても示される（Cf. ibid., pp.147-148）。
49） Cf. IIIe　méditation, AT, IX-1, p.30
50） Cf. VIe　méditation, AT, IX-1, p.60, p.66
51） P. P., p.53
52） Ibid., p.60
53） Ibid., p.52
54） IIIe méditation, AT, IX-1, p.28
55） P. P., p.55
56） Ibid., p.52
57） IIe méditation, AT, IX-1, p.25
58） P. P., p.52
59） VIe méditation, AT, IX-1, p.61
60） Cf. *Discours de la méthode*, AT, VI, p.37, *Principes de la philosophie*, AT, IX-2, pp.6-8
61） VIe méditation, AT, IX-1, pp.65-66
62） Cf. P. P., p.55
63） Cf. ibid., p.49
64） Ibid., p.75
65） Ibid., p.74
66） Ibid., p.74
67） Ibid., p.69
68） Ibid., p.69
69） Ibid., p.69
70） Ibid., p.53
71） Ibid., p.53
72） この語は、フッサールのUr-doxaの訳語であるが、M.－ポンティも知覚の「根源的偶然性」（Ibid., p.255）を指すのに用いる。Cf. ibid., p.50, p.395

第2節　現象としての身体

1.メルロー－ポンティがベルクソンを評価する点としない点

前節でも見たように、メルロー－ポンティ（以下M.－ポンティと略す）は、ベルクソンが『物質と記憶』のイマージュ論において知覚の綜合としての性格を、物心の生きられる綜合をみとめているとしてこの著作を高く評価するのであるが、一方、M.－ポンティも指摘しているように、ベルクソン自身は、こうした綜合を、M.－ポンティのようにわれわれにとって絶対的なもの、根源的なものであるとはかならずしも考えていたのでないことも事実なのである。言い換えれば、『物質と記憶』にはM.－ポンティのいわゆる現象学的な記述の側面と同時に、こうした現象を背後から支えるものとして形而上学的なものがほぼ並行する形で考えられている、ということである。すなわち、まず現象学的な側面としてはM.－ポンティがもっとも重視しているように見える点に先立って、すなわち知覚を一種の生きられる総合判断として捉えるに先立って、ベルクソンが「物質に関する諸学説も、精神に関する諸学説も知らず」ただ「わたしが目を開けば知覚し、目を閉ざせば知覚されない」1）イマージュとしての知覚世界から出発して、それがわたしの身体という「特別なイマージュ」を中心に遠近法的な順序で展開されていること、またこの世界は身体の動きに応じてその様相を次々と変化させていき、この意味でそれはあくまでも身体と相関的な、身体によって一定の方向性（意味）を与えられた質的な空間、いわば身体の可能的な行動としての空間であることなどを明らかにしている点に見ることができるであろう。しかも知覚的世界はこのように未来を展望する一方で、それがいかに瞬間的に捉えられるときでも一定の時間の厚みをつねにもっており、したがって過去からの情報、すなわち記憶の要素を浸透させているものであることも同時に明らかにされていく。知覚の世界はベルクソンのいわゆる「もはや存在しないものを保持し、まだ存在しないものを先取りする」2）といわれる意識の実相が、われわれの経験のなかでまさに一番最初に確認される場所でもあるということだ。また、このような世界からさまざまな個別的な対象からなる世界が成立してくる事情の説明として、ベルクソンが身体における「運動図式」(le schème moteur)[3]の形成を指摘している点を挙げることができるであろう。すなわちうえのような未来や過去からの情報にもとづき身体が行動を積み重ねていくなかで、その内部にさまざまな習慣が形成されるようになるが、これが知覚の世界に逆に投影されると、そこに種々の分節や分類が持ち込まれることになり、最終的に個々の対象よりなるいわゆる対象的世界が成立してくるということである。そして結論の部分においては、『時間と自由』における議論との関係をあらためて見なおし、知覚それ自身を緩慢な持続としての物質のわれわれ人間的意識の緊張した持続による縮約として、すなわち両者のいわば一種の根源的な綜合判断として捉え直すこととなったのであった。

しかし『物質と記憶』において読みとることができるベルクソンのこうした記述的な態度は、実は一貫しているなどといえるようなものでは決してなく、例えば知覚は「わたしの知覚」として捉えられるとともに、他方、物質的世界からの限定として全体的世界に比べてたんにより少ない(*moins*)[4]だけのものとしても捉えなおされ、知覚における意識的な側面がいっさい無視されて全体的な物質的世界へと解消される傾向が最初からみとめられるし、われわれの知覚のすべてが純粋記憶のなかに保存され、もっぱらそれの限定として知覚に投射される記憶心像を考えるかれの記憶論は、物質的世界にもう一つの世界としての精神的世界を、M.－ポンティのいわゆる「第二の世界」[5]を想定することにつながるものであって、折角の知覚の現象学的な記述がたんなる一つの世界ともう一つの世界との関係に置きなおされる余地をつねに残しているのである[6]。そうして事実、『創造的進化』では、うえのように、知覚が物質の緩慢な持続の精神の緊張した持続による縮約、と考えることができることから、二つの持続の間にあらためて連続性を設定する道を探ることになり、物質の弛緩した持続と精神の緊張した持続を程度の差とする一元論的な形而上学が構想されるようになるのである。しかしいったん、知覚がこのように形而上学的な物心両世界の統一という考えによって理解されるようになると、それがもっている具体性は逆に影を薄くすることになるであろう。こうした形而上学を語るベルクソンにたいしてM.－ポンティはみずからの現象の立場をあくまでも貫き通そうとすることはいうまでもない。ところで二人の間にあるこうした違いは、おのおのがそれを通じてみずからの考えを主張した科学者たち、とくに生理学者たちの考え方にたいする批判のなかでまず明らかになる。この第二節においては、科学者たちの批判を通して顕わになるベルクソンの立場と、それのM.－ポンティによる再批判を見たうえ、M.－ポンティ自身の立場をあらためて確認しておきたいと思う。

２．ベルクソンの大脳生理学批判とM.－ポンティによるその再批判

まず、ベルクソンであるが、『物質と記憶』の第一章で知覚が大脳において表象へと転じられているとする考えが斥けられて、知覚はまさに対象が置かれている当の場所でもっぱら成立している[7]、と主張されている個所を取り上げてみたい。すなわちベルクソンによれば、生理学者たちは一般に、知覚を対象から網膜に伝えられた刺激が視神経を経て大脳にまで到達し、そこでなんらかの仕方で表象に変換されている、と考える。しかしベルクソンのように素朴に知覚の現実から出発するかぎりでは、大脳といえども他のイマージュのなかに存在する一つのイマージュにすぎず、したがってこのような部分的なイマージュがどうして他の多くのイマージュを包み込むことができるのか、理解できないという。むしろ逆に、知覚は知覚されるところで成立していると考えてどうしていけないのか、と問うのである。ところでM.－ポンティもベルクソンのこの個所には大いに関心を示し、それがもっている現象学的な意義についてしばしば言及している[8]。しかし注意しなければならないのは、実はここにおいてすでにベルクソンはこうした事態のわれわれにとっての意義にとどまらず、それの形而上学的な意義をも同時に念頭におきながら検討を進めている、ということである。なぜなら、知覚されるかぎりでの世界はなるほどイマージュではあるが、ベルクソンによればこうしたイマージュは客観的世界として存在する物質的世界の中から、われわれの身体的行動に必要な部分がたんに切り取られてきただけのものであって、それがわれわれによる選択である、という側面を別にすれば、まさに物質そのものを意味しているからである。ベルクソンは、身体はあたかも反射鏡のようなものであって、即自的に存在

する物質的世界の諸々の影響の中から、身体の自己保存の要求に適った情報だけを選んでこれを逆に対象へと反射することになるが、それがまさに知覚に他ならない、という[9]。物質の「表象」とその「現存」とはさし当たっては部分と全体の関係にすぎない、ということである[10]。

しかしM.－ポンティは、知覚を考えるにあたってこうした客観的な世界を前提に置くことがそもそも問題である、とする。なるほどベルクソンがいうようにわれわれは知覚において世界を遠近法的なやり方で体験するし、また、こうした遠近法的な展望のもとに現れるいわゆる「もの」の内容が決して現在のパースペクティヴのなかで把握されるかぎりでのそれにとどまらず、なお、それを超える多くの側面をもっていることはみとめなければならない[11]。しかし「もの」がこのように現在のパースペクティヴを超えていることを説明するために、ベルクソンのように「イマージュは知覚されずとも存在する」[12] などというところまで飛躍する必要はない、とM.－ポンティはいう。むしろ「もの」がこのように現在のパースペクティヴを超える側面をもつのは、われわれの行動の図式としての空間が現在の知覚の様相だけに限定されず、さらにそれを超えて張りめぐらされている、と考えさえすればよいことなのだ（ちなみにM.－ポンティは可能的行動としての知覚空間は現実的空間（l'espace actuel）と潜在的空間（l'espace virtuel）よりなる、と考える）[13]。M.－ポンティによれば、ベルクソンはここで知覚をまず、イマージュとして捉え、実在論と観念論を同時に超えることができる道筋を示しながら、物質的世界の全体という概念を持ち出すことによって、ふたたび実在論に陥ってしまっているのである。ベルクソンのイマージュ論はいわば熟れ損なったものとなっている[14]、ということだ。M.－ポンティにとってはしたがって「即自と対自を媒介する実存の様式としての知覚の優位」[15] というベルクソンが途中で投げ出してしまったテーマをさらに先まで追求することがかれに残された主要なテーマだ、ということになる。

ベルクソンのように主観の要素をまったく含まない知覚を一方に想定してしてしまうと、現実の知覚はもっぱら、前者にたいして主観に属するなにかが付け加わることによって構成されている、というように考えざるをえなくなる。そして事実、ベルクソンは前者のような知覚に記憶の混ぜ合わさったものが、われわれの通常の知覚である、と説明するのである。しかも知覚において純粋に物質的なものがこうした形でいったん分離されてしまうと、こんどは反対に、知覚における主観的な要素もまた純粋な形で取り出す必要が生じてくるであろう。現実の知覚からかぎりなく主観の要素、すなわち記憶の要素を取り除いていった極限に純粋知覚としての物質があるとすれば、逆にこのような知覚よりかぎりなく物質的な要素を取り除いていくと純粋に主観的なものが現れてこなければならないことになる。ベルクソンが失語症の検討を通じて、記憶は大脳の損傷によってたんに実現の機会を失うだけであって、記憶そのものはいわば純粋記憶として身体から独立に保存されている、と主張するようになるのは、知覚における純粋に物質的なものを想定したことからくる当然の帰結にすぎない。

もっとも、M.－ポンティはベルクソンがこうした純粋記憶を取り出す過程でおこなった身体に関する考察からかなり多くの示唆を得ていることは否定できない。すなわち、「運動図式」の考え方がこれに他ならない。例えばいま、わたしが二人の人物の間でわたしの知らない外国語で交わされている会話を耳にするとき、わたしにとって両者の話はたんなる音声のかたまりにすぎないが、当の二人はたがいに相手の発する音声を子音、母音、音節等に分節されたものとして、要するに明確な言葉として捉えているのである。ところでわたしとかれらの間にあるこうした違いはいったい、なにもとづくのであろうか。それはかれらがそれぞれの身体に、わたしにはない、たがいに相手の音声を模倣しながらそれに追随していくことができる一定の運動機構をそなえているからにほかならない16)。このような機構は言語の習得の過程で漸次形成されてきた身体的習慣の一種ではあるが、しかしそれだからといってたんなる受動的な装置などではなく、人の話に耳を傾けるような場合には、まずこうした機構が音声の知覚に促されて緊張し、その分節にみずからを進んで合わせようとする働きをするものなのである。ベルクソンがこうした機構のことを「身体の知性」（l'intelligence du corps）とか「身体の注意」（l'attention du corps）などと呼ぶのは、こうした機構がまさにそれ自身に固有な一定の能動性をもっていることを明確に示そうとするためであった[17]。これは対象化して捉えれば「生まれつつある運動」（des mouvements naissants）であるが、当事者にとっては「生まれでようとしている筋肉感覚」（sensations musculaires naissantes）としてもっぱら自覚されるみずからの自発性の感覚以外のものではない[18]。しかしそうするとベルクソンでは身体こそが現実の知覚の主体だ、ということになるのであろうか。しかし先にも見たように、ベルクソンが形而上学者として純粋知覚に対応する形で純粋記憶を考えているかぎりでは、どこまでもこの純粋記憶が真の主体でなければならないのである。身体を主体であるなどとすることは、形而上学者としてのベルクソンにはどうしてもできないことであった[19]。したがって例えば、ベルクソンが注意的再認を説明するさい、われわれはかれのこうした分裂に直面しないわけにはいかなくなるのである。すなわち注意的再認においては、知覚にもとづく身体の反応がまさに起ころうとするところでいったん中断され、その方向を転じて過去の知覚の想起のための枠組みとなり、知覚と記憶の間に一致が見いだされるまでのあいだ、両者間でつづけられる一種の往復運動を支持する役割を果たすようになる、といわれる。ところでこのさい、いったい身体の側に主導権があるのか、はたまた記憶の側に主導権があるのか、いずれとも決めかねるような説明しか与えられていないのである[20]。身体に主導権があるように見えるのは、当面問題となっている身体的行動が、うえの「生まれつつある運動」として、過去のなかから現在の知覚を照らし出すのに必要な情報を記憶心像の形で呼び出してくるあたかもその当事者であるかのように述べられているからであるが、しかし一方、注意的再認にさいしては全記憶が意識に現前し[21]、身体はこうした過去から表象化されなければならないものをたんに透過させ、それを受肉させるにすぎない受動的な選別装置のようにも述べられているのである。そしてこのあとの言い方のように注意的再認における全記憶の現前とその主導権が強調されると、われわれは思わず『時間と自由』における純粋持続のことを考えてしまうことになる。もしもベルクソンの真意もここにあったということになると、結局、注意的再認の解明にあたってもかれは形而上学者としての立場をとり、純粋知覚で実在論者であったかれは一転してスピリチュアリストとなっている、といわなければならない[22]。ベルクソンの「運動図式」の考え方のなかには、身体の現象学的な考察といってもよいものを含みながらも、現実の知覚において純粋に物質的なものを抽出したように、記憶現象から純粋に精神的なものを取り出そうとすることによって、現象学的な記述の側面はにわかに色あせていくのである。

しかしそうするとこのようにベルクソンを批判するM.－ポンティ自身の身体観はいったい、どうなっていくのであろうか。当然のことながら、ベルクソンのような形而上学はさし当たり問題とはならない。M.－ポンティのめざすところは、まず、現象的世界の独自性を明らかにすることであり、ベルクソンの結局はみとめるところとはならなかった、「われわれの有限性の積極的な価値」[23] をふたたび見いだすことである。もっとも、このようにそのめざすところは異にしてはいるものの、M.－ポンティが用いる方法においてベルクソンから大いに学んでいることも否定できない事実ではある。すなわちそれはうえにもすでに一言したように、科学とくに生理学や心理学の批判・検討を通してみずからの考えを明確にしていくというあのやり方である。そしてとくに『行動の構造』においては、M.－ポンティ自身もいちおう科学者の立場に身をおいて、諸々のデータや業績を検討することからいわゆる心身関係に関する議論を始めるのである。A. ヴェーレンが『行動の構造』の解説のなかで指摘しているように、『行動の構造』と『知覚の現象学』の二つの著作は実はまったく同じテーマを扱っている、といえる。ただ『知覚の現象学』はすでに知覚のわれわれにとっての絶対性、根源性ということについての確信を背景に、ひたすらそれの記述に力が注がれているのにたいし、『行動の構造』はいわばその予備段階として科学者たちによる心身関係論の批判ということに主眼がおかれている、といえる[24]。それゆえ次にわれわれもM.－ポンティがどのような過程をへて現象学へと進むことになったのかをあらためて確認するためにこの『行動の構造』における議論を一通り見なおしておきたいと思う。もっとも、前節においてM.－ポンティの知覚についての考え方はいちおう見たつもりなので、ここではむしろ知覚と対応する身体的行動のほうを中心に見ておくことにしたい。これは両著作におけるM.－ポンティ自身による力点の置き方にも沿うものであろう。

3．現代生理学の批判的検討

『行動の構造』という著作は、その書名がすでに暗に示しているように、有機体の行動には一定の構造をもった形ないし図式が存在していることを述べようとするものである。そしてこうした形や図式は、有機体を無機物を扱うのと同じように、諸要素のたんなる組み合わせで考えていこうとする機械論的な思考の仕方では決して捉えることのできない、まさに有機体に特有な原理であって、反射行動、知覚を介した行動をとわず、あらゆる有機体の行動においてみとめられるものであることが明らかにされる。

まず、反射行動に関して、古典的な、みずから機械論を標榜する反射理論はもとより、シェリントン（Sherrington）らの現代の生理学における考え方のなかにもなお、機械論的な側面の残存していることが指摘される。すなわち反射行動を理解しようとするさいに重要なのは、いわゆる刺激である。古典的な考え方からすると、刺激を受ける有機体の各部位がそれぞれの反応を決定するのであって、反応はその部位が有する性質にもっぱらもとづくことになる。しかしこれは観察される事実とはほど遠いたんなる仮説にすぎない。なぜなら例えば、有機体の一定部位に加えられる刺激の強さが徐々に増大していく場合を見ると、有機体はそれによって刺激の連続的な拡散を示すような反応はせず、むしろ刺激が一定の強度に達するごとに運動器官のなかにまったく新しい性質の反応をそのつど引き起こしていくという具合であるし[25]、また、反射の形態は各生物において一般に数がかぎられていて、刺激の実質的な内容が変わっても、時間的空間的に同じ「形」のものであれば同種の反応を示す、というようになっているからである[26]。しかし有機体の反射がこのように刺激を受ける場所によりも、その「形」に依存するということはいったいどう理解すればよいのであろうか。M.－ポンティによれば、それはまさにデカルトの機械論が客観的な世界を確立しようとしたさいに否定した「価値や意味」[27]の観点をもう一度取り戻さなければならない、ということなのである。M.－ポンティは有機体はある意味でピアノのようなものである、という。むろん、ピアノがみずから動くことはないが、有機体の場合は、物質的世界を環境として受け容れていくさいに、自己保存に役立つ刺激にたいしてはとくにそれらに見合った一定数の感受性をみずからのうちに練磨形成していくものであって、ある刺激のそれ自身は単調な変化しか示さない影響にたいしても、そのなかからみずからに必要な音を次々と選び取っていくし、ときにはリズムなども変えながら演奏することがある、というのである[28]。言い換えれば、われわれのいわゆる刺激は外部から受け取った影響のたんなる結果というようなものではなく、それ自身すでに「状況の意味」[29]にたいする有機体の最初の適応であり、応答となっている、ということなのである[30]。

しかし刺激がこのようだとすると、それでは有機体自身の反応、すなわち反射の仕組みそのものはどのように理解することができるであろうか。古典的な見方によれば、刺激を受け容れる部位に固有な感受性にもっぱらもとづいて有機体の解剖学的な要素が変化し、こうした要素的な変化の総体としてそのつど異なった反射回路が成立する、と説明されるが、これは前提が間違っているのでもとより問題にならない。しかし刺激－反応の回路をいくつかの孤立した系に分類して理解しようとする現代の生理学の立場はどうであろうか。外部刺激受容系、内部刺激受容系（臓器における感覚）、自己受容系（運動、体位等の感覚）、の区別ははたして的確なものであろうか。しかしM.－ポンティによれば、例えば外部受容系など存在しないことは明らかであるという。なぜなら「あらゆる反射は有機体の内部にあって、反射弓の外部に存在している数多くの条件の協力を必要としているのであって、こうした条件はいわゆる刺激と同様、反応の原因と呼ばれてもよいものである」[31]からである。すなわち反射は、たとえば一定の刺激の予想される効果を抑えたり、これを反対のものにさえしてしまう化学的な諸条件、すなわち分泌ならびに植物神経系のもとにもおかれているし、さらに大脳や小脳の働きまでがあらゆる反射の条件として介入しているようだからである[32]。

要するに有機体においては、いかに部分的な変化であっても、つねに全体にその影響がおよんでいる場合があるし、また逆に、その反対の場合も大いにありうる、ということである。「ショック状態」は脊髄神経の切断などによっても引き起こされ、これは有機体におけるたんなる部分的な変化が発端であっても、その影響がまさに有機体の全体におよぶ典型的な例として挙げることができるし[33]、また反対に、有機体の一見部分的な反応とみとめられるようなものでも、実際には有機体全体に広がる神経系や運動機構の全般的な状況によってきまっていることが確認されるケースは決して少なくないのである。例えば、K. ゴルトシュタインの実験によれば、通常の姿勢では足の筋肉の弛緩を示す被験者が、膝を曲げたり、腹ばいにさせられたり、あるいはたんに頭を動かすようにいわれただけでこうした反応をもう示さなくなるのである[34]。また、例えば手の屈伸の動作にしても、いわゆる「反射の合成」として、すなわち伸びる筋肉の側で起きていることが、反対の側で起きることを決定するとか、あるいは逆に後者が前者を決定するなどと考えて、あたかも手の表と裏で本来、別々にある筋肉組織が相互に反対側の筋肉の動きを規制ないし禁止するというような形での説明は、電気的な刺激など人為的に作り出された状況における反応には合致することがあるとしても、現実の具体的な状況のなかで生活する有機体のしなやかな動作の説明とは決してならないのである。なぜならM.－ポンティによれば「手のこまやかな運動、あるいはものを掴む動作においてさえ、対立する筋肉組織の同時的な規制がみとめられ、このような規制の配分は到達すべき目的、遂行すべき運動の型に［もっぱら］もとづいている（［　］内は紺田、以下同様）」[35]からである。刺激を受け容れる仕方に有機体は一定の形式を示すように、反射自身も有機体全体に関わる意味を担った行動の仕方、という観点からまず理解されなければならないのである。

刺激や刺激にたいする有機体の直接的な反応としての反射に関するM.－ポンティの見解の概略はほぼ以上のようになると思われるが、しかしこうした反射行動より優れていると見なされる知覚を介した行動についてはかれはどのように理解したであろうか。M.－ポンティはこの問題に入るに先立って、現代の生理学に重要な足跡を残したパブロフの批判から始める。そしてかれのパブロフ批判の第一にめざすところは、その底に根を下ろしている「原子論的な要請」[36]をあばき出すことにある。

パブロフの条件反射の理論は、知覚にもとづく行動をもっぱら反射に還元して理解しようとするものである。言い換えれば知覚の段階になると有機体の環境は、うえに見たような有機体にたいする直接的な刺激を通して作用をおよぼす環境よりもはるかに広く、また、はるかに内容豊かなものへと拡張はされるが、パブロフではこうした拡張は、もっぱら自然的な刺激（パブロフの実験では犬に与えられる食物）の新たな刺激（例えばある種の光）への、絶対的な無条件的な刺激から、いわゆる条件刺激への置き換えによって説明される。そしていったん条件刺激となった刺激（光）が一度ももとの絶対刺激（食物）と結合されたことのない刺激（例えばベルの音）と結合されると、この新しい刺激も一定の反射を引き起こすことができるようになるであろう。もっとも、条件反射はかならずしもいつもこのように一方的に拡張されるだけでなく、条件反射を抑制する原理も同時に働いているといわれる。すなわち、拡張の原理として「分散の法則」（la loi d'irradiation）を主張する一方で、パブロフが「禁止の法則」（la loi d'inhibition）として主張するのがこの抑制の原理のほうなのである。これはパブロフにとって有機体の環境にたいする適応や選択と見えるものを説明するのに非常に重要な原理となる。そしてこれは実験的にも最初に条件刺激となった刺激（光）からさらに同様な反応を呼び出すべく新たに設定された条件刺激（ベル）が、実は微弱な効果しかもつことができず（パブロフはこれを犬が出す唾液の分泌量によって測定した）、しかもそれはまもなく消失するという事実によって確認されたのである。いな、それどころか、この二つの組み合わせがいくども反復されたあと、最初の条件刺激があとの条件刺激と同時に与えられると、犬はまったく反応を示さなくなる、という結果さえ出たのだ。そしてパブロフはこれを後者が前者にたいしてまさに条件禁止となったからだ、と説明するのである。ところで、いまここにもう一つの刺激（例えばメトロノームの音）をさらに第三の刺激として与えてみると事態はどのような変化を見せるであろうか。パブロフの実験によれば、このとき第一の条件刺激のみによる場合の約半分程度の反応（唾液の分泌量）がふたたびみとめられたのである。そしてこれらの事実を踏まえてパブロフは次のように考える。すなわち、いったいどんな刺激でも一定の習慣的な状況のなかにもたらされるとまず、禁止作用として働き、第三の刺激（メトロノームの音）もさし当たりそのようなものとして働いたということ、つまり、第一の条件刺激（光）にたいして否定的に働くとともに、第二の条件刺激（ベル）にたいしても否定的に、すなわち禁止の禁止として働いたからである、と。

ところでこのように三つの条件刺激のあいだに一定の関係を人為的に作り上げたあと、あるいはそれぞれを単独に、あるいはそのうちいずれか二つを、また、三者全部をそれぞれが条件刺激へと形成されていった順に与えられる場合を比較してみると、実はそのつど各刺激はもはや自己同一性を保っているとはいえないような特異な働きを示したのである[37)]。つまり、刺激が単独に与えられたり、他の刺激と組み合わされて与えられたりするそれぞれの場合において、各刺激にその特性に変化があったとしか考えられないような変化が犬の反応においてみとめれた、ということである。しかしこうした結果を踏まえながらもパブロフは刺激それ自体としての同一性はどこまでも守ろうとし、したがってこうしたあらかじめ予想されていた結果とは異なる結果を説明するためにさらに別な要因による干渉を考えざるをえなくなったのである。すなわちそれは大脳の反射機構に関わる部位の隣接関係にもとづく禁止の「相互誘発」というかれの考え方である。しかしM.－ポンティによれば、それはもはや「想像された生理学」[38)]にすぎないものであって、決して生理的な事実として確認できるものではないのだ。しかもM.－ポンティにとってもっと根本的に問題にしなければならないのは、パブロフがこのように一つの仮説で説明がつかない事態に遭遇するごとに、なぜいつも別の仮説を立てていかなければならないのか、という点である。結論からいえば、それはパブロフが、そもそもの最初から事実を統一的に理解するための一つの重要な観点を欠いていた、ということなのである。そしてその観点とはいうまでもなく有機体に固有な有意味的行動の観点のことにほかならない。例えばパブロフの条件反射理論によって有機体の行動を考えていくとき、いくども有機体にとって幸運な結果をもたらしたものが漸次、条件刺激となっていく、ということになる。しかし動物実験によれば、動物はいくつかの障害がもうけられた箱のなかで、目的、例えば食物のあるところに到達するまではなるほど種々な試行錯誤をなすことはあるにしても、しかしいったん、そこにいたる通路を発見すると、次からは迷うことなくもっぱらこの通路を通っていこうとするものなのである。また、なんらかの苦痛を受けるように設定された通路は、たった一度の経験で以後は避けようとするものなのだ。したがって、M.－ポンティにとってはパブロフとは逆に、ある刺激が一定の反応を喚起する条件反射となるのは、なによりもそれが有機体にとって有益なものであるか、有害なものであるかということにもとづく、ということになる[39)]。そしてもしもここで問題にしなければならないことがあるとすれば、それは条件反射よりはむしろ、こうした目的を実現するために採用される行動の様式、すなわち「行動の構造」なのである。

4．「行動の構造」

言い換えれば、反射行動がすでにそうであったように、知覚を介した行動にも一定数の型が確認できるということである。M.－ポンティは、ベルクソンが失語症などその領域における研究者らの成果を踏まえ、「運動図式」の存在を明らかにしたように、ゲルプ（Gelb）やゴルトシュタインらの病理学者の研究にもとづいて、この「運動図式」がもっている重要な意義をあらためて明らかにしようと努めている。そしてこれもまたある意味でベルクソンに倣うことになるが、大脳に損傷をこうむったために、その行動に特異な変化を示すようになった患者たちの症例に注目して、脳組織とその機能の研究から始めるのである。すなわちM.－ポンティがまず注目するのは「損傷はそれが部分的な場合でさえ、行動の全体にかかわる構造混乱の原因になることがあるし、また、類似した構造の混乱が皮質のそれぞれ異なった場所に位置づけられる損傷によっても引き起こされる」[40)]という一連の事実である。ところでM.－ポンティはここであくまでも行動の構造といっているのであって、決して損傷によって失われた内容を問題にしているのではない、ということにとくに注意を向けなければならないであろう。これは実は、従来の精神病理学の伝統にたいするゴルトシュタインらの新しい見解にもとづいているのであるが、身体の、行動の主体としての意義を明確にするという見地から、M.－ポンティもこれに同調するのである。すなわち、例えば失語症の患者の場合、伝統的なやり方にしたがえば、患者が話したり、理解したり、書いたり、読んだりできるかを検討したり、あるいはこうした患者の能力から検討を加えていくやり方がうまくいかない場合には、これらの能力をそれに対応すると考えられる「表象」にまで還元して、いわゆる言語表象の混乱にもっぱら注意が向けられなければならないのであった。しかし失語症はどんな場合でも、こうした症状以外に他のさまざまな症状をともなっているのが普通であり、したがってそのつど、補完的な損傷が考えられたり、あるいは根本的と見なされる言語表象の破壊から派生したものと見なされたり、というように、なんら決定的な解答が与えられないままに過ごされてきたのである。しかしゴルトシュタインらによれば、これは伝統的なやり方が実は重要な点を一つ見落としていたからなのである。すなわちそれは「症状とは環境が提出してくる問題にたいする有機体の解答だ、ということ、したがって症状の一覧表は有機体に課せられた問題とともに変化する」[41] ということである。言語表象の理論は行動を実際にみとめられる要素へと分析しているかぎりでは、たしかに事実に即しているといえるが、しかしそれが要素をそれの属している文脈から切り離して考えている以上、抽象的といわざるをえないのである。「通常、有機体は端的に物理化学的な環境の一定の側面にたいして無関心になったり、一定数の運動能力を喪失するなどということはない。周知のように、失語症や失行症の患者はある種の言語活動や実際の行動が、具体的な感情をともなった分脈のなかに位置づけられるか、あるいは［実験におけるように］無償のものであるかにしたがって、できたり、できなかったりするものなのである」[42]。しかしそれではかれら患者にはいったい、なにが根本的に欠けているということになるのであろうか。それこそまさにベルクソンの「運動図式」であり、ゲルプやゴルトシュタインらのいわゆる「範疇的な構え」(attitudes catégoriales) [43]、すなわち、ある一つの観点から行動の対象や言語を一つの範疇の代表として把握しようとする能動性のことであり、現在問題になっている事柄を、当面、行動に無関係と見なすことができるために、背景に退いた多くの事柄を「地」とする「図」として掴まえる知覚における「構造化作用」(une structuration) [44] であり、そしてやがて「身体的図式」(le schème corporel) [45] と呼ばれるようになるものがこれに他ならない。こうした患者たちは普通、状況のいちいちの細部にあまりにもとらわれすぎたり、反対にまったく無関心であったりするものであるが、しかしいずれの場合にも同じ欠陥、すなわち状況を「図」と「地」に分けるという通常の知覚能力を欠いているのである。

しかし状況を構造化するこうした能力と、患者たちが損傷をこうむったといわれる大脳皮質の部位との関係はいったい、どうなっているのであろうか。対応ということからいえば「構造化作用」はいちおう、皮質の中央部と深い関係があるようなのであるが、ただ、生理学者もいうように、こうした能力が損傷によって影響を受ける場合、その個所によるよりもむしろその広がりの程度によっているようなのである[46)]。身体の周辺部より中枢にいたる神経組織においてなら、ほぼ一定の行動と一定の神経組織との一対一の対応がみとめられるのであるが、しかし中枢となると、それは解剖学的にいっても周辺部から多数の神経が集まって一つになる場所であるし、ここではむしろ、その全体がそれぞれのケースにおうじた対応をなしている、と考えたほうがより事実に近いようなのである[47)]。M.－ポンティは「中枢組織は、一定の反応に一定の道具が装置されているといった実質的な内容をもつものではなく、[そのつど]質的に違っていてもかまわない、一定の過程が展開される劇場のようなものであろう」[48)]などとも述べている。ここでは損傷部分の位置が多少変わっても、臨床上現れる症状にさしたる変化がみとめられなかったり、また逆に、一つの損傷が行動の構造におよぼす変化が決して部分的ではなく、むしろ全体的な変化となって現れたりするものなのである。

むろん、それだからといって、中枢に分業らしいものがまったくない、などと速断しないようにしなければならない。大脳後部の外鳥距の視覚に関係する部位に近いところでは、とくに知覚と対応し、前部は言語活動に関係しているらしいことは、これらの部位に損傷をもつゴルトシュタインの患者 S.や、ヴェルコム（Woerkom）の患者の例に照らしても明らかなのである[49)]。また、それぞれ部位が症状になんらかの意味をもっているらしいことも確かなようなのだ。ただし問題は、その意味とはいかなる性質のものなのか、という点にある。うえに見たように、周辺部の神経組織とちがって皮質部分の神経はそのつどの刺激内容の受容器官としてあるのではなく、むしろ、状況を構造化することにもっぱら関わっているようなのである。それゆえ皮質が各部分において分業をおこなっているといっても、刺激の内容に対応する形での分業ではなく、内容の構造化の働きについてのそれである、と考えなければならないのである。しかもそのさい分業は、中枢が全体として関わっていると考えられる機能と決して切り離しては考えられない。すなわち例えば視覚に関わる部位の損傷は、たしかに視覚の障害を引き起こすが、障害を具体的に調べてみると、それは他の失語症なども共通に、いくつかのまとまりを一瞬のうちに把握するあの構造化の能力をも同時に欠いていることが分かるのである。ところでこの後者の能力の喪失であるが、これは視覚の障害によるものであるとはただちにいうことはできない。なぜなら、こうした損傷による知覚障害は決して元通りの機能が復元されるものでないとはいえ、他の部位の働きによって補充されることがあるからである。例えばゴルトシュタインの患者の場合、視覚にもとづく同時的な直観は触覚の継起的な所与にもとづいて代替えされていくのである[50)]。もしも損傷を受けるよりも以前に視覚に関わる働きが他の部位の働きから独立におこなわれ、そして結局、大脳皮質全体に関わる働きがこのような各部位のもっている機能の総和でしかないとすれば、こうした代替えは考えにくいことであろう。M.－ポンティ自身はむしろ皮質全体に関わる働きとして「構造化作用」があり、これが例えば視覚におけるいくつかのまとまりの同時的な直観を条件づけている、と考える。言い換えれば、視覚に関わる部位の損傷がこうした同時的な直観を危うくするのは、中枢全体が正常な場合におこなわれる働きから、それにもっとも適合した道具を奪い取るためである、と考えるのである[51)]。

しかしこのように「構造化作用」を皮質全体にみとめるにしても、前者を後者の働きの結果と考えるかぎりは、いわゆる原子論的な立場をたんに修正したにとどまる、とM.－ポンティはいう。たしかに「要素ないし内容の並行論」にたいして「機能ないし構造の並行論」を主張するようになったことは、現代生理学者たちの功績である[52)]。しかしM.－ポンティによれば、かれらの大部分は機能をあくまでも器官の主導のもとにおきつづけているのであって、そのかぎりではかれらはみずからの提出した問題の重要性にまだ十分気づいてはいないのである。M.－ポンティは、むしろ機能が器官を決定すると考えるほうがより事実に忠実なのではないか、という[53]。

M.－ポンティはこの点を明らかにするために、生理学者らの「統合作用や調整作用の概念」（les notions d'intégration et de coordination）の曖昧さを批判することから始める。すなわち「統合作用」や「調整作用」は普通、中枢において想定される連合回路（des circuits associatifs）の働きとして示される。例えば、ある対象を知覚する場合、両眼の網膜に映じた像には多少のズレが存在しているが、しかしそれだからといってわれわれは二つの対象を知覚するわけではなく、どこまでも一つの対象として、しかもこれを立体的に捉えるのである。ところでH. ピエロン（Piéron）のような生理学者はその理由を、網膜から伝えられる二つの刺激がうえのような連合回路で統一されるからである、と考える。しかしもしもそうだとすると、両眼の網膜上の二つの像のそれぞれに存在しているある対応する部分は一つの連合回路で重ね合わせられるとともに、他の部分は他の回路で重ね合わせられるといった具合に説明していかなければならず、さらにまたこうした連合回路の各々をふたたび統一することはより高次の連合回路で、というように果てしなく進んでいかなければならなくなるであろう。しかし事態がこのように複雑化していくように見えるのは、そもそも器官から機能を考えようとするかれらの前提が間違っているからなのである。われわれはむしろ、機能はそれ自身の積極的な実在性を有していると考えなければならない、とM.－ポンティはいう[54]。いまの例でいえば、対象の各部分のもっている特質は、実は、対象を一つのものとして捉える知覚全体の構造化作用が要求するところによって各連合回路に配分されていく、ということである[55]。

こうした機能の器官にたいする優位ということは、色彩の把握や言語活動を考えてみても同様に明らかになる。最後にベルクソンとの比較ということもあるので、これらのうちとくに言語についてM.－ポンティが語っているところを取り上げておきたい。

すなわち例えばピエロンによれば、言語活動はうえの対象知覚におけると同じく、もっぱら言語中枢の「調整作用」にもとづくもの、とされる。そしてこの中枢では、一つのピアノで無数のメロディーが演奏できるように、さまざまな言語活動はすべてここでおこなわれることになる。しかもピエロンの場合、ピアノは比喩以上であって、例えば一定の語にはそれに対応するキイが中枢に存在し、それゆえ例えば錯語症の場合には中枢におけるキイの配置の空間上の近さ、ということで語の混同が説明されるほどなのである。また、皮質が損傷をこうむった場合、一定の言語が選択的に消失するのではなく、もっとも自動化されていないものからもっとも自動化されたものへ、という形で、言語活動全般にわたる機能の減退が起こる。しかしピエロンはこの場合でもなお、大脳皮質の各部位に言語を位置づけようとする態度は変えないのである。しかしM.－ポンティによれば、こうした考え方は、初めの言語中枢はいかなる言語活動のケースにも対応できるとしたかれの主張と明らかに矛盾している。なぜなら、このあとの議論にしたがうかぎり、言語の構造はあらかじめ決定されていることになるし、言語中枢とは結局、このようにすっかりできあがった機構のたんなる貯蔵所ということになってしまうからである。しかし自動機構はそれがいかに複雑化しようと、また、したがって各語に対応する回路の数がいかに増えようとも、そのつどそれが置かれる千差万別な文脈に対応できるとはとても考えられないのである。またかりに、いまそうした主張がみとめられるとしても、例えば次々に話されていく語がそれぞれのキイをどうして間違いなく叩いていくことができるのか、異なった語でも語頭の音素の同じものは数多く存在するし、同音異義語の場合は、音素がまったく同一のものである以上、大変難しい説明をしなければならなくなる。しかしこれはうえの対象の知覚を説明する場合と同じく、いわゆる「調整作用」を皮質の要素的な働きの組み合わせで説明しようとすることの当然の帰結にすぎない。M.－ポンティによれば、語はむしろ、ちょうど一つのメロディーのなかにおける各音が全体の流れのなかに位置づけられ、各音があらかじめもっていたわけではないが、しかもそれらを一つひとつ結合していくなにものかを表現していくように[56)]、各状況に応じた文のなかに位置づけられていく、というべきであって、同じ語であっても厳密にいえば、そのつど質的に違った意味を担っていくのである。文は決して自己同一的な語の組み合わせなどではない、ということだ。そしてもしもここでもなお、「調整作用」ということを主張しようとするのであれば、それはうえとはまったく異なった種類のものにならざるをえない。すなわち、それはもはや諸項のあらかじめ含んでいる素材的なものにはいっさい負うところのない「意味の統一」57)、あるいは、一定の関係を創造する働きそのものだ、ということになる。

5．「現象的身体」

反射の段階においてさえ、すでに有機体はたんなる機械的な反応は示さず、どこまでも神経組織の全体がこれと関わりをもった一定の構造化された運動として現れるものであること、また、知覚を介した有機体の行動を理解しようとする場合でも、パブロフのようにたんに機械論的に解された反射の延長線上で考えているかぎりは、知覚の正しい理解は決して得られるものではないこと、それよりはむしろ、反射がすでに一つの意味づけられた運動と解されたのと同じく、ゴルトシュタインらの知覚を有機体の行動の指針、すなわち世界の構造化の働きとして捉える立場を支持しなければならないこと、しかもこのような機能は大脳などの器官の働きの結果というよりはそのような機能のほうがかえって器官のあり方を決定しているように見えるということ、など、以上ほぼ『行動の構造』の順序にしたがって見てきた。しかしM.－ポンティはここまでは終始生理学者らと同じく、客観的に捉えられたかぎりでの有機体から事柄を見ているため、有機体は機械論的な把握では捉えることのできない特別な原理をもつ、とする、いわゆる生気論の立場以上には出るものではないようにも見える。とくに、機能の器官にたいする優位を主張するとき、機能と器官とをいちおうにもせよ切り離して考えることができるかのような言い方がなされているのである。しかしM.－ポンティは自分の真意がそこにないことをベルクソンを依然「洗練された生気論」58)にすぎないと批判することによって、この書においても間接的にではあるが明確にしようとしているのである。すなわちM.－ポンティはベルクソンが有機体をその物理・化学的な側面と、進化の原理である「生命の躍進《エラン・ヴィタル》」との二元の綜合として成立しているかのように述べている『創造的進化』を取り上げて「有機体がその座としている物理・化学的な作用は環境の物理・化学的な作用から抽出することができない以上、こうした連続した全体のなかでどのように有機的な個体を創造する働きの範囲をかぎるのか、また、「生命の躍進《エラン・ヴィタル》」の影響範囲をどこまでとするのか」[59] などと、問うのである。また「物質は頽落する生命である、といってみたところで頽落する生命とみずからを創造する生命との関係は同様に理解できないことである」[60] とも述べている。言い換えれば、M.－ポンティのいわゆる機能とは、もはや「もの」でも「観念」でもないもの[61]、また逆にいえば「もの」であると同時に「観念」[62] でもあるもの、一言でいえば、われわれの知覚体験においてまさに内から自覚される身体のことをいうのである。また、われわれが自分自身や生物において観察できる行動は、それぞれの種に固有な構造をもったものとして現れるのであるが、M.－ポンティにとっては、こうした行動の主体こそ真に有機体といえるものなのである。M.－ポンティは有機体の行動を大きく以下の三つに分けている。すなわちその行動がわれわれの身体の反射がそうであるように、種の環境にたいする適応が具体的な状況の特質にたいしてよりも、むしろ、一定の「形」をもった刺激にたいしてもっぱら反応できるような仕組みになっているため、実質的に有効であろうがなかろうが同一の反応を反復することしかできない無脊椎動物たちの混合（syncrétique）行動[63]、ねずみやチンパンジーなどの、さまざまな具体的な事物をもっぱら目的に到達するための道筋を示す信号として利用することができる置き換え（amovile）行動[64]、さらにみずからの身体の現実の位置をいったん、非現実化（s'irréaliser）[65] し、対象と自己との関係を記号化の過程を経ることによって客観的に捉えなおすことができる人間の象徴（symbolique）行動[66] がそれである。しかし大事なことは、これらはいずれの行動も世界を環境として意味的に捉えている主体としての有機体ということを抜きにしては理解できないものばかりであって、たんに客観的世界における客観的な身体の運動などでは決してない、ということである。意味を担った行動の主体としての有機体は諸要素への分析や還元によってはその本質が見失われざるをえないもの、そしてそのような意味でまさに「現象的身体」[67] なのである。

【註】

1）*Matière et mémoire* (以下M. M.と略す) , p.11
2）*L'énergie spirituelle*, p.5
3）M. M., p.121, p.126, p.135
4）Ibid., p.32
5）*L'union de l'âme et du corps chez Malebranche, Biran et Bergson* (以下Unionと略す) , p.83
6）Cf. ibid., pp.79-85
7）M. M., p.41
8）Cf. *Structure du comportement* (以下S. C.と略す) , p.215, Union., p.82, *Signes*, p.233
9）Cf. M. M., pp.31-34
10）Ibid., p.32
11）「わたしは一つの遠近法的な様相のなかに…その様相を超えた「もの」を掴まえる」（傍点はM.－ポンティのイタリックの部分）（S. C., p.202）
12）Union., p.81
13）S. C., p.100
14）Union., p.83
15）Ibid., p.81
16）M. M., p.121
17）Cf. ibid., p.122, Union., p.89
18）Cf. M. M., p.121
19）Cf. Union., p.87
20）Cf. ibid., pp.83-84
21）Cf. M. M., pp.114-115
22）Cf. Union., p.89
23）Ibid., p.96
24）Cf. S. C., p.XIII, なお、『知覚の現象学』においても、諸科学における成果と決して無関係に論じられているわけではないが、A. ヴェーレンも指摘しているように、ここでM.－ポンティが触れているのは、おおむねかれの知覚論の記述を補う実証的なデータにかぎらえれている、といえる。
25）Cf. ibid., p.25
26）Cf. ibid., p.9
27）Ibid., p.8
28）Cf. ibid., pp.11-12
29）Ibid., p.94

30）Cf. ibid., p.31
31）Ibid., p.15
32）Cf. ibid., p.16
33）Cf. ibid., p.17
34）Cf. ibid., p.19
35）Ibid., p.21
36）Ibid., p.64
37）Cf. ibid., p.57
38）Ibid., p.63
39）Cf. ibid., p.104
40）Ibid., p.66
41）Ibid., p.67
42）Ibid., p.68
43）Ibid., p.69
44）Ibid., p.72
45）*Phénoménologie de la perception*, p.114, p.117
46）Cf. S. C., p.75
47）Cf. ibid., pp.80-81, p.102
48）Ibid., p.75
49）Cf. ibid., p.76
50）Cf. ibid., p.78
51）Cf. ibid., pp.78-79
52）Cf. ibid., p.83
53）Cf. ibid., p.44, p.88
54）Cf. ibid., p.97
55）Cf. ibid., p.88
56）Cf. ibid., p.96
57）Ibid., p.96
58）Ibid., p.171
59）Ibid., p.171
60）Ibid., p.171
61）Cf. ibid., p.138
62）Cf. ibid., pp.20-21
63）Cf. ibid., pp.114-115
64）Cf. ibid., pp.115-130
65）Ibid., p.137

66）Cf. ibid., pp.130-133

67）Ibid., p.169

付録
ボン・サンスと古典の学習[1)]

アンリ・ベルクソン著
紺田　千登史　訳

Auteur : Henri BERGSON
Titre : "MELANGES-LE BON SENS"

（株）フランス著作権事務所提供

大学におけるこうした厳かな式典の中で一言申し上げなければならないということ*はいつもたいへん名誉なことでありますとともに、また、むつかしい役目でもありました。けれどもその責任は毎年だんだんと重みを増してきているように思われます。と申しますのは、教育問題というのは始終これに立ち戻ってばかりいることを私たちは望まないのでありますけれども、それが次第に深刻な様相を呈するようになり、また、ますます声高に論じられるようになってきているからであります。古典の学習は精神を豊かにするということよりも以上に精神を育成するものでなければならないということ、また、みずからの義務を自覚し、それを果たしていく覚悟をもった市民を育てていくことが私たちの責務として課せられているということ、これらの点についてはすべての人びとの意見は一致をみています。社会は教育の形でみずからが与えるものを英知の形で自分に戻されてくることを願っているかのようなのです。しかし人びとはますます不安をつのらせながら古典の学習のような利害をぬきにした学習がそうした実際的な効用を有しているものなのかどうか、とりわけ自由な国々での市民的な徳としての良識（ボン・サンス）が知的な教養と比例して変化するものなのかどうかを疑問視するようになってきております。もっとも、こうした疑問にたいしてどのような結論を下すにしても、つまりそれを認めようと、また、否定しようとだれも安心したままでいることはできないでありましょう。と申しますのは、もしも良識が教育にもとづかないといたしますと、社会はみずからがもっとも必要としている事柄に関して手がかりをもたないということを白状しなければならないことになりましょうし、また、もしも良識がとくに教育にもとづくものであり、英知がつねに一つの特権であり続けると考えられるそうした精神の高度な教養と連れだってじょじょに増していくものであるとしますと、権力を多数の手に委ねようとする昨今の抗しがたい風潮にたいしては、これを絶望的な目でみつめていなければならなくなるでありましょうから。けれどもまことにもって幸いなことに、こうした両極端のいづれか一方に決しなければならないという必然性はまったくないのであります。私は良識というものは一方で知性の積極的な性質に基づくとともに、他方ではまた、知性のみずからにたいするまったく特別な種類の不信にももとづいているということ、教育は良識にたいして一つの支えを提供するものではありますが、しかし良識は教育がほとんど到達することのできない深いところにまでその根を下ろしているということ、古典の学習は良識に大いに役立つものではありますが、しかしそれはあらゆる種類の学習にも共通な、しかも教師がいなくても実践が可能な習練にもとづくものであるということ、また、こうした領域においては、教師の役割はとりわけ一定の人間を他の人間なら自然によってただちに置かれているところにまで人為によって導くことであるということ、こうした点を明らかにしてまいりたいと思っています。しかしそれにしても良識とはそもそも何なのでしょうか、精神のどのような能力、どのような一般的な性質とこの知的な態度とは結びついているのでしょうか。

私たちの感覚（サンス）の役割は、一般的に言って、物質的な対象を私たちに認識させることよりもむしろ、そうしたものの有用性を私たちに知らせることにあります。私たちはさまざまな味覚を味わい、匂いを嗅ぎ、暑さと寒さを、光と陰を区別します。けれども科学は私たちにこれらの性質のいずれもが私たちがそれらを知覚するような形式においては対象に属していないと教えています。そういった性質はその色彩豊かな言語でもって私たちにただ事物が私たちにたいして有している不都合ないし便宜を、それらが私たちにたいしてなしてくれるかもしれない奉仕を、それらが私たちに冒させることになるかもしれない危険を伝えてくれているだけなのです。つまり私たちの感覚はなによりも空間の中で私たちを方位づけるのに役立ってくれているということなのです。言い換えれば、感覚は科学にではなく生活に向けられているということです。ところで私たちはたんに物質的な環境の中だけでなく同時に社会的な環境の中でも暮らしています。一方で、私たちのすべての運動が空間の中に伝えられ、そのことによって物理的宇宙の一部が揺り動かされるとしますと、他方で、私たちの行動の大部分はよきにつけあしきにつけその直接的あるいは間接的な結果をまず私たちにたいして、ついで私たちを取り巻く社会にたいしておよぼしてくるということです。そうした結果を予見すること、あるいはむしろそうした結果を予感すること、行動の領域において本質的なものを付随的、もしくは無関係なものから区別すること、さまざまな可能な手段のなかからもっとも多くの、しかも想像可能なというようなことでなくあくまでも実現可能な利益をもたらしてくれる手段を選びだすこと、そのようなところにこそ良識の役割があるように思われるのであります。したがって良識（ボン・サンス）はそれなりになるほど一つの感覚（サンス）ではありますが、しかし他の感覚が私たちを事物との関係のなかにおくのにたいして、良識は私たちの人びととの関係において重要な役割を果たしている、ということになります。

厳密な証明、もしくは決着をつけるための実験よりもはるか以前に、ものごとのあいだに存在している隠れた不一致だとか、思いがけないつながりの発見などをなしえてきた真偽についての微妙な予感というものがあります。こうした高次の直観は天才と言われているものですが、人間はやむをえないとなれば、そういう直観がなくとも十分にやっていけるものですから、これは当然まれなものだということになります。しかし日々の暮らしというものは私たち一人ひとりにこうした直観と同じくらいに明瞭な解決と迅速な決断を迫ってまいります。重要な意味を持った行動というものはすべて、理由とか条件の一連の長い系列をとりまとめてその結果として開花するものですが、こうした結果は、かりにその行動が当初、私たちに従属するものだったとしても、こんどは私たちのほうがその行動に従属するように仕向けてまいります。しかもこうした行動は通常、手探りとか遅延は許さないものなのです。一定の決断をしなければなりませんし、また、詳細がすべて見通されているわけでなくとも全体を把握しなければなりません。そのような場合に私たちが助けを求めることになる権威、私たちのためらいをとりのぞき、困難を一刀両断にしてくれる権威こそ良識というものなのです。したがって良識の実際生活におけるありようは、天才の科学や芸術におけるありようと同じように見えることになるわけです。

しかしもうすこし詳しく見ておきましょう。まず良識は天才と同じく真夜中に稲妻がはしって光が生じるのを待っているような精神の受動的な態度をいうのではありません。天才が自然の謎を解くのは、それまでに天才が自然との間で親密な仲間づきあいのうちに暮らしてきたからに他なりませんが、一方、良識もまた絶えず目を覚まし続けているある種の活動を、つねにあらたまっていく状況に合わせてつねに更新されていくある種の調整を要求するものなのです。出来合いの観念ほど良識が恐れるものはありません。出来合いの観念というのはたしかに精神の木に熟した果実ではありますが、それは木から落ちるとまもなく乾燥し、その固くなってしまった実の中では、反応を示さなくなった知的な営みの残滓をしかもうとどめてはいないのです。良識とはまさにこの知的な営みに他なりません。良識は私たちがどの問題もすべて新しい問題とみなし、自分にたいしてつねに新しい努力という名誉を授けてくれるのを待っているのです。良識は私たちが自分の中に形成してきたさまざまな見解や準備の整った状態で保存している問題解決法のときとしてつらい犠牲を要求いたします。一言で言いますと、良識はうわつらだけの百科全書的な知識とよりもむしろ、学び取ろうとする意欲をともなった無知の自覚とよりいっそう密接な関係を持っている、ということなのです。

良識はその決断の速やかさや、その本性に根ざす自発性によって本能に近づいていくとしますと、他方で良識は、その手段の多様性やその形態の柔軟さ、そして知的な自動運動から私たちを守るためにその保護下においてくれますぬかりのない見張りの目などによって、本能とは深く対立するものでもあります。また、良識が実在にたいする配慮や事実と接触を保ち続けようとするこだわりによって科学と類似しているとしますと、他方で良識はそれが追求する真理の種類によってみずからを科学から区別してもいるのです。と申しますのは、良識は科学のように普遍的な真理をではなく、当面の真理というものを目指すものだからでありますし、また、これを最後とする答えを出すことよりも、いつもそのつど正しい答えを出していこうとするものだからであります。また一方、科学はいかなる経験の事実もいかなる推論の帰結もなおざりにすることはありませんし、ありとあらゆる作用の役割を計算に入れ、みずからが打ち立てようとする原理の演繹を徹底的におこなうものでありますが、良識の方は選択をするのです。良識はいくつかの作用を実際的には無視してもよいものと見なす一方、ある原理を展開していくにあたり、論理が粗雑すぎて現実の微妙なところを傷つけそうになると、まさにその地点で足を止めもするものなのです。たがいにぶつかり合って押し合いへし合いをくりかえす事実と理由のあいだにあって、良識は一つの選択がなされるようにしているということです。要するに良識は本能以上のものであるが、科学よりは以下のものだということ、あるいはむしろ良識には精神の一定の傾向性のようなものを、注意の一定の傾斜のようなものを認めなければならないということなのかもしれません。良識とは注意そのものであるが、ただしそれは生活へと方向づけらている、とほぼ申してよいのでありましょう。

したがって社会において慣習にとらわれた精神や空想的な精神ほど良識にとって大きな敵はいないことになります。法律の形に仕立て上げられているさまざまな習慣に固執したり、変化というものに反発したりすることは生命の条件である動きから目をそらせたままでいようとすることに他なりません。しかし奇跡的な変革の希望に身をゆだねたりすることもまた、意志の薄弱さや精神のゆるみによるのではないでしょうか。こうした二種類の精神の間にある距離は人が最初に考えるほど大きなものではありません。有効な行動から等しく隔たっているこの二つの精神のとくに異なっている点は、一方がたんに眠っていようとするだけなのにたいし、他方はそのうえにさらに夢を見ようとするところにあります。しかし良識は眠ることはありませんし、また、夢見ることもありません。生命の原理と同じく良識は絶え間なく目を覚まし続けており、また仕事をし続けているのでありまして、たしかに良識はみずからが生気をあたえている相手の物質によって身を重くはしていますが、しかしそうした努力の物質性そのものからみずからの行動の現実性についての自覚を得てもいるのです。良識が有している慎重さというものは、行動を危険なものと見なし、行動と対立することによって安全を確保しようとする臆病な人間の慎重さなどと似たところはありません。反対に良識は行動を好むものでありますし、少しずつ歩みを進めていこうとするのは、もっぱら変革をより自然な展開によって得ようとするからに他なりません。そしてその点で良識はまた、その推移する過程の調和よく溶け合ったニュアンスの方を称賛すべきなのか、それともその変貌の際だったコントラストの方を称賛すべきなのかがよくわからない生命とよりいっそう接近することにもなるのです。要するに良識は仔細に検討すればするほど進歩の精神と混じり合うようになる、ということなのです。もっとも、この進歩の精神という言い回しにおいては、最善を目指そうとする力強い意気込みとともに、世間的な事情が許す範囲についての正確な見通しということとを同時に理解しておいていただかなければなりませんが。

しかしそうすると良識の原理とはいったい、どういうものだということになるのでありましょうか。また、その本質にはどうすれば触れることができるのでしょうか。どこにその魂を見いだせばよろしいのでしょうか。これまで言われてきたように良識は経験から派生してくるものなのでしょうか。それは過去のさまざまな観察結果がふたたび集められ、凝縮されたものを表現しているのでしょうか。しかし時間というものは進行するに従ってそのつどあらたな状況を展開していきますし、こうした状況は状況でまた、私たちにたいしてそのつど独自な努力を要求してまいります。あるいはまた、良識とは一定の論理的な操作によって遂行される推論、すなわち一般的な原理からだんだんと遠くにあるさまざまな結論を引き出していこうとする推論のより確実なやり方を言うだけなのでありましょうか。しかし私たちの演繹の手続きがたいへん硬直しているのにたいし、生命の方はしごく柔軟です。私たちがみずからの推論をいかに厳密に行いましょうとも、それが繊細で捕まえにくい動的な実在の輪郭をなぞる、などということはとてもうまくできることではないのです。たしかに良識は推論を行いますし、ときとして一般的な原理にもとづいてそうすることもあります。しかしその場合でも良識はそうした原理をまずもって当面する現実の方向に屈折させることからはじめるのです。ところで純粋な推論にはもはやもとづかないこうした適応の仕事こそ、まさしく良識の仕事というものではないのでしょうか。いいえ、そうではありません。良識はより広大な経験のなかにも、より整然と分類された記憶のなかにも、より正確な演繹のなかにも、さらにまたもっと一般的に言って、より厳密な論理のなかにも存在するものではありません。なによりも社会的な発展の手段としての良識は、もっぱら社会生活の原理そのものとしての正義の精神からしかその力を引き出してくることができないものなのです。

むろん、現実を考慮に入れず、空虚な空間の中に幾何学的な図面を引き、みずからに実質を与えることもなく、形式の提示をおこなうあの理論的抽象的な正義についてお話をするつもりはありません。しばしばこうした正義は出来事との接点を見いだせないままでいますし、よしんばそれがうまくいったとしても、みずからの計算のなかにいれてこなかったそうした出来事の抵抗によって自分の力に疑いをもつようになってしまったり、自分自身に絶望することになったりしてしまうものなのです。私がお話しいたしますのは、正義の人に受肉した正義、すなわち生きてはたらいている正義のことでありまして、これは諸々の出来事の中に入り込もうと注意深く様子をうかがっているものではありますが、しかしそれは行動と結果を自分の天秤に掛けながらのことでありますし、そしてなによりも良きものをよりいっそう悪しきものでもって購うことを恐れながらのことなのです。正義がこのように正義の人において実現されるさいには、実践的真理に関するある種の微妙な感覚、一種の見通し、ないしは感触となるのです。それは正義の人がみずからにたいして要求しなければならないこと、また、他人から期待しうることについての正確な範囲を示してくれます。それはもっとも確実な本能がするだろうように望ましいもの、実現可能なものに向かってまっすぐにかれを導いてゆくのです。それはかれに正すべき不正を、したがってまた果たすべき正義を、守るべき慎重さを、言い換えれば、犯してはならない不正を示してくれるのです。それは魂の廉直さに由来するあの判断の公正さによってかれを誤謬や不器用さからまもってくれます。単純かつ明晰なこうした正義は純金が貨幣と等価なように、筋道だった思考や積み重ねられた経験と等価なのです。ところで正義がこのように生命の英知を身につけているとしますと、それはきっと正義が生命の原理と接触を保ってきたからに違いありません。そしてたとえこうした正義がただ私たちの中のもっとも優れた人びとにおいてしかその全面的な輝きを見せることはないとしても、それは人類のもっとも本質的でもっとも内面的なものをあらわにしているのです。したがって地殻の深いところにある層、大きな隆起が地球の中心そのものから引き出してきた地層を発見するためには、山々の頂にまで登らなければならないということになります。

それゆえ私は良識のなかに絶えずみずからにたいする自覚を取り戻し、出来合いの観念を排除して生まれつつある観念に広い場所を提供し、根気強い注意の絶え間のない努力によって現実にみずからを合わせていく知性の内的なエネルギーをみとめることになりますが、またそれと同時に、そこにはある強い道徳的な性質をもった根源から発している知的な輝きを、正義の感覚にもとづくさまざまな正しい考え方を、要するに性格によってゆがみを正された精神をみとめることにもなるのです。明確な区別にとらわれている私たちの哲学は知性と意志の間や、道徳と知識の間、思考と行動の間にひじょうにはっきりとした境界線を引きます。そしてそれらこそじっさい、人間性が発展するにしたがって足を踏み入れていくことになる二つの違った方向ではあります。けれども私には行動や思考というものには純粋な意志でも純粋な知性でもないある共通の起源があるように思えるのでありまして、しかもこの起源こそまさに良識というものなのです。良識とはじっさい、行動にたいしてその理性的な性格を付与する一方、思考にたいしては実践的な性格を付与しているところのまさに当のものなのではないでしょうか。

大きな哲学上の問題における良識の解決策について検討してみてください。きっとそれは社会的に意義のある解決策、すなわち言語を判りやすいものにし、行動に役立つような解決策だということがおわかりいただけることでしょう。また一方、良識が助言してくれる取るべき態度や行動について検討してみてください。良識は深く考えてもいないのに、あたかも完全な理性が語ったかのように語ってきたということがおわかりいただけることでしょう。それゆえ良識は思考の領域では意志に一定の訴えかけを行うことによって、実践の領域においては理性に訴えるかけることによって、問題の処理を行っているように見える、ということになります。私たちはその結果、良識のなかに思考が要求するところのものと行動が要求するところのものとの間の一種の混合、両者の間の隠れた一致から生まれ出てくるものをみとめようとすることになるかもしれません。しかも議論が明瞭であるためにはまさにそのような言い方をしなければならないわけですが、しかし根本的に申しますと、私はむしろ事態をまったく別様に考えたい気がするのです。つまり、良識のなかにそうした根源的な傾向性を、そして思考の習慣や意志の法則においては反対に、ものごとを方向づけていくそうした根源的な能力の二つの顕現、ないし二つに分岐した展開を認めたい気がするということです。なぜかと申しますと、私は最終の合理的な目標を有しないような共同の意志の働きや、実践上の到達点を有しないような思考の自然な働きなどというものはともに思い浮かべることができないからであります。それゆえこうした二種類の活動は社会生活の基本的な必要にこたえるたった一つの同じ能力から派生しうるものでなければなりません。そうしてこの種の社会感覚こそ人びとのいわゆる良識に他ならないのであります。またこうした良識が精神の根底ないし、本質そのものをもなしているといたしますと、デカルトがくり返し述べていたように、私たちはそれを「各人においてすっかり備わったものとして」生得的かつ普遍的に、そして教育からは独立なものとして見いだすことになるのではないでしょうか。もしも精神や社会において生きたものしか存在していず、私たちがさまざまな悪徳や偏見という死んだ重しを引きずることを運命づけられていず、また、瞬間的にせよ持続的にせよある種の放心によって私たちが私たち自身の外部で生きたり、考えたりするというようなことが起きなかったとするならば、要するに私たちが自分たちの知性を意志の緊張したエネルギーとの緊密な接触のなかに維持するかわりに、さまざまないわば抽象的な決心をするのにまかせておくというようなことがなかったならば、事態はまさにその通りになっていただろうと思うのです。けれども自然が、奴隷状態から解放されて自分自身の主人となっている魂を、生命と一致するように調律された魂を自発的に生むなどということはめったにないことなのです。教育はしばしば情熱を伝えるためというよりもむしろ障害を取り除くために、また、光明をもたらすためというよりもむしろヴェールをはぎ取るために介入しなければならないのです。

教育の、とりわけ古典の学習のこうした影響力というものはどのあたりまでその広がりを有しているものなのでしょうか。古典の学習はどんなことをなしえ、私たちはそれにたいしてどんなことを求めるべきなのでしょうか。上で数えあげたような、そしてまた、そのすべてが良識をその進むべき方向から逸脱させてしまいそうなさまざまな力にたいして、古典の学習が同じような影響力を有しているなどとはとても言えるものではありません。

精神の自由にたいする最大の障害は、言語がすっかりできあがった状態で私たちにもたらしている観念、私たちを取り囲んでいる環境のなかにあって私たちがいわば空気のように吸い込んでいる観念である、と繰り返し申しました。こうした観念は私たちの実質と決して同化することはありません。こうしたまことにもって死せるものとしかいいようのない観念は精神の生命にあずかることができないので、そのこわばりと不動性にいつまでも固執し続けることになるからです。しかしそれではどうして私たちはしばしばそうした観念を生きた生命感にあふれる観念よりもいっそうよいものとして選び取っているのでしょうか。どうして私たちの思考は、自分自身にあってみずからを主人となそうとつとめるかわりに、自分自身からみずからを追放することのほうをよりいっそうに好むのでしょうか。それはまずは放心からでありますし、また、道中を大いに楽しんだおかげで、もうどちらに行きたかったのかが判らなくなってしまっているからなのです。

きっと皆さんには、私どもの歴史的な建造物や美術館の前などで、たぶん周囲にある名所などのことが記されてあるに違いない一冊の本を手に開きもった外国の人たちにお気づきなられたことがおありのことでしょう。あんなふうに本を読むことに夢中になってしまっているので、あの人たちは時としてその読書のために、見物にやってきた名所のことを忘れてしまっているように見えることがないでしょうか。これと同様に、私たちのなかの多くの者も一生を通じ、こころの内なる一種の案内書のなかに読みとることができる問題解決法の方に目を固定して人生を見ることを怠り、もっぱらひとが人生について語っているところにしたがってみずからを規定していくだけですし、また、ふだんはものよりもむしろ言葉の方を考えながら旅を続けているのです。しかしおそらくここには精神にたまたま起きる放心以上のものがあるのでしょう。おそらく一定の自然的で必然的な法則が私たちの精神がまずもって出来合いの観念を受け入れることからはじめて、ある人びとにおいてはいつまでも先送りにされることとなるとはいえ、精神がそれによって自分を取り戻すことになる意志の決断をまちながら、それまでは一種の保護のもとに生きていくことを要求しているのでありましょう。子どもは外部の自然のなかにあの例の粗っぽいお定まりの形しか認めず、鉛筆を手にするや、もっぱらその画を紙のうえに描きつけていきます。子どもにおいてはそうした形が目と対象との間に入ってくるからです。それは子どもにたいしては手っ取り早い簡便化された描き方を示してくれるわけですが、私たちの多くのものにおいても、芸術が自然にたいして私たちの目を開いてくれる日までは、同じようにそれは介在し続けるでありましょう。

私は言葉のなかに閉じこめられている観念を子どものこうした絵と大いに比較してみたい気がいたします。どの言葉もなるほど実在の部分を表現してはいますが、しかしそれはあたかも人類が実在の分節に従うかわりに、みずからの便宜と必要に従って実在を切断したかのように、おおざっぱなやり方で切り取ってこられたものなのです。たしかに私たちはさしあたってはこうした出来合いの哲学や科学を採用しないわけにはまいりません。けれどもそれらはより高いところへと登っていくための足がかりでしかありません。言語のなかで冷たくなり、動けなくなってしまった観念を超えたところに、私たちは生命の暖かさと動きを探し求めていかなければならないのです。

だからこそ私はなによりもまず、古典教育のなかに、凍りついてしまった言語を打ち砕いて、その下に思考の自由な流れをふたたび見いだそうとする一つの努力をみとめるのです。皆さん、古典教育はさまざまな観念を、一つの言語からもう一つの言語へと翻訳していく練習を通して、それらの観念をいくつもの異なった体系へといわば結晶させていくことに皆さんを慣れさせてくれます。そうした作業を通して、古典教育はもろもろの観念を最終的なものとして固定化されてしまっているすべての言語形態から救いだし、ことばから離れて観念そのものを考えるように皆さんを仕向けてくれるのです。古典教育がとくに古代に関心を向けていたのはたんに純粋なお手本にたいするたいへんに大きな尊敬があったからだけではありません。古典語は私たちの言語とはひじょうに異なった線に沿って事物の連続に切れ目を入れていますので、古典語はより思い切った、そしてより速やかに効果を現すやり方で、観念の解放にいたると考えられていたからにも違いないのです。そのうえ、古代ギリシャ人たちの努力に匹敵するほどの、ことばに思考の流動性を付与するための努力というものが、いまだかつてこころみられたことがあったでしょうか。もっとも、偉大な作家というものは、たとえどんな言語でみずからを表現しようとも、私たちの知性にたいしては同様の役割を果たすことができるものであります。なぜならこういった人びとはすべて、私たちがものごとを私たちの慣例や、習慣、記号などを通してしかみないケースにおいても現実をじかに見てきましたし、また、そうしたかれらのじかに見た現実を私たちに伝えようともつとめてきたからであります。この意味で古典教育はそれがことばにたいして最大の重要性をあたえているように見える場合でも、それは私たちにとりわけことばに欺かれないようにすることを教えているのです。古典教育は個別的な対象は変えることがあるかもしれませんが、その一般的な目標、すなわち私たちの思考を自動運動から自由にし、それを形態や形式から解放するという目標、要するに私たちの思考のなかに生命の自由な流れを再度打ち立てるという目標はつねに守り続けていくでありましょう。哲学はこうして始められた仕事を同じ方向に向かって続行していくのです。哲学は思考や行動の究極的な原理というものを批判の対象といたします。哲学は受動的に受け取られるような真理にたいしていかなる価値も与えるものではありません。私たちめいめいが反省によって真理をふたたび取り戻すこと、努力によってその真理に値するものとなること、そしてそうした真理を深く自分自身のなかに浸透させ、真理をみずからの生命によって活性化させながら、思考を豊かなものにし、意志に方向性をあたえるための十分な力を真理にたいしてつけてやること、こうしたことを哲学は欲しているのです。たしかに良識は哲学なしにもやっていくことはできましょう。けれども良識が努力のなかで生きてゆくものであり、そしてなによりも自由を目指すものだとしますと、哲学よりも優れた入門の場を私は知らないのであります。

しかし記号をしりぞけて、ものを見ることに習熟するということだけでは十分でありません。繰り返し申したことですが、その上さらに、ものごとを判断するにあたっての抽象的にすぎるある種のやり方はやめにして、まったく特別な種類の注意のはらい方というものを開発しなければならないのです。いくつかの学問は私たちを生命のより近くにまで寄り添わせながら歩ませてくれるという長所をそなえています。したがってたとえば過去の徹底した研究は私たちが現在を理解するのに役立ってくれることになるのです。もっとも、それは私たちがまぎらわしい類似には絶えず警戒を怠らず、また、ある現代の歴史家の含蓄の深いことばを借りて言えば、歴史のなかに法則よりもむしろ原因を探るという条件のもとにおいてではありますが。一方、物理的数学的な学問の対象はこれほど具体的なものではありません。しかしこうした学問は私たちが日常、すこし軽い気持ちで用いているいくつかの方法に固有な力とその特別な目標とをみごとに理解させてくれます。こうした学問は安定した法則が存在しているところでしか一般化を行ないませんし、私たちが私たちなりの定義を与えることができるところでしか演繹の操作を行うことはありませんので、文字どおりの「極限法」を通して私たちに厳密な演繹や正当な一般化の理想的な条件を明確に示してくれているのです。したがって皆さんがこれらの学問を究められれば究められるほど、それだけいっそうその手法をそのままの形で実際生活のことがらに持ち込もうとされることは少なくなるでありましょう。それはたんにこうした手法のあまりにも厳密すぎるところが—台所で実験室用の天秤を用いようとする場合にすこし似て—行動の場面では長すぎる不決断へと翻訳されてしまいそうだからということばかりでなく、その上さらに、そしてとりわけこうした手法の持ち込みの結果、良識がいくつかのひじょうに大きな危険を冒かすことにもなりかねないと思うからなのです。社会のことをまるで自然を考えるように考え、そこになにか抗しがたい法則のメカニズムのようなものを見いだし、おしまいには、意志の有効性とか自由の創造的な力とかいったものを見誤ってしまうといった一つの重大な誤りが存在しています。また一方、一つの理想を表す公式を掲げて、あたかもその規定がわれわれの意のままになり、私たちの自由が人間性と社会生活の諸条件そのものにおいていっこう限界などにはぶつかることがないかのように、その公式から社会の組織化のための帰結を幾何学的なやり方で引き出してくるといった空想的な精神の誤謬というものも存在しています。良識は物理学と幾何学のこうした稚拙な二つの模倣のあいだの中間地帯に場所を占めるものなのです。厳密に言えば、良識にはおそらく方法などというものはなく、むしろあるのは一種のふるまい方なのでしょう。ひろく受け入れられている考え方と衝突するのを承知のうえであえて言わせてもらえば、哲学者のやり方というものは良識のこうしたやり方にもっとも近いやり方のように思えるのです。なんとなれば、どんな偉大な哲学もすべて諸原理と結びつくとともに、また、諸事実のうえにも基礎をおくものでありますが、哲学は一方で、そうした諸事実を超えでていくものでありますから、哲学を諸事実から帰納するというわけにはまいりませんし、また哲学はこれまで諸原理を屈折させることに成功してきたのですから諸原理から哲学をすっかり演繹するというわけにもまいらないからであります。皆さんにはこれからときどきひとりの偉大な哲学者のもっとも優れた弟子の書いたもののなかに、師匠の哲学のより系統立った解説とそれのより明晰な表現とに出会われることがおありのことでしょう。それはまさにその弟子がみずからのより抽象的でより単純な論理でもって師匠の体系の主要な考え方を極限までたどりつくしたからに他なりません。しかし師匠の実在にかたどられた生命と同じ柔軟な論理とこころを通わせるためには、いたずらに自然を分析し尽くそうとする私たちの思考にたいして、自然と同じく、つねに新しい要素を提示できるその個性的で深い論理とこころを通わせるためには、師匠の作品にまで私たちは立ち返らなければならないのです。ところで、私にはこうした哲学の師匠たちの能力の思索の領域におけるありようは、まさしく良識の実際生活におけるありようと同じものであるように思えるのです。

したがって良識の教育とはたんに知性を出来合いの観念から解放してやるだけでなく、知性を単純すぎる考え方などからも引き離して、それを演繹と一般化との滑りやすい坂道のうえで引き止めてやることでもあるということ、要するに知性を自信過剰から守ってやるということでもあるのです。さらに言わせてもらえば、教育が良識にたいして冒させている可能性のある最大の危険とは、つぎのような私たちの傾向を助長していること、すなわち、人間やものごとを純粋に知的な観点から判断し、自分や他人の価値をもっぱら精神の能力のみによって測り、こうした原則を社会自身にまで押し広げて、制度、法律、習慣などに関しては、論理的な明晰さと単純な構成という外的で表面的なしるしをもつものしかみとめない、といった傾向を助長していることではないだろうか、ということなのです。このようなやり方はおそらく思索にすっかり人生を捧げ尽くした純粋な精神からなるような社会になら妥当性はあるでしょうが、現実の生活は行動に向けられているのです。知性はそこではなるほど一つの力でありますし、また、その役割が光明をもたらすことであります以上は、力のなかでももっとも目立った力でさえあるということは私もみとめたいと思います。しかしそれはたった一つの力であるというわけではないのです。人生において精神の生まれながらの才能が性格の長所ほどには役だってくれない、というのはなぜなのでしょうか。才気煥発で洞察力のある数多くの精神が最大の努力を払っているにもかかわらず、一つの作品を生んだり、あるいは一つの行動を実行に移すことができないでいるのはどうしてなのでしょうか。また、もっとも美しいことばでもそれが抑揚なしに語られる場合には反響がないというのはなぜなのでしょうか。それは知性というものが、それが象徴するところのあるかくされた努力によって働くものであり、この力を欠くところでは、精神は遠くまでいくのに十分な飛躍力も、精神がふれる対象のなかに深く入り込んでいくのに十分な重さももたないからではないでしょうか。この点に関連して機能が器官を生み、予期せざる知的な諸能力がある強い精神的な力におされて不意に出現するという事実が確認されています。また、一民族の偉大さというものは、その外見上の知的な進歩によりも、知性がそこから栄養を得てくるある目に見えないエネルギーの蓄えにもとづいているところから、それは意欲する力であり、偉大なることへの情熱であると申してもよろしいでありましょう。ところで教育が特別な証明によってではなく、歴史や生活のなかから引き出されてきた数多くの教訓によって私たちのなかに深く印象づけることができるのはまさにこうしたものの見方なのです。こうした見方はたんに私たちをさまざまな失望や不意打ちから身を守ってくれるばかりではありません。それが必要上訴えていかざるを得ない知性を介して、感覚し意欲する能力にたいしても力強い呼びかけをおこなっていくことでありましょう。また、そのことを通して魂を本来の方向、すなわちまさしく良識へとおき戻してくれることでありましょう。

以上お話ししましたようなことが良識が教育一般、そしてとくに古典の学習にたいしてその手がかりを提供している諸点であるように思われます。皆さんにはこれらの点のうち最後のもっとも重要な点に注目していただくことになりましたが、しかしそれによってただ二年前にちょうどこの場所で学長が申され、皆さんもまだはっきりと覚えていらっしゃるお話にただ注釈を加えさせていただいただけなのです。学長は申されました、「私は、われわれが正しいことを探求し、それを広めることになにほどかの情熱と想像力を傾けるようになることを願っております。皆さんはつぎのことをよくご自分に言い聞かせてください。たとえ科学や思想の時代であっても、未来はとりわけものごとを感じとる力を傷つけることなく持ち続けることができた人びとにたいしてほほえみかけ、慈悲深く見守ってくれるのだということを」と。良識の根底に私が見いだしたと思いましたのも、まさに、このものごとを感じとる力だったのです。

現実感覚と善にたいして深く感動できる能力との間にあるこうした緊密なつながりと調和的な関係を抜きにしては、良識の古典的な風土であるフランスが、その歴史の全行程を通して大いなる感激と高邁な情熱の内なる推進力によって促されていると感じてきたことを理解することはできなくなるでありましょう。フランスがその法律のなかに書き込み、また、さまざまな民族にたいして教えもしてきた寛容さについて言えば、フランスはその啓示をある若々しい熱気にあふれた信仰に負ってまいりました。権利と平等のもっとも賢明で、もっとも節度があり、また、もっとも合理的な表現がフランスの心臓から唇へとのぼってきたのは一つの感激の時代においてでありました。良識にたいしてもっとも情熱をそそいできたフランスの著作家たち、良識をまさしく精神にまで磨きあげてきた人たちにおいては、その順序や方法、明晰さといった特質の背後に、光にまでなったある強い熱気が窺われます。そしてフランス語の透明さ自体や、一般観念を遠くにまで運んでいくために作られたその語句の、まるで翼でもついているかのような軽やかさなどが、みずからを鍛えあげていくこうした力強い感情のために自由な空気と広い空間とを求めてやまない飛躍しようとする魂にたいして応答してくれているのではないでしょうか。皆さん、よく肝に銘じておいてください、明晰な観念、たしかな注意力、自由でしかも節度のある判断力、これらはすべて良識を身体的に包み込んでいるものだとしますと、良識の魂をなしているのはまさしく正義にたいする情熱なのだ、ということを。

*1895年7月30日　ソルボンヌ大階段教室にて全国学力コンクール
（リセの上級生を対象に毎年行われる）の授賞式でなされた講演

【註】

1）この講演は Henri Bergson, *MELANGES,*（P. U. F. 1972）に収められている *Le bon sens et les études classiques* を訳出したものである。邦訳としてはすでに花田圭介、加藤精司の両氏によるものが『ベルクソン全集』（第8巻）（白水社、1966年刊）の中に収められているが、ベルクソン哲学全体に流れているフランス的ボン・サンスの伝統を背後から照らし出す文章としてかねがね注目してきたものなので、どうしても私自身の言葉でもう一度訳出しておきたかったのである。とは言え、ここで直接取り上げられているのは表題が示しているとおり、あくまでもボン・サンスと古典教育の関係である。この点から言うと、今日、我が国の大衆化しつつある高等教育において古典の教育、特に外国の古典をどう扱っていくべきかがあらためて問い直されているなかで、ベルクソンがなによりも市民をそだてるということに眼目をおいて両者の関係を論じているところに、われわれとしてもあらためてたいへん参考になる考え方を発見することができるのではなかろうか。

あとがき

今回、本書が関西学院大学研究叢書第99編として出版のご承認をいただいた、学長をはじめ、大学叢書委員会、また、ご推薦をいただいた社会学部教授会にたいし有り難く厚く御礼申し上げておきたい。また、出版をご快諾いただいた関西学院大学出版会にも厚く御礼申し上げる。内容的にはわたしが本学社会学部に専任講師として就任した当時のものから、ごく最近のものまでを含んでいるが、今回、本書の表題として掲げたようなテーマで思い切ってまとめてみることとした。読み返していくうちに気がついた多くの誤りや、文章として分かりにくいところなどはそのつど直したつもりであるが、なお、思わぬ見落としがないともかぎらない。大方のご叱正をいただくことができれば著者にとっても幸いこの上ないところである。以下各節に対応する初出論文の一覧表を掲げておきたい。

―――第１部―――

第１章

第１節「思索と行動における判断力」
関西学院大学社会学部紀要　第90号（2001.10）

第２節「ベルクソンと方法序説のデカルト」
関西学院大学社会学部紀要　第70号（1994.3）

第２章

第１節「ボン・サンスの教育論と理性の哲学」
関西学院大学社会学部紀要　第75号（1996.10）

第２節「ボン・サンスの教育論と理性の哲学」
関西学院大学社会学部紀要　第78号（1997.10）

第３節「ボン・サンスの教育論と理性の哲学」
関西学院大学社会学部紀要　第81号（1998.10）

「ボン・サンスの教育論と理性の哲学」
関西学院大学社会学部紀要　第84号（2000.2）

———第２部———

第１章

　　第１節「エラン・ヴィタルとボン・サンス」

　　　　久山、常俊、丹治編『世紀末は動く』松籟社（1995.2）

　　第２節「ベルクソンの知覚論とその問題点」

　　　　関西学院大学社会学部紀要　第17号（1968.10）

　　第３節「構想力と表現」

　　　　関西学院大学社会学部紀要　第41号（1980.12）

　　第４節「ベルクソンの自由論」

　　　　関西学院大学社会学部紀要　第22号（1971.3）

第２章

　　第１節「メルロー－ポンティの知覚論」（Ⅰ）

　　　　関西学院大学社会学部紀要　第34号（1977.1）

　　第２節「メルロー－ポンティの知覚論」(II)

　　　　関西学院大学社会学部紀要　第36号（1978.3）

なお、付録の拙訳、H. ベルクソン著「ボン・サンスと古典の学習」はこの度新たに加えたものである。

末筆ながら社会学部で常日ごろからご教示とお励ましをいただいている森川甫名誉教授、春名純人教授、文学部哲学科の常俊宗三郎教授を初めとする先生方、法学部の丹治恒次郎教授、また、そのほかこれまで学内外で直接間接にご教示いただいてきた数多くの先生方にたいしてもこのさい厚く御礼を申し上げておきたい。また、この書の制作にあたり、種々ご配慮いただいた関西学院大学出版会事務局の田中直哉氏、松下道子氏はじめご協力をいただいた皆様にも厚く御礼を申し上げる。終始、静かに見まもってくれた妻の洋子にも感謝する。

2002年1月

著　　者

人名索引

【ア行】

アウグストゥス (Augustus) ______167
アウソニウス (Ausonius) ______22, 65, 66
アキレウス (Achilleus) ______178
アダン, シャルル (Adam, Charles) ______25, 26, 72
アリストテレス (Aristoteles) ______75, 285
アルキエ, フェルディナン (Alquié, Ferdinand) ______16, 17, 27, 30, 52, 59, 61, 64, 70
アントニウス (Antonius) ______167
アンリ四世 (Henri IV) ______52, 53
イエス・キリスト (Jésus-Christ) ______198, 266
イポリット, ジャン (Hyppolite, Jean) ______225, 226, 227, 228, 233
ヴァール, ジャン (Wahl, Jean) ______5, 9
ヴァレリー, ポール (Valéry, Paul) ______56
上田吉一 ______76
ヴェルコム (Woerkom) ______307
ヴェーレン, アルフォンス・ド (Waelhens, Alphonse de) ______299, 313
ヴォルテール(Voltaire) ______5
エリザベット王女 (Princesse Élisabeth) ______39, 41, 71, 290
エンゲルス (Engels) ______102
澤瀉久敬 ______77, 267, 269, 290
ヴォルフ, ヘルマン (Wolf, Hermann) ______268

【カ行】

カッシラー, エルンシュト (Cassirer, Ernst) ______80, 102
ガリレオ (Galileo) ______67
カルヴァン, ジャン (Calvin, Jean) ______54
カント, イマヌエル (Kant, Immanuel) ______7, 79, 80, 85, 95, 102, 161, 207, 208
222, 226, 235, 249, 251, 252, 253, 254, 255, 256
257, 261, 262, 263, 264, 265, 266, 267, 268, 288, 289
キェルケゴール, ゼーレン (Kierkegaard, Sören A) ______81, 249
菊池昌實 ______201
キネアス (Cyneas) ______166
グイエ, アンリ (Gouhier, Henri) ______17, 18, 19, 20, 21, 30, 51, 224, 261, 269
クレオパトラ (Cléopâtre) ______167
ケプラー, ヨハンネス (Kepler, Johannes) ______239

ゲルプ (Gelb) ____ 305, 306
ゴルトシュタイン, クルト (Goldstein, Kurt) ____ 302, 305, 306, 307, 308, 311
ゴルドマン, リュシアン (Goldmann, Lucien) ____ 53, 54
コント, オーギュウスト (Comte, Auguste) ____ 262
今野一雄 ____ 100, 125, 147, 169

【サ行】

坂田徳男 ____ 267
ジャンケレヴィッチ, ウラジミール (Jankélévitch, Vladimir) ____ 182, 269
シェリントン (Sherrington) ____ 300
白井成雄 ____ 201
ジルソン, エチエンヌ (Gilson, Étienne) ____ 23, 27, 32, 59, 65, 66, 72
ジンメル, ゲオルグ (Simmel, Georg) ____ 203
スタロバンスキー, ジャン (Starobinski, Jean) ____ 102
スピノザ, バルッフ・ド (Spinoza, Baruch de) ____ 275
スペンサー, ハーバート (Spencer, Herbert) ____ 250, 251, 259
関根秀雄 ____ 10, 170
ゼノン (Zēnōn ho Eleatēs) ____ 201
ソクラテス (Sōkratēs) ____ 118, 273

【タ行】

高橋昭二 ____ 267, 269
竹田篤司 ____ 77
伊達四郎 ____ 269, 270
立松弘孝 ____ 291
タヌリ, ポール (Tannery, Paul) ____ 72
チボーデ, アルベール (Thibaudet, Albert) ____ 210
デカルト, ルネ (Descartes, René) ____ 5, 6, 13, 14, 15, 16, 18, 19, 20, 21, 22, 23, 24, 25
26, 27, 28, 29, 30, 31, 32, 33, 34, 35, 36, 37, 38, 39, 40, 41, 42, 46, 47, 48, 49
51, 52, 53, 55, 56, 58, 59, 60, 61, 62, 63, 64, 65, 66, 67, 68, 69, 70, 71, 72, 73
74, 75, 76, 81, 87, 182, 200, 207, 244, 245, 272, 281, 284, 285, 286, 288, 289, 300
デカルト, ジョアシャン (Descartes, Joachim) ____ 53
デカルト, ピエール (Descartes, Pierre) ____ 53, 175
デュルケム, エミール (Durkheim, Émile) ____ 262
テンニース, フェルディナンド (Tönnies, Ferdinand) ____ 263
ドルーズ, ジル (Deleuze, Gilles) ____ 228

【ナ行】

西川長夫 ____ 101

西田幾多郎 ________ 229
ニーチェ, フリードリッヒ W. (Nietzsche, Friedrich W.) ________ 203
ニュートン, アイザック (Newton, Isaac) ________ 87, 207, 251, 287, 288

【ハ行】

バイエ, アドリアン (Baillet, Adrien) ________ 21, 25, 26, 27, 29, 53, 61, 63, 64, 65, 72
ハイデッガー, マルチン (Heidegger, Martin) ________ 291
バークリ, ジョージ (Berkeley, George) ________ 211, 229
パスカル, ブレーズ (Pascal, Blaise) ________ 5, 53, 54, 55, 56
パブロフ, イワン (Pavlov, Ivan) ________ 302, 303, 304, 305, 311
原二郎 ________ 77
バルテルミー－マドール, マドレーヌ (Barthélemy-Madaule, Madeleine) 201, 262, 267
ピエロン, アンリ (Piéron, Henri) ________ 309, 310
ピコ師 (Picot) ________ 32
ピタゴラス (Pythagoras) ________ 23, 66
ビュッフォン (Buffon) ________ 129
ヒューム, デイヴィッド (Hume, David) ________ 268
ビュルジュラン, ピエール (Burgelin, Pierre) ________ 100, 126
ピロス (Pyrrhos) ________ 166
フェヒナー (Fechner) ________ 177, 206
フッサール, エドムンド (Husserl, Edmund) ________ 271, 272, 273, 276, 282, 290, 291, 292
プラトン (Platon) ________ 259
ブランシュヴィック, レオン (Brunschvicg, Léon) ________ 59
フランソワ一世 (François 1er) ________ 74
プルタルコス (Plūtarchos) ________ 165, 166, 167
フロイト, ジグムント (Freud, Sigmund) ________ 224
フロム, エーリッヒ (Fromm, Erich) ________ 54
ペギー, シャルル (Péguy, Charles) ________ 276
ベークマン, イサーク (Beeckman, Isaac) ________ 24, 25, 26, 27, 65, 66
ヘーゲル, ゲオルグ (Hegel, Georg W. F.) ________ 226, 259
ベルクソン, アンリ (Bergson, Henri) ________ 5, 7, 8, 9, 46, 47, 48, 49, 50, 72, 73, 74, 75
106, 127, 150, 175, 176, 177, 178, 179, 180, 181, 182, 183, 184, 185, 186, 187
188, 189, 190, 191, 192, 193, 194, 195, 196, 197, 198, 199, 200, 203, 204, 205
206, 207, 208, 209, 210, 211, 212, 213, 214, 215, 216, 217, 218, 219, 220, 221
222, 225, 226, 227, 228, 229, 230, 231, 232, 234, 235, 236, 237, 238, 239, 240
241, 242, 243, 244, 245, 246, 247, 249, 250, 251, 252, 253, 254, 255, 256, 257
258, 259, 260, 261, 262, 263, 264, 265, 266, 267, 272, 273, 274, 275, 276, 289

293, 294, 295, 296, 297, 298, 299, 305, 306, 309, 311
ホーナイ, カレン (Horney, Karen) ____ 57, 130
ボーモン (Beaumont, C. de) ____ 101

【マ行】

マスロー, アブラハム (Maslow, Abraham) ____ 57, 130
三木清 ____ 55
ミュラー・リアー, F (Müler-Lyer, F) ____ 277
ムルトゥー牧師 (Moultou, Paul-Claude) ____ 100
メルローーポンティ, モーリス (Merleau-Ponty, Maurice) 8, 9, 205, 235, 271, 272
273, 274, 275, 276, 277, 278, 279, 280, 281, 282, 283, 284, 285
287, 288, 290, 291, 292, 293, 294, 295, 296, 297, 299, 300, 301
302, 304, 305, 307, 308, 309, 310, 311, 312, 313
メンミ、アルベール (Memmi, Albert) ____ 179
モンテーニュ, ミッシェル・ド (Montaigne, Michel de) ____ 5, 6, 10, 14, 46, 59, 60
119, 157, 165, 175

【ラ行】

ライプニッツ, ゴットフリート・ヴィルヘルム (Leibniz, Gottefried Wilhelm) __ 27, 215
268, 286, 287
ラクタンティウス (Lactantius) ____ 59
ラ・フォンテーヌ (La Fontaine) ____ 168
ランリ (Lanly, A) ____ 10, 77, 170
リシュリュー (Richlieu) ____ 53
リップシュトルプ, (Lipstorp) ____ 26
ルイ十三世 (Louis XIII) ____ 53
ルソー, ジャンージャック (Rousseau, Jean-Jacques) ____ 5, 6, 7, 8, 34, 36, 58, 59, 79
80, 81, 83, 84, 85, 87, 88, 89, 90, 91, 92, 93, 94, 95, 96, 97, 98, 99, 102
103, 104, 106, 107, 108, 109, 110, 112, 113, 114, 115, 116, 117, 119
121, 122, 127, 128, 129, 130, 131, 132, 133, 134, 135, 136, 137, 138
139, 140, 141, 142, 143, 144, 145, 146, 147, 151, 152, 154, 155, 156
157, 158, 159, 160, 161, 162, 163, 164, 165, 166, 167, 168, 169
ルヌヴィエ, シャルル (Renouvier, Charles) ____ 250
レヴィウス牧師 (Levius) ____ 35, 36
ロジャーズ、カール (Rogers, Carl) ____ 180, 181
ロック, ジョン (Locke, John) ____ 268, 286, 287

【ワ行】

我妻洋 ____ 77

（著者紹介）

紺田　千登史（こんだ　ちとし）

1938年　奈良県に生まれる。
1960年　大阪大学文学部哲学科卒業
1963年　大阪大学大学院文学研究科修士課程修了
1967年　同博士課程中退
現　在　関西学院大学社会学部
　　　　同大学院言語コミュニケーション文化研究科教授

主な論文、著訳書
論　文　「ベルクソンのボン・サンスとアメリカ心理学の一系譜」
　　　　関西学院大学社会学部　紀要第61号（1990）他
共　著　『フランスの哲学』東京大学出版会（1975）他
翻　訳　J.ヴァール著『フランス哲学小史』ミネルヴァ書房（1974）他

フランス哲学と現実感覚
－そのボン・サンスの系譜をたどる－

2002年2月15日　第1版第1刷発行
著　者　紺田　千登史
発行者　山本　栄一
発行所　関西学院大学出版会
〒662-8501
兵庫県西宮市上ヶ原1-1-155
電　話　0798-53-5233
印刷所　田中印刷株式会社
カバー写真撮影　清水　茂

ISBN:4-907654-37-5
http://www.kwansei.ac.jp/press/